15.5 東アジア諸集団における Y 染色体遺伝子系統の分布

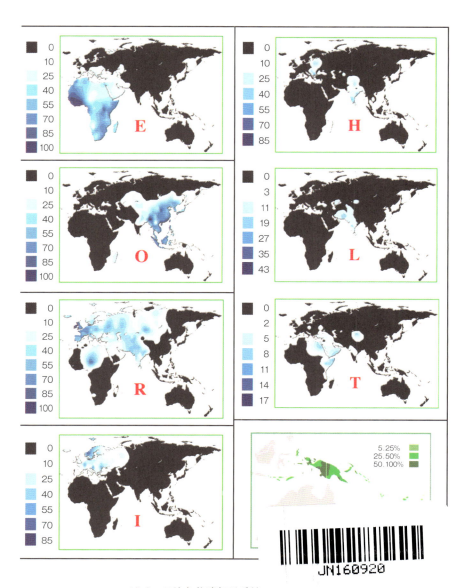

15.8 Y 染色体遺伝子系統

ことばをめぐる諸問題
言語学・日本語論への招待

Issues concerning language:
an invitation to linguistics and
Japanese study

松本克己…[著]

三省堂

装画　とくだ あきら
装丁　三省堂デザイン室

目次

第 I 部　言語と民族　　1

第 1 章　世界の言語——その現状と未来　　3
- 1.1　はじめに　　3
- 1.2　世界言語の地域的分布　　4
- 1.3　世界言語の系統的分布　　6
- 1.4　言語の系統とその時間的奥行き　　11
- 1.5　言語と話者人口　　15
- 1.6　言語と国家　　18
- 1.7　危機に瀕した言語　　31
- 1.8　世界言語権宣言　　36

第 2 章　ヨーロッパの言語と民族　　45
- 2.1　はじめに　　45
- 2.2　インド・ヨーロッパ（印欧）語族　　46
- 2.3　近代ヨーロッパの印欧諸語　　48
  - 2.3.1　ロマンス語　　48
  - 2.3.2　ゲルマン語　　51
  - 2.3.3　スラヴ諸語　　53
  - 2.3.4　その他の印欧諸語　　55
  - 2.3.5　非印欧諸語　　57
- 2.4　ヨーロッパにおける近代諸国語の成立　　59
  - 2.4.1　話しことばと書きことば　　59

	2.4.2	近代諸文語の発達	63
	2.4.3	東ヨーロッパの場合	67
	2.4.4	ヨーロッパの言語ナショナリズム	68
	2.4.5	中・東欧とバルカン諸国	72
2.5	ヨーロッパ諸言語の共通特徴：多様性の中の統一性		75
	2.5.1	国語の分立と国際化	75
	2.5.2	ヨーロッパ諸言語の文法的特徴	77
	2.5.3	古典文語の遺産	81

第 II 部　言語の類型と歴史　　85

第 3 章　言語類型論と歴史言語学　　87
- 3.1　古典的類型論とそこからの脱却 87
- 3.2　日本語音韻史との関わり 90
- 3.3　言語類型論と言語普遍性 92

第 4 章　日本語と印欧語　　95
- 4.1　はじめに 95
- 4.2　ヨーロッパの印欧語とアジアの印欧語 96
- 4.3　標準・平均的ヨーロッパ語（SAE） 98
- 4.4　むすび 100

第 5 章　語順の話　　103
- 5.1　はじめに 103
- 5.2　語順の類型論 104
- 5.3　世界言語の中の日本語 106

第 6 章　語順のデータベース　　111
- 6.1　はじめに 111
- 6.2　パソコンによるデータベースの構築 113
- 6.3　終わりに 119

第 7 章　言語史にとっての 60 年　　121

7.1	言語史における年代の問題	121
7.2	言語変化にとっての60年	127
7.3	ことばのゆれ：進行途上の言語変化	128

第8章　歴史言語学入門　133
8.1	ことばの変化相	133
8.2	音変化とその規則性	135
8.3	比較方法	137
8.4	言語の収束的発達	138
8.5	内的再建	139
8.6	補足質問	140
8.7	歴史言語学の手近な参考書	142

第III部　言語の構造と認知　145

第9章　数の文法化とその認知的基盤　147
9.1	数標示の種々相	147
9.2	数に関する普遍性	152

第10章　言語研究と「意味」　155
10.1	はじめに	155
10.2	構造主義と意味研究	156
10.3	統語論と意味論	162

第11章　言語現象における中心と周辺　167
11.1	言語の構造と不均衡性	167
11.2	共時態と通時態	170
11.3	言語の多様性と普遍性	172
11.4	言語と認知	174

第12章　能格性に関する若干の普遍特性　177
12.1	能格性の定義	178
12.2	能格性の顕現	179

12.3　能格性と対格性の共存 181
　　12.3.1　名詞の格標示と動詞の一致（人称標示） 181
　　12.3.2　能格性と動詞のテンス・アスペクト 182
　　12.3.3　格標示と名詞の意味階層 183
　　12.3.4　格標示と動詞の意味 184
12.4　形態論と統語論の関わり 185
　　12.4.1　能格性と統語法 186
　　12.4.2　能格性と "anti-passive" 188
　　12.4.3　能格性と談話構造 189
　　12.4.4　能格性と語構成 190
　　12.4.5　能格性／対格性の発生基盤 191
12.5　能格性と語順のタイプ 192
　　12.5.1　能格型語順とは？ 193
　　12.5.2　能格性と主語・目的語の語順 194
　　12.5.3　能格性と SVO 型語順 196

第 IV 部　日本語・日本人のルーツを探る　　201

第 13 章　イネ・コメ語源考　　203
13.1　インドのイネ・コメ 203
13.2　東アジアのイネ・コメ：「ジャポニカ」種 204
13.3　東南アジアのイネ・コメ 205
　　13.3.1　オーストロネシア諸語 205
　　13.3.2　タイ・カダイ諸語 206
　　13.3.3　オーストロアジア諸語 206
13.4　漢語のイネ・コメ 207
13.5　日本語のイネ・コメ 210
13.6　朝鮮語のイネ・コメ 212

第 14 章　イネ・コメの比較言語学　　215
14.1　はじめに 216
14.2　今から 5 千年前頃の東アジアの推定された言語分布 . . . 217

14.3	オーストロネシア諸語のイネ・コメ語彙とその分布	220
14.4	オーストロアジア諸語のイネ・コメ語彙	224
14.5	タイ・カダイ諸語のイネ・コメ語彙	227
14.6	ミャオ・ヤオ諸語のイネ・コメ語彙	229
14.7	チベット・ビルマ諸語のイネ・コメ語彙	232
14.8	漢語圏のイネ・コメ語彙とその起源	236
14.9	漢語、朝鮮語、日本語の稲作関係語彙	239
	14.9.1　日本語の稲作関係語彙	241
	14.9.2　朝鮮語のイネ・コメ語彙	242
14.10	むすび	243

第 15 章　私の日本語系統論　　247

15.1	はじめに	247
15.2	類型地理論から探る言語の遠い親族関係	250
15.3	人称代名詞から導かれた世界言語の系統分類	259
15.4	言語の系統とその遺伝子的背景	266
15.5	東アジア諸集団における Y 染色体遺伝子系統の分布	271
15.6	太平洋沿岸系集団の環日本海域への到来時期	281

収録論文初出　　287

あとがき　　289

表目次

1.1	世界言語の言語数と地域分布	5
1.2	世界言語の系統分布	8
1.3	世界諸言語と話者人口の比率	16
1.4	話者人口による上位約100言語（1）	19
1.5	話者人口による上位約100言語（2）	20
1.6	上位約100言語の地域分布（植民言語を除く）	21
1.7	上位約100言語の語族分布	21
1.8	世界の国別言語資料 その1：アジア（46カ国）	23
1.9	世界の国別言語資料 その2：ヨーロッパ（43カ国）	24
1.10	世界の国別言語資料 その3：アフリカ（53カ国）	27
1.11	世界の国別言語資料 その4：アメリカ（35カ国）オセアニア（14カ国）	28
1.12	国の公用語と認められた土着語の数	29
1.13	多国籍公用語上位10言語（カッコ内は唯一の公用語）	31
2.1	ヨーロッパの諸言語	60
9.1	トク・ピシン語の人称代名詞	151
11.1	トルコ語の母音組織	167
12.1	名詞の格標示と動詞の一致	181
12.2	能格性とテンス・アスペクト	182
12.3	能格性と統語法	186

14.1	オーストロネシア諸語のイネ・コメ関連語彙1：台湾・フィリピン 221
14.2	オーストロネシア諸語のイネ・コメ関連語彙2：インドネシア 222
14.3	オーストロアジア諸語のイネ・コメ関連語彙1 225
14.4	オーストロアジア諸語のイネ・コメ関連語彙2 226
14.5	タイ・カダイ諸語のイネ・コメ関連語彙 228
14.6	ミャオ・ヤオ諸語のイネ・コメ関連語彙 230
14.7	ミャオ・ヤオ諸語の語頭 /*n-/ の対応例 231
14.8	タイ諸語のモチ［ゴメ］ 231
14.9	オーストロアジア諸語のモチ［ゴメ］ 231
14.10	チベット・ビルマ諸語のイネ・コメ関連語彙1 233
14.11	チベット・ビルマ諸語のイネ・コメ関連語彙2 234
14.12	漢語圏における「イネ」「コメ」「アワ」の方言的変異 . . . 237
14.13	漢語、朝鮮語、日本語の主な稲作関係語彙 239
14.14	ドラヴィダ諸語 245
14.15	インド・アーリア諸語 245
14.16	インド圏のイネの主要品種名 245
15.1	類型的特徴の地域・語族的分布 ：アフリカ・ユーラシア・オセアニア 253
15.2	言語類型地理論から導かれたユーラシア諸言語の系統分類 . 257
15.3	人称代名詞から見た「環太平洋言語圏」の輪郭 260
15.4	ユーラシア太平洋沿岸諸語の人称代名詞 261
15.5	ユーロ・アルタイ諸語の人称代名詞 262
15.6	人称代名詞による世界諸言語の系統分類（アフリカの古い土着言語を除く） 264
15.7	東北アジア・シベリア諸集団のY染色体遺伝子系統 271
15.8	漢語系諸集団のY染色体遺伝子系統 272
15.9	チベット・ビルマ系集団のY染色体遺伝子系統 273
15.10	環日本海域（日本列島、朝鮮半島、満州）のY染色体遺伝子系統 274

15.11	太平洋沿岸南方群1（オーストロ・ミャオ系）のY染色体遺伝子系統	276
15.12	太平洋沿岸南方群2a（オーストロ・タイ系）のY染色体遺伝子系統	277
15.13	太平洋沿岸南方群2b（オーストロネシア系）のY染色体遺伝子系統	277
15.14	長江流域古人骨のY染色体遺伝子系統	278

図目次

1.1	世界言語分布略図	12
14.1	今から5千年前頃のアジア（後の稲作圏）の言語分布推定図	217
14.2	先史中国大陸部の4語族(**B1, B2, B3, C**)の現在の分布図	219
15.1	流音タイプの地理的分布	254
15.2	形容詞タイプの地理的分布	254
15.3	類別タイプの地理的分布	255
15.4	後期旧石器時代の太平洋沿岸部の地形	255
15.5	Y染色体遺伝子の系統略図	267
15.6	Y染色体 D, C, O 系統の分岐略図	268
15.7	Y染色体遺伝子系統の地理的分布-1	前見返し（左）
15.8	Y染色体遺伝子系統の地理的分布-2	前見返し（右）
15.9	Y染色体 O 系統と太平洋沿岸言語圏-1	後見返し（左）
15.10	Y染色体 O 系統と太平洋沿岸言語圏-2	後見返し（右）

第 I 部

言語と民族

第1章

世界の言語――その現状と未来

1.1 はじめに

　現在、この地球上にどのくらいの数の言語が話されているのか。しばしば出されるこのような問いに正確な答えを出すのは難しい。まず第一に、言語間の違いというものが、例えば国境線のように、必ずしも明確に境界づけられていないからである。特に話しことばのレベルでは、どこまでが方言の違いでどこからが別の言語に分かれるのか、それを判別するのはけっして容易ではない。第二の理由として、地球上のあらゆる地域の住民とその言語について正確な調査が必ずしも行き届いているわけではない。例えば、ニューギニアの内陸高地部、中国西南部からヒマラヤ地域、南米のアマゾン地域などには、言語的に未知の部分がまだ相当に残されているからである。

　確かにこのような困難は、現時点でも依然として残されている。しかしここ10年余りの間に、世界言語に関する我々の知識は、それ以前に比べて飛躍的に豊かになった。冷戦の終結によって国際的な政治緊張が緩和され、世界各地の現地調査がやりやすくなったことも大きく関与している。一方、このような調査の進展と共に、世界言語の現状に関して、これまで誰も予想しなかったような重大な事態が生じていることもまた明らかになってきた。

　この問題は後に取り上げることにして、現在、世界の言語について最も包括的でかつ信頼できる情報を提供してくれるのは、アメリカの Summer Institute of Linguistics (SIL) が刊行している Grimes, B.R. (ed.), *Ethnologue: Languages of the World*, 1996 である。ほぼ4年ごとに版を改め、

現在公刊されているのはその第13版である。数年前からインターネット上でも公開され、部分的なデータの更新も常に行われている。

　SILのこの資料によると、現在地球上に現存する言語の数は、全部で6,703となっている。この数字は、1982年に出された第10版での言語総数5,445に較べるとかなりの増加である。これは、今まで知られなかった新しい言語が加えられたことのほかに、これまで同じ言語の方言と見なされていたものが別個の言語として扱われるようになったためでもある。世界言語をできるだけ遺漏なく登録するために、網の目をかなり細かく絞りこんだ結果と言えよう。

　例えば、日本国内で話されている言語の数を見ると15となっている。これを見て驚く人もいるかもしれない。その15言語の内訳を見ると、アイヌ語、本土の日本語、北方奄美大島語、南方奄美大島語、徳之島語、喜界島語、沖永良部語、与論語、国頭語、沖縄中央語、宮古語、与那国語、八重山語、（在日韓国・朝鮮人の）朝鮮語、日本手話となっている。この中に挙げられている琉球列島の11の言語は、日本では通常、単に日本語の方言と見なされ、別個の言語としては扱われていない。これはしかし、明治以来日本政府がとってきた政治的判断と国家主義的な言語政策（具体的には「方言撲滅運動」と結びついた画一的な国語教育）に由来するもので、純粋に言語学的見地からすれば、必ずしも妥当な解釈とは言えない。

　これらの言語（ないし方言）間の違いは、例えばノルウェー語とスウェーデン語、ブルガリア語とマケドニア語、あるいはスペイン語とカタロニア語のそれよりも小さいとはけっして言えないからである。ちなみに、ブルガリア政府と旧ユーゴスラヴィア政権は長期にわたってマケドニア語をそれぞれ自国語の方言と見なし、また、かつてスペインの独裁政権はカタロニア語の自立的存在を容認しなかった。ともあれ、地球上で話されている人類言語の現状を正しく把握するためには、言語とはすなわち「国(家)語」であるというような間違った考えを真っ先に捨てなければならない。

1.2　世界言語の地域的分布

　さて、およそ6,700を数えるこれらの言語が地理的にどのように分布しているのか、通常行われている5つの主要地域別にこれを図示すると、表1.1

のようになる[*1]。

地域	言語総数	百分率
アフリカ	2,011	30.00%
ヨーロッパ	225	3.36%
アジア	2,165	32.30%
オセアニア	1,302	19.42%
アメリカ大陸	1,000	14.92%
全　世　界	6,703	100.00%

表 1.1　世界言語の言語数と地域分布

　これで見ると、アジアの言語が最も多く、全体の約 32%、次いでアフリカが約 2,000 の言語を擁して全体の 30%、その後にオセアニア（太平洋地域）、南北アメリカ大陸と続き、最後に、全体のわずか 3% 余りを占めるにすぎないヨーロッパが位置している。
　このように、数の上では全くの少数派にすぎないヨーロッパが、言語上も、5 大地域のひとつとして扱われてきたのは、ヨーロッパ人が過去数世紀にわたる世界史の中で行使してきた圧倒的な支配権と絶大な影響力に由来することは言うまでもない。しかし、こうした歴史的・政治的な要因を拭い去って、純粋に地理的に眺めれば、ヨーロッパはユーラシア大陸の西に突き出したひとつの岬にすぎず、けっしてアフリカやアメリカ大陸のような独立した地域を形成しているわけではない。もちろん言語的にも、ヨーロッパとアジアの間に明確な境界は存在しない。そこに人為的な境界を作ってきたのは、要するに、ヨーロッパの自己中心的な優越感と非ヨーロッパに対する差別意識に根ざしている。公平な見地から世界の言語を分類するならば、ユーラシアの全体をひとつの地域と見なした方がはるかに自然である。そうすれば、ユーラシアに属する言語は全体のおよそ 35%、次いでアフリカが 30%、オセアニアが 19% というように、ほぼ釣り合いのとれた分布が現れる。これはまた、それぞれの地域に長年住んできた住民の人口比率ともほぼ見合っている。
　しかしひるがえって考えると、世界言語のわずかな部分を占めるにすぎな

[*1] SIL: *Ethnologue*, 13th ed., 1996 による。

いヨーロッパの言語、しかもその中のごく一握りの言語が、過去百年余りの間にほとんど全世界の言語の上に君臨するという状況が現出している。現在世界の言語が直面する最大の問題は、実はここに根源を発していると言ってもよいのである。

1.3　世界言語の系統的分布

　世界の言語は、ただ地理的に纏められるだけではない。ちょうど人の集団が地域だけでなく血縁によって結ばれているように、言語の場合も、例えば先に挙げた琉球列島の様々な言語（ないし方言）は元は同じ琉球語から分岐し、この琉球語がまた本土の日本語から分かれて発達したというような歴史的背景を持っている。

　人間の親族関係と同じように、同じ源から発した言語は「同系語」、人間で言えば祖先に当たる源の言語は「祖語」、そして同じ祖語を共有する言語の全体が「語族」と呼ばれる。血縁上の先祖にいろいろな段階があるように、祖語というものにもいくつかの段階があり得る。例えば、現在の琉球諸語の直接の源は「琉球祖語」であり、この琉球祖語と本土日本語の共通の源として「日本祖語」というようなものが想定される。さらにまた、この日本祖語と同系関係に立つ言語が現れれば、そこにもうひとつ上位の祖語が推定されるだろう。

　言語のこのような同系関係を取り扱う分野は、歴史言語学の中でも特に比較言語学と呼ばれ、百年以上に及ぶ伝統と研究実績を持っている。その拠り所となるのが「比較方法」で、これは簡単に言うと、2つまたはそれ以上の言語の間に見られる基礎語彙や文法形態上の異同関係を調べ、そこに何らかの「規則的な対応」を明らかにすることによって言語間の同系関係を確立し、さらにそれらの祖語の理論的な復元を試みる。通常、同系関係にある言語の間では、素人目でも直感的に、類似した語彙や文法構造が見つかる場合が多い。比較方法はそれを「音韻対応の法則」と呼ばれるようなかなり厳密な形で証明する手続きだとも言える。

　この比較方法は 19 世紀の初め、インド・ヨーロッパ諸語の領域で初めて試みられ、目覚ましい成果を挙げた。それ以来同じ手法で世界の様々な言語についてその系統関係を明らかにする試みが続けられ、現在では、一部の地

1.3 世界言語の系統的分布

域や言語群を除いて、同系関係に基づく世界諸言語の系統的分類は、かなり明確になってきた。次ページの表 1.2 は、世界言語のそのような系統分類の概略を示したものである。

この表に挙げられた「語族」とは、上述の比較方法によって確かめられる同系関係の最大限の範囲と考えてよい。そのような比較言語学的な意味での同系関係は確認されないけれども、それを越えた遠い同系関係ないし地域的類縁性が考えられる言語のグループに対しては、便宜上「諸語」という名称が与えられている（例えば「カフカス諸語」や「パプア諸語」）。

これで見るように、アフリカの約 2,000 の言語は、最終的にはわずか 4 つの語族に帰属し、ユーラシアの 2,400 を数える言語も、その大部分が 10 個余りの語族に還元される。しかし同じように語族と呼ばれても、それぞれの語族の大きさは様々である。例えば、アフリカのニジェル・コンゴ語族や東南アジアから太平洋地域に拡がるオーストロネシア（別名マライ・ポリネシア）語族は、その言語数において他の語族を圧倒し、一方、インド・ヨーロッパ語族とシナ・チベット語族は、その話者人口の大きさで世界の他の語族をはるかに抜きんでている。

ちなみに、ユーラシアの語族の中で、チュルク、モンゴル、ツングースの 3 つの語族は、古くは「アルタイ語族」として纏められてきたが、通常の意味での同系関係を確立することはできない。また、オーストロネシア語族は、表では便宜上オセアニア（大洋州）の中に入れてあるけれども、その本拠地は台湾を含めた東南アジアと見られるので、所属としてはユーラシアの語族と見なしても構わない。

なお、この表に示した話者人口は、1980 年代の初め、世界の総人口が 40 億を超えた頃の数字であり、現時点から見るとかなり上方修正する必要がある（例えば、シナ・チベット語族は、その一員である中国語の話者だけで現在は 12 億を超えている）。ここでは、語族間の相対的な大きさを測る便宜上の尺度と考えて欲しい。

ともかくこの話者人口という点から見ると、インド・ヨーロッパ系の言語を話す人口は、それだけで世界人口の約 50% を占め、さらに残りの人口の 50% は、シナ・チベット語族（事実上はその中の中国語）によって占められている。ここにはまさしく、一部の大語族ないし大言語による言語世界の寡占状況が現出している。

地域	語族	言語数	話者人口
アフリカ	コイサン語族	35	50,000
	ニジェル・コンゴ語族	1,436	260,000,000
	ナイル・サハラ語族	194	30,000,000
	アフロ・アジア語族	371	230,000,000
ユーラシア	カフカス諸語	39	5,000,000
	インド・ヨーロッパ語族	425	2,000,000,000
	ドラヴィダ語族	78	145,000,000
	ウラル語族	34	22,000,000
	チュルク語族	40	80,000,000
	モンゴル語族	13	6,000,000
	ツングース語族	12	80,000
	チュクチ・カムチャツカ語族	5	23,000
	環日本海諸語	15	190,000,000
	シナ・チベット語族	360	1,040,000,000
	ミャオ・ヤオ語族	32	7,000,000
	タイ・カダイ語族	68	50,000,000
	オーストロアジア語族	180	60,000,000
大洋州	オーストロネシア語族	1,236	200,000,000
	パプア諸語	800	3,000,000
	オーストラリア諸語	257	30,000
北アメリカ	エスキモー・アリュート語族	11	85,000
	ナデネ語族	42	202,000
	アルゴンキン語族	33	91,000
	イロコイ語族	9	15,000
	スー語族	17	21,000
	ワカシュ語族	5	2,700
	セイリッシュ語族	27	6,800
	ペヌート諸語	27	8,000
	ホカ諸語	27	55,000
	ユート・アステカ語族	60	1,100,000
中米	ミヘ・ソケ語族	16	168,000
	マヤ語族	68	3,856,000
	オトマンゲ語族	173	3,200,000
南アメリカ	チブチャ・パエス語族	43	200,000
	アンデス語族	18	8,500,000
	マクロ・トゥカノ語族	47	35,000
	赤道語族	45	3,000,000
	マクロ・カリブ語族	47	50,000
	マクロ・パノ語族	49	50,000
	マクロ・ジェー語族	21	10,000

表 1.2 世界言語の系統分布

ところで、この表でははっきり現れていないけれども、語族の分布は、アフリカ・ユーラシアの場合とオセアニア・アメリカ大陸の場合では、かなり様相が異なっている。すなわち、後者の地域には前者に見られるような大規模な語族は、ごく例外的なケースを除いて、ほとんど見られないからである。

例えば、オーストラリアの原住民語の場合、18 世紀に初めて白人が到来した頃、およそ 30 万の原住民が 600 前後の部族に分かれ、300 近い言語が話されていたという。ところが、これらの言語を系統的に分類すると、28 ないし 29 の語族に分けられる。その中で「パマ・ニュンガン」と呼ばれる語族は、それだけで全体の 3 分の 2 近い言語を包含し、北西部を除く大陸のほぼ全域に分布しているが、それ以外の諸語族は、多くても数言語、少なければ 1 言語だけから成り、しかもその分布は、大陸北西部のキンバリーズ高原からアーネムランドに至るごく狭い地域に集中している。また、ニューギニアとその周辺の島嶼部に分布するパプア諸語は、表で見るように、現在話者人口 300 万に対して言語は 800 を数え、それらの系統関係もけっして単純ではない。これまでの調査では、通常の語族というレベルで分類すると、少なくとも 50 ないし 60 ほどの語族を立てる必要があると言われる。

一方アメリカ大陸は、コロンブス以前と以後とでは言語状況が大きく変わった。メキシコ以北の北米には、白人到来前、最低でも 150 万の住民が住み、500 前後の言語が話されていたと見られる。現存する言語はその半数以下であるが、その系統的分類は相当に複雑である。表 1.2 には、これまでに確立された主な語族だけが挙げられている。なお、ユート・アステカ語族は、合衆国と中米の両地域に跨って分布し、所属としては中米の言語とする見方もある。

北米言語の系統的分類は、これらの言語の研究者にとって長年の検討課題となってきたが、最終的な結論には達していない。現在専門家の間で支配的な見解によれば、これらの言語は系統的に大小 58 の語族に分かれ、そのうちの半数は、ただひとつの言語、つまり系統的に孤立した言語だとされる。しかも、このような小語族あるいは孤立言語は、大部分が北米の太平洋沿岸部、すなわち、カナダのブリティッシュ・コロンビア州から合衆国のワシントン州、オレゴン州を経てカリフォルニア州に至るロッキー山脈以西の細長い帯状の地域に密集している。これらの孤立的な諸言語を大きく纏めて「ペヌーティ」および「ホカ」と呼ばれる大規模な語族を設定する試みが古くか

ら行われてきたが、伝統的な比較方法に固執する研究者の間では、あまり支持されていないというのが現状である。

　中米は、トウモロコシや豆類を中心とする穀物栽培が5～6千年前から始まり、アメリカ大陸では最も早く都市文明を発達させた地域である。紀元前5世紀頃から文字の使用も始まり、マヤ、アステカなどの王国が栄え、広域に通用する古典マヤ語や古典ナワトル語（＝古代アステカ語）などの大言語も出現した。諸言語の系統関係も、周辺部の一部の言語を除いて、比較的明瞭である。住民の密度も高く、白人の到来時、少なくとも500万、多く見積もれば2,000万の人口を擁し、言語数も北米と同じくらいに達していたらしい。

　最後に南米は、その言語数、地理的分布、そして系統的分岐に関して、最も複雑な様相を呈している。白人到来時の南米の人口は、少なく見積もっても1,500万、言語数はおよそ1,500と推定されている。その中で現存する言語は500前後と見られる。これらの言語の系統的分類には、まだ多くの問題が残されているが、最近のやや細密な分類によれば、現在知られる南米諸言語は、全部で118の「系統的単位」（つまり通常の意味の語族）に分けられ、その中の70は単一の孤立言語である。表に挙げたのは、その中の比較的大まかな代表的語族にすぎない。この中でも例えば「赤道語族」などは、語族としてはかなり疑わしいものである。

　このように、オセアニアやアメリカ大陸の言語分布は、系統的に孤立した言語や小規模な語族が比較的狭い地域に密集するという形をとり、アフリカやユーラシアのように広域に分布する数多くの言語が比較的少数の語族にまとまるという形にはなっていない。オーストラリアや北米の太平洋沿岸部で数多く見られる系統的な孤立言語の存在は、今のところアフリカでは確認されていない（ただし、現在ニジェル・コンゴ語族に含められている西アフリカの諸言語や、ナイル・サハラ語族として纏められているナイル上流域やサハラ南部の言語の中には系統不明の言語が含まれている可能性は十分ある）。

　一方ユーラシアには、このような系統不明とされる言語が少なからず見られる。それが特に集中して現れるのが、日本列島とその周辺である。すなわち、日本語（琉球諸語を含む）、朝鮮語、アイヌ語、そして樺太とその対岸のアムール下流域で話されるギリヤーク（別名ニヴフ）語がそれである。語族の分類表（本文＜表1.2＞）で「環日本海諸語」と名づけられているのが、

これらの言語にほかならない（表 1.2 で環日本海諸語の総数が 15 となっているのは、前述の琉球諸語が別個の言語として数えられているからである。これらを慣例に従って日本語の方言と見なせば、環日本海諸語の総数は朝鮮語、日本語、アイヌ語、ギリヤーク語の 4 つとなる）。そして、この環日本海諸語の北方には、「チュクチ・カムチャツカ」と呼ばれる小言語群が分布し、さらにチュクチ半島からアラスカに向かって、これまた小語族であるエスキモー・アリュート諸語が続き、これがまた先に述べたアメリカ北西部の小言語密集地域へとつながっている。

ユーラシアの他の地域でこのような系統的孤立言語は、現在ではシベリアの北東部コリマ川流域のユカギール語、イェニセイ川中流域のケット語（これは「イェニセイ語族」と呼ばれた小語族の唯一の生き残りである）というシベリアの 2 つの言語、その他には、ユーラシアの中央部、パキスタン領カラコルム山系中腹の渓谷（フンザ）に残存するブルシャスキー語、そしてヨーロッパでは唯一バスク語があるだけである。

しかし歴史を振り返ってみると、古代のオリエントやその周辺部で古い文字記録を残した言語の中には、このような系統不明の言語が少なくない。その最も代表的な言語はシュメール語であるが、他に小アジア北部でヒッタイト前のハッティ語、メソポタミア上流域に栄えたミタンニ王国のフルリ語、ペルシア語前のエラム語、古代イタリアのエトルリア語などがそれである。

なお、これらの孤立言語も含めて諸語族の分布図については、次ページに掲げた《世界言語分布略図》を参照されたい。なお、この地図でアメリカの諸語族は、エスキモー・アリュートとナデネ以外は、「アメリンド」という形で括られ、またユーラシアのチュルク、モンゴル、ツングースの諸語族も「アルタイ諸語」という形で纏められている。

1.4 言語の系統とその時間的奥行き

現在では日本列島とその周辺部を除いて数少ないこのような系統的孤立言語は、ユーラシア全体の言語の中でどのように位置づけられ、また広域に分布するいくつかの大語族とどのような関係に立つのであろうか。

ここで言語の系統とは何かという問題をもう一度考えてみよう。すでに述べたように、通常の意味で言語の同系性というのは、比較言語学的な手続き

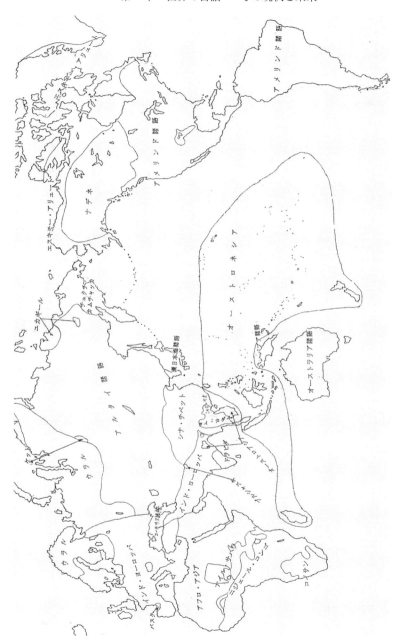

図 1.1 世界言語分布略図

によって問題となる言語間の同系関係が確かめられたという意味である。北米の太平洋沿岸部に20以上の孤立言語が分立するというのは、正確には、伝統的な比較方法によるかぎり、これらの言語間の同系関係が確認できないという意味にほかならない。学者の中には、これらの言語の間に系統的な結びつきは全く存在しない、というような言い方をする向きもあるが、これは行き過ぎである。これまでの歴史言語学は、2つの言語間の同系関係を証明することはできても、逆に、2つの言語が同系でないということを確実に証明することはできないのである。現在地球上で話されているすべての言語が元はひとつの源から分岐した、そういう可能性が全くないとは言えないからである。

最近の遺伝子系統学の研究によれば、現在の人類はすべて、アフリカでの人類進化の最終段階に属する「新人」（＝現代型人類）から発祥したという可能性がきわめて高くなってきた。この新人がアフリカを出て初めてユーラシアに進出したのは、今からおよそ10〜5万年前と見られる。そのとき新人は、おそらく現在の人類言語と本質的にそれほど違わない言語を持っていたと考えてよいだろう。とすれば、言語間の同系関係というものは、結局は程度の問題に帰着する。つまり、ここで問題となるのは、同系関係における時間的奥行き、換言すれば、それぞれの語族の「祖語」の所属年代ということになってくる。仮に人類の言語史が10万年の奥行きを持つとするならば、比較言語学で確認される言語の同系性とは、一体どの程度の深さを持つものなのか。

ユーラシアの主要な語族についてこの点を考えてみると、インド・ヨーロッパ語族とウラル語族の場合は、その祖語（の最終段階）の年代は、今から大体5〜6千年ほど前と見られる（その原郷地については、インド・ヨーロッパ語族の場合は、おそらくヴォルガ下流域を中心に黒海からカスピ海に至る南ロシアの草原地帯、ウラル語族の場合はその北方のヴォルガ中流域あたりが有力視されている）。これとほぼ同じような年代が、シナ・チベット祖語やオーストロネシア祖語の場合にも提案されている。

今から5〜6千年前というのは、ユーラシアの各地で本格的な農耕文化が確立され始めた時期である。これらの語族の形成は、このような農耕文化の発達とそれによってもたらされた様々な影響、刺激と密接に結びついていたと思われる。家畜の飼育や金属器の使用も含めたこの農耕文化の発達は、そ

れまで人類が経験したことのない急激な人口増加をもたらした。またその圧力が様々な形の住民移動を引き起こし、新しい土地の開拓や他集団への侵略、武力による征服等々が行われた。こうして、一部の言語集団は自らの居住地を拡大し、結果として急激な言語の分化と拡散がもたらされたのである。

　アフリカやユーラシアに見られる大語族がこのような農耕文化の出現と密接に結びついていたとすれば、逆にオーストラリアや北米でそのような形の語族分布がなぜ見られないかということも理解できよう。これらの地域には、人類が何万年にもわたって続けてきた狩猟・採集に頼る生活形態が比較的最近まで続いたからである。農耕以前のこのような社会では、人々の集団つまり同じ言語を話す共同体は、通常、数百人からせいぜい数千人程度である。そして自然資源に恵まれた地域では、このような小規模な集団が比較的狭い場所に密集し、多くの言語が互いに接触し影響しながら長期にわたって共存する。このような場合、これらの言語間の関係は、単純な系統樹で表されるような同系関係としては見えてこない。

　言語の同系関係の時間的奥行きを測るもうひとつの方法として、「言語年代学」というものがある。これは20世紀の半ば過ぎ、アメリカの言語学者スウォデシュによって提唱されたもので、2つの（同系関係にある）言語間での基礎語彙の共有率に基づいて、これらの言語の分岐年代を割り出そうとする。スウォデシュによれば、どんな言語でもその最も基礎的な語彙の変化は一定で、例えば2百語規模の基礎語彙の場合、その残存率は1,000年につきおよそ81％とされた。とすれば、同じ源から分かれて1,000年経った2つの言語間で共有される基礎語彙は、81％×81％＝66％、同じ算法で2,000年後では43％、3,000年後では29％というような数値が割り出される。この手法は、考古学などで利用される放射性炭素14による年代測定法（炭素14法）にヒントを得たものであるが、基礎語彙の変化率があらゆる言語ではたして定常かどうかなど、いくつかの問題を含んでいる。しかしいずれにしても、言語年代学で測定できる言語間の同系関係は、7～8千年までが限度であることがはっきりした。それを超えると、基礎語彙の共有率は限りなくゼロに近づくからである。ちなみに、死滅した有機体の放射性炭素は、5,730年ごとに半減するとされ、これによって炭素14法では最近では4万年近い年代まで測定できるようになっている。

ところで、日本で縄文時代が始まったのは、今から1万2千年ほど前と見られている。仮に日本語の発祥がこの縄文時代まで遡るとすれば、そのような言語の系統関係は1万年を超える年代幅となり、これはもはや基礎語彙の共有というような形では測定できない。同じく基礎語彙や形態素の類似に手掛かりを求める伝統的な比較方法にとっても事情は変わらない。これまでの研究実績から見て、古い文献資料やあるいは多数の同系言語の存在というような比較にとって恵まれた条件が整っている場合でも、5～6千年というあたりが比較方法の限度と言ってよいだろう。もし人類の言語史が10万年の規模で測らなければならないとすれば、伝統的な歴史言語学はほんのその口元を覗いたにすぎないことになる。

　いずれにしても、アフリカやユーラシアに見られる大規模な語族とそれらの広域分布は、人類言語史上の比較的新しい現象であり、世界言語にとって必ずしもそれが常態というわけではない。それに対して、日本列島とその周辺部やその他ユーラシアの一部に残る系統的孤立言語は、これらの新しく拡がった言語層のいわば"裂け目"のような存在と言ってよいだろう。ほかでは失われた古い言語層がそこにたまたま姿を覗かせているからである。

　現在、ヨーロッパの大部分を占めるインド・ヨーロッパ系の言語がこの地域に拡がったのは、今から4千年ほど前である。もちろんその時期のヨーロッパは無人の土地ではなく、例えばスペインやフランスに多くの洞窟画を残したクロマニョン以来の古いヨーロッパ人が大勢住んでいた。しかしそこで話されていた言語は、ほとんど跡形もなく消滅した。バスク語は、そのようなヨーロッパの古い言語層のおそらく唯一の生き残りと見てよいだろう。

1.5　言語と話者人口

　世界言語の系統的分類に関連して話があまりにも遠い過去へと遡ってしまったが、ここでもう一度世界言語の現状に目を向けてみよう。

　現在、世界言語の状況に関して最も著しい現象は、それぞれの言語の話者人口に見られる甚だしいアンバランスである。一方に、億単位の話者を持つ巨大言語があるかと見れば、他方にはせいぜい数百人かあるいは数十人というような極小言語が存在する。これはひとつには、過去百年余りの間に地球上の人口が爆発的に増加し、しかもそれが一部の地域や一部の集団に偏って

起こったためである。その結果、多くの話者を擁する言語はますます巨大化し、一方、それに圧迫されて小規模な言語はますます弱小化するという、まさに弱肉強食的な状況が現出した。これはもちろん人口という物理的な要因だけでなく、ほかに様々な政治、経済、文化的な要因がからんでいる。

現代の世界言語を見舞ったこの不平等、つまり話者人口の偏りによる言語間の格差とはどのようなものか。今仮に、世界言語の数を6千としよう。一方世界の総人口は、現時点でおよそ60億と見られる。この人口を6千の言語に平均して割り振ると、百万という数字が出る。もし世界の言語がそれぞれ公平に話者人口を分け合ったとすれば、ひとつの言語の平均的な話者数は大体百万前後となる。また仮に言語間の格差があったとしても、この平均値を上回る言語の数と下回る言語の数の間に、それほど大きな違いは現れないはずである。しかし、現実はこれと全くかけ離れている。

世界言語の話者人口に関するこれまでの概算によれば、百万以上の話者人口を持つ言語の数はおよそ250で、これは世界言語総数のわずか4％にすぎない。しかも、この250の言語の話者人口は、それだけでなんと世界の総人口の90％を占めるのである。さらに、話者人口50万以上というところで該当する言語を数えると、その数は300となり、これは世界言語全体のちょうど5％に当たる。しかしこれらの言語の話者人口は、それだけで世界の総人口のほぼ95％に相当する。これを逆の面から見ると、実に、世界言語全体の95％を占める5,700ほどの言語が世界人口のわずか5％、つまり3億ほどの人たちによって話されていることになる。次表を参照されたい。

話者人口	言語数	世界総人口比
700万以上	約100	約85％
100万以上	約250	約90％
50万以上	約300	約95％
10万以上	約600	

表1.3　世界諸言語と話者人口の比率

言語にとっての話者人口を仮にその言語の富と見なせば、これは言語世界における富の分配の恐るべき不平等と言ってよいだろう。しかも富める言語はますます富み、貧しい言語はその困窮度をますます強めている。

人口統計学者の推定によれば、今から2,000年前の世界の人口は約3億

だった。それが 1,000 年前に 3 億 1 千万となり、500 年前に 5 億に達したという。そして、19 世紀の前半に 10 億を超え、それ以後、世界人口は爆発的な急上昇を遂げた。現在の世界言語に見られる話者人口の甚だしい偏りは、過去百年余りの間に起こったこの人口急増の波に首尾よく乗った少数の言語が、それに取り残された大多数の言語を圧迫し、周辺部へと追いやった結果だと言ってよいだろう。

　日本で縄文時代が始まったのは、地球上に長く続いた最終氷期が終わり、地質学上の現代に当たる完新世に入った頃とされる。地球は現在とほぼ同じ温暖期を迎え、最寒期に 100 メートルほど下がっていた海面も、極地の氷の融解によって、現在とほぼ同じレベルまで上昇し、日本列島も大陸から切り離されて、現状の地形となった。今からおよそ 1 万 2 千〜1 万年前のことである。そしてこの頃人類は、ユーラシアだけでなく、オーストラリアとニューギニア（氷期には地続きの大陸だった）およびその周辺の島々、そして南北アメリカ大陸のほぼ全域に拡がっていた。現在地球上に見られる言語分布の基本的な骨格は、この頃すでに出来上がっていたのである。

　一方、この時期の地球上の人口は、多ければ 1 億、少なくとも 5 千万位には達していたらしい。そして重要なことに、当時の世界の言語の数も、ほぼ今と同じかあるいはそれを上回っていたと見られる。5 千万の人口を 5 千で割れば 1 万である。1 万から 2 万、これがおそらく当時の言語の平均的な話者数であった。またこれらの言語の内部には、いくつもの方言が含まれていたであろう。もちろん言語によって、話者数に様々な違いがあったに違いない。しかし、平均的な話者数を桁外れに上回るような大言語は存在しなかった。与えられた環境の自然資源に完全に依存する狩猟・採集的な社会では、人の集団の大きさには自ずから限界があったからである。すべての社会、すべての集団にとって言語は平等であり、数多くの言語が互いに接触を保ちながら、平和に共存するという状況が続いたのである。

　この状況は、農耕文化の出現によって大きな変化に直面した。しかしその変化は、地球全体の規模で見れば、それほど急激なものではなかった。世界の人口は、およそ 1 万年かかって 1 億から 3 億まで増えたにすぎないからである。大語族の出現も、一部の地域に限られ、大言語の前に小言語が吸収併合される一方で、方言分岐という形の言語の自己増殖も行われた。こうして、5〜6 千の規模を持つ世界言語の多様性は、少なくとも 1 万年余りの

間、その均衡を保つことができたのである。

　言語にとっての話者人口を富にたとえるのは穏当でないかもしれない。しかし、言語が生き延びるのは、ひとえにそれを話す人間の存在にかかっている。話し手を失ったとき、言語は滅びる以外にないのである。その意味で、話者人口は言語にとってその生存の基盤であり、活力のバロメータである。しかし、過去1世紀、異常とも言える世界人口の増加に伴って出現した少数の巨大言語によって、これまで何千年あるいは何万年もの間この地球上で話されてきた何千という言語がその生存を脅かされる、そういう状況がいわば突如として現出した。これが20世紀末葉から今世紀初頭にかけての世界言語の現状にほかならない。

　前述したインターネット上の *Ethnologue* には、話者人口による上位約100言語のデータが提示されている。参考までに、それを日本語に訳して一覧表にしたものを次ページ以下の表1.4と表1.5として挙げてある。話者人口が700万以上の言語がそれに該当する。またこれらの言語の、地域別、語族別の分布については、その次の表1.6、表1.7を参照されたい。

　言語の巨大さは、もちろん話者人口の大きさだけで計れるものではない。それぞれの言語には、目に見えない社会的評価というものがつきまとう。プラス評価ならば「威信 prestige」（元の意味は「幻惑」）、マイナス評価なら「汚名 stigma」（もとの意味は「烙印」）と呼ばれるものがそれである。しかし、話者人口が言語の大きさを計る最も手っ取り早い尺度であることに変わりはない。とすれば、この中でも特に上位10言語は、さし当たって世界言語の中の「超巨大語」として位置づけられるだろう。次ページの表1.4で見るように、この中には日本語も入っている。これをもって、自らの母語が世界屈指の大言語であると自信を深める日本人も多いかもしれない。しかし、この日本語の巨大化によって、日本列島の北方ではアイヌ語が絶滅の危機に追い込まれ、その南方では琉球諸語が気息奄々の状態に陥っていることを、はたしてどれだけの日本人が自覚しているだろうか。

1.6　言語と国家

　現在、地球上のあらゆる地域は、南極大陸と一部国家間の係争地を除いて、すべていずれかの国家の領地に定められている。ということは、現在話

1.6 言語と国家

順位	言語名	語族	本籍国	話者人口
1	中国語（北京官話）	シナ・チベット	中国	885,000,000
2	スペイン語	インド・ヨーロッパ	スペイン	332,000,000
3	英語	インド・ヨーロッパ	イギリス	322,000,000
4	ベンガル語	インド・ヨーロッパ	バングラデシュ	189,000,000
5	ヒンディー語	インド・ヨーロッパ	インド	182,000,000
6	ポルトガル語	インド・ヨーロッパ	ポルトガル	170,000,000
7	ロシア語	インド・ヨーロッパ	ロシア連邦	170,000,000
8	日本語	環日本海	日本	125,000,000
9	ドイツ語	インド・ヨーロッパ	ドイツ	98,000,000
10	中国語（呉語）	シナ・チベット	中国	77,175,000
11	ジャワ語	オーストロネシア	インドネシア	75,500,800
12	朝鮮語	環日本海	韓国・北朝鮮	75,000,000
13	フランス語	インド・ヨーロッパ	フランス	72,000,000
14	ベトナム語	オーストロアジア	ベトナム	67,662,000
15	テルグ語	ドラヴィダ	インド	66,350,000
16	中国語（広東語）	シナ・チベット	中国	66,000,000
17	マラーティー語	インド・ヨーロッパ	インド	64,783,000
18	タミル語	ドラヴィダ	インド	63,075,000
19	トルコ語	チュルク	トルコ	59,000,000
20	ウルドゥー語	インド・ヨーロッパ	パキスタン	58,000,000
21	中国語（閩南語）	シナ・チベット	中国	49,000,000
22	中国語（晋語）	シナ・チベット	中国	45,000,000
23	グジャラーティー語	インド・ヨーロッパ	インド	44,000,000
24	ポーランド語	インド・ヨーロッパ	ポーランド	44,000,000
25	アラビア語（エジプト）	アフロ・アジア	エジプト	42,500,000
26	ウクライナ語	インド・ヨーロッパ	ウクライナ	41,000,000
27	イタリア語	インド・ヨーロッパ	イタリア	37,000,000
28	中国語（湘語）	シナ・チベット	中国	36,015,000
29	マラヤーラム語	ドラヴィダ	インド	34,022,000
30	中国語（客家語）	シナ・チベット	中国	34,000,000
31	カンナダ語	ドラヴィダ	インド	33,663,000
32	オリヤー語	インド・ヨーロッパ	インド	31,000,000
33	パンジャービー語（西部）	インド・ヨーロッパ	パキスタン	30,000,000
34	スンダ語	オーストロネシア	インドネシア	27,000,000
35	パンジャービー語（東部）	インド・ヨーロッパ	インド	26,013,000
36	ルーマニア語	インド・ヨーロッパ	ルーマニア	26,000,000
37	ボージュプリー語	インド・ヨーロッパ	インド	25,000,000
38	アゼルバイジャン語（南部）	チュルク	イラン	24,364,000
39	ペルシア語（西部）	インド・ヨーロッパ	イラン	24,280,000
40	マイティリー語	インド・ヨーロッパ	インド	24,260,000
41	ハウサ語	アフロ・アジア	ナイジェリア	24,200,000
42	アラビア語(アルジェリア)	アフロ・アジア	アルジェリア	22,400,000
43	ビルマ語	シナ・チベット	ミャンマー	22,000,000
44	セルボ・クロアチア語	インド・ヨーロッパ	ユーゴスラヴィア	21,000,000
45	中国語（贛語）	シナ・チベット	中国	20,580,000
46	アワディー語	インド・ヨーロッパ	インド	20,540,000
47	タイ語	タイ・カダイ	タイ	20,047,000
48	オランダ語	インド・ヨーロッパ	オランダ	20,000,000
49	ヨルバ語	ニジェル・コンゴ	ナイジェリア	20,000,000
50	シンディー語	インド・ヨーロッパ	パキスタン	19,720,000
51	アラビア語（モロッコ）	アフロ・アジア	モロッコ	19,542,000
52	アラビア語（サイード）	アフロ・アジア	エジプト	18,900,000
53	ウズベク語（北部）	チュルク	ウズベキスタン	18,466,000

表1.4 話者人口による上位約100言語（1）

順位	言 語 名	語　　族	本 籍 国	話者人口
54	マレー語	オーストロネシア	マレーシア	17,600,000
55	アムハラ語	アフロ・アジア	エチオピア	17,413,000
56	インドネシア語	オーストロネシア	インドネシア	17,050,000
57	イグボ語	ニジェル・コンゴ	ナイジェリア	17,000,000
58	タガログ語	オーストロネシア	フィリピン	17,000,000
59	ネパール語	インド・ヨーロッパ	ネパール	16,056,000
60	アラビア語（スーダン）	アフロ・アジア	スーダン	16,000,000
61	サラエキー語	インド・ヨーロッパ	パキスタン	15,015,000
62	セブアノ語	オーストロネシア	フィリピン	15,000,000
63	アラビア語(レバノン北部)	アフロ・アジア	シリア	15,000,000
64	タイ（北東方言）	タイ・カダイ	タ イ	15,000,000
65	アッサム語	インド・ヨーロッパ	インド	14,634,000
66	ハンガリー語	ウラル	ハンガリー	14,500,000
67	チタゴニ語	インド・ヨーロッパ	バングラデシュ	14,000,000
68	アラビア語（イラク）	アフロ・アジア	イラク	13,900,000
69	マドゥラ語	オーストロネシア	インドネシア	13,694,000
70	シンハラ語	インド・ヨーロッパ	スリランカ	13,220,000
71	ハリャンヴィー語	インド・ヨーロッパ	インド	13,000,000
72	マルワーリー語	インド・ヨーロッパ	インド	12,104,000
73	チェコ語	インド・ヨーロッパ	チェコ	12,000,000
74	ギリシア語	インド・ヨーロッパ	ギリシア	12,000,000
75	マガヒー語	インド・ヨーロッパ	インド	12,000,000
76	チャティスガルヒー語	インド・ヨーロッパ	インド	10,985,000
77	デカン語	インド・ヨーロッパ	インド	10,709,800
78	中国語（閩北語）	シナ・チベット	中 国	10,537,000
79	ベラルーシ語	インド・ヨーロッパ	ベラルーシ	10,200,000
80	チワン語	タイ・カダイ	中 国	10,000,000
81	アラビア語（サウジ）	アフロ・アジア	サウジアラビア	9,800,000
82	パシュトー語（北部）	インド・ヨーロッパ	パキスタン	9,685,000
83	ソマリ語	アフロ・アジア	ソマリア	9,472,000
84	マラガシ語	オーストロネシア	マダガスカル	9,398,700
85	アラビア語(チュニジア)	アフロ・アジア	チュニジア	9,308,000
86	ルワンダ語	ニジェル・コンゴ	ルワンダ	9,306,800
87	ズールー語	ニジェル・コンゴ	南アフリカ共和国	9,142,000
88	ブルガリア語	インド・ヨーロッパ	ブルガリア	9,000,000
89	スウェーデン語	インド・ヨーロッパ	スウェーデン	9,000,000
90	ロンバルディア語	インド・ヨーロッパ	イタリア	8,974,000
91	オロモ語	アフロ・アジア	エチオピア	8,920,000
92	パシュトー語（南部）	インド・ヨーロッパ	アフガニスタン	8,206,000
93	カザフ語	チュルク	カザフスタン	8,000,000
94	イロカノ語	オーストロネシア	フィリピン	8,000,000
95	タタール語	チュルク	ロシア連邦	8,000,000
96	フルフルデ語	ニジェル・コンゴ	ナイジェリア	7,611,000
97	アラビア語（イエメン）	アフロ・アジア	イエメン	7,600,000
98	ウイグル語	チュルク	中 国	7,595,512
99	ハイチ語	クレオール	ハイチ	7,372,000
100	アゼルバイジャン語(北部)	チュルク	アゼルバイジャン	7,059,000
101	ナポリ・カラブリア語	インド・ヨーロッパ	イタリア	7,047,400
102	クメール語（中部）	オーストロアジア	カンボジア	7,039,200
103	ペルシア語（東部）	インド・ヨーロッパ	アフガニスタン	7,000,000
104	アカン語	ニジェル・コンゴ	ガーナ	7,000,000
105	ヒリガイノン語	オーストロネシア	フィリピン	7,000,000
106	クルマンジー語	チュルク	トルコ	7,000,000
107	ショナ語	ニジェル・コンゴ	ジンバブエ	7,000,000

表 1.5　話者人口による上位約 100 言語（2）

1.6 言語と国家

地域	言語数
アジア	68
ヨーロッパ	21
アフリカ	17
南北アメリカ	1
オセアニア	0

表 1.6　上位約 100 言語の地域分布（植民言語を除く）

語　族	言語数
インド・ヨーロッパ語族	45
アフロ・アジア語族	14
シナ・チベット語族	10
オーストロネシア語族	10
チュルク語族	8
ニジェル・コンゴ語族	7
ドラヴィダ語族	4
タイ・カダイ語族	3
オーストロアジア語族	2
環日本海諸語	2
ウラル語族	1
クレオール	1

表 1.7　上位約 100 言語の語族分布

されている世界のすべての言語は、必ずいずれかの国家に組み込まれていることを意味する。そして現在、国連で正式に認められた国家の数は 191 に達する。6,700 の世界言語は、この 191 の国家という枠組みの中に、いわば有無を言わさず取り込まれているわけである。もちろん国家の中には大国もあれば小国もあり、国家間のアンバランスもまた、言語のそれに劣らない。またそこに含まれる言語の数も、1 国家に 1 言語というところから、1 国家に数百言語というところまでまさに千差万別である。

　地域ごとの国家とその言語構成については、23 ページ以下の表 1.8 および表 1.9 を参照されたい。なお、ここに示した人口は、1996 年の国連資料により、言語数は *Ethnologue* (13th ed.) によっている。

国家が人間生活のあらゆる側面に介入する現代のような社会では、言語にとっても、それぞれがどのような国家に所属し、またその国家の中でどのような扱いを受けるかは、各言語の命運を左右するような重大な意味を担ってくる。とりわけ、世界言語の大部分を占める少数話者言語が今後生き残れるかどうかという問題に、これは大きく関わっている。また国家の政策の如何によっては、単純に話者人口が多い言語だから安泰だとも言い切れないだろう。

言語と国家との関わりで、とりわけ大きな問題を抱えているのは、「多言語国家」である。また同じ多言語国家と言っても、その多言語性には様々な度合がある。今数字の上だけで眺めると、1国の中に50以上の言語を抱える多言語国家は、地域別に見ると、以下のようである（カッコ内は言語数）。

- アジア（46カ国中12カ国）：
 インドネシア（716）、インド（418）、中国（235）、フィリピン（171）、ネパール（125）、ミャンマー（111）、ラオス（92）、マレーシア（92）、ベトナム（86）、タイ（76）、イラン（69）、パキスタン（66）

- アフリカ（53カ国中14カ国）：
 ナイジェリア（478）、カメルーン（283）、ザイール（221）、スーダン（142）、タンザニア（132）、チャド（128）、エチオピア（86）、コートジボワール（74）、ガーナ（72）、ブルキナファソ（71）、中央アフリカ共和国（69）、ケニア（61）、コンゴ（60）、ベナン（51）

- アメリカ（35カ国中7カ国）：
 メキシコ（295）、ブラジル（236）、アメリカ合衆国（213）、ペルー（108）、コロンビア（98）、カナダ（79）、グアテマラ（53）

- オセアニア（14カ国中4カ国）：
 パプア・ニューギニア（826）、オーストラリア（267）、バヌアツ（110）、ソロモン諸島（71）

最後にヨーロッパでは、1国の中に50以上の言語を数えるような多言語国家は皆無である。ここだけは、国家に対する言語の数の比率が最も低く、それだけ国家と言語との間に程よい均衡が保たれている。あたかも、ヨー

1.6 言語と国家

国　家　名	人口（千人）	言語数	消滅	公　用　語
アゼルバイジャン	7,594	13		アゼルバイジャン語
アフガニスタン	20,883	35		パシュトー語、ダリー語
アラブ首長国	2,260	8		アラビア語
アルメニア	3,638	6		アルメニア語
イエメン	15,678	8		アラビア語
イスラエル	5,664	32	(1)	ヘブライ語
イラク	20,607	23		アラビア語
イラン	69,975	69	(1)	ペルシア語
インド	944,580	418	(11)	ヒンディー語
インドネシア	200,453	716	(5)	インドネシア語
ウズベキスタン	23,209	7		ウズベク語
オマーン	2,302	13		アラビア語
カザフスタン	16,820	6		カザフ語、ロシア語
カタール	558	3		アラビア語
カンボジア	10,273	17		カンボジア語
キルギス	4,469	2		キルギス語、ロシア語
キプロス	756	4		ギリシア語、トルコ語、英語
クウェート	1,687	3		アラビア語
グルジア	5,442	10		グルジア語
サウジアラビア	18,836	5		アラビア語
シリア	14,574	17	(1)	アラビア語
シンガポール	3,384	26		マレー語、英語、中国語、タミル語
スリランカ	18,100	8	(1)	シンハラ語、タミル語
タイ	58,703	76		タイ語
大韓民国	45,314	2		朝鮮語
タジキスタン	5,935	10		タジク語
中国（本土）	1,214,221	235	(8)	中国語
中国（台湾）	21,507	29	(7)	中国語
朝鮮人民共和国	22,466	1		朝鮮語
トルクメニスタン	4,155	3	(1)	トルクメン語
トルコ	61,797	37	(1)	トルコ語
日本	125,351	15		日本語
ネパール	22,021	125	(1)	ネパール語
パキスタン	139,973	66		ウルドゥー語,パンジャービー語,シンド語
バーレーン	570	3		アラビア語
バングラデシュ	120,073	35		ベンガル語
フィリピン	69,282	171	(3)	フィリピン語、英語
ブータン	11,812	15		ゾン・カ語、ネパール語
ブルネイ	300	16		マレー語、英語、中国語
ベトナム	75,181	86	(1)	ベトナム語
マレーシア	20,581	92		マレー語、中国語、タミル語
ミャンマー	45,922	111	(1)	ビルマ語
モルディヴ	263	1		ディベヒ語
モンゴル	2,515	12		モンゴル語
ヨルダン	5,581	8		アラビア語
ラオス	5,035	92		ラオ語
レバノン	3,084	3		アラビア語

表 1.8　世界の国別言語資料 その1:アジア（46 カ国）

第1章 世界の言語——その現状と未来

国家名	人口(千人)	言語数	消滅	公用語
アイスランド	271	2		アイスランド語
アイルランド	3,554	4		アイルランド語、英語
アルバニア	3,401	6		アルバニア語
アンドラ	71	3		カタロニア語
イギリス	58,144	14	(2)	英語
イタリア	57,226	33		イタリア語
エストニア	1,471	1		エストニア語、ロシア語
ウクライナ	51,6081	4	(1)	ウクライナ語
オーストリア	8,106	8		ドイツ語
オランダ	15,575	6		オランダ語
ギリシア	10,490	14	(1)	ギリシア語
クロアチア	4,501	6	(1)	クロアチア語
サン・マリノ	25	2		イタリア語
スイス	7,224	10		ドイツ語,フランス語,イタリア語ロマンシュ語
スウェーデン	8,819	10		スウェーデン語
スペイン	39,674	16	(2)	スペイン語、カタロニア語他
スロヴァキア	5,347	9		スロヴァキア語
スロヴェニア	1,924	6		スロヴェニア語
チェコ	10,251	8	(1)	チェコ語
デンマーク	5,237	8	(1)	デンマーク語
ドイツ	81,922	22	(1)	ドイツ語
ノルウェー	4,348	10		ノルウェー語
バチカン	0.1	2		ラテン語、イタリア語他
ハンガリー	10,049	9		ハンガリー語
フィンランド	5,126	11	(1)	フィンランド語、スウェーデン語
フランス	58,333	27	(2)	フランス語
ブルガリア	8,468	12	(1)	ブルガリア語
ベラルーシ	10,348	1		ベラルーシ語
ベルギー	10,159	5		オランダ語、フランス語、ドイツ語
ボスニア・ヘルツェゴビナ	3,628	2		セルビア語
ポーランド	38,601	10		ポーランド語
ポルトガル	9,808	6		ポルトガル語
マケドニア	2,174	8		マケドニア語
マルタ	369	3		マルタ語、英語
モナコ	32	3		フランス語
モルドバ	4,444	5		モルドバ語
ユーゴスラヴィア	10,294	10		セルビア語
ラトヴィア	2,504	5		ラトヴィア語、ロシア語
リトアニア	3,728	3		リトアニア語、ロシア語
リヒテンシュタイン	31	1		ドイツ語
ルクセンブルク	412	3		ルクセンブルク語、フランス語、ドイツ語
ルーマニア	22,655	14		ルーマニア語
ロシア連邦	148,126	57	(1)	ロシア語他各民族語

表 1.9 世界の国別言語資料 その2:ヨーロッパ(43カ国)

ロッパにおけるこの均衡のしわ寄せが、それ以外の地域における異常な不均衡を生み出しているかのごとくである。

そもそも近代世界の国家というものは、19世紀にヨーロッパで興ったナショナリズムの産物にほかならない。それまでの世界に見られた統治形態は、民族というような単位でなく、少数者の集中的権力が複数の民族ないし部族の上に広くかつ薄く被さるいわゆる「帝国」という形が普通だった。ペルシア帝国、ローマ帝国、ムガール帝国、大清帝国等々がその典型である。ヨーロッパで最後に残ったこのような統治形態は、帝政ロシア、オスマン帝国、そしてハプスブルク王朝である。このような帝国の支配者は、多くの場合支配下の民衆の言語・文化には比較的無頓着で、それほど深くは干渉しなかった。帝国の基盤は薄弱であり、ひとたび崩壊すれば、民衆の言語・文化は元の状態に復するのが常だった。

しかし19世紀のヨーロッパに吹き荒れたナショナリズムは、そのような古い統治形態とは全く違った理念を打ち出した。すなわちそのスローガンは、「言語を通して民族を」、「民族を通して国家を」というものにほかならない。ここで、言語と民族と国家が、少なくとも理念的には、三位一体のごとく結びつけられたのである。オスマン・トルコとハプスブルク家の崩壊後、バルカンや東欧に相次いで誕生した諸国家が目指したのは、何よりも言語に基盤を置くこのような民族国家であった。ここに民族・国家と直結した言語、すなわち「国語」というものの成立基盤がある。国語の育成とその強化は、西欧型民族国家にとって最重要の課題となったのである。

第一次大戦の開始前、20世紀初頭の世界地図を眺めると、上述の民族国家という形をとった独立国は、10余りのヨーロッパ諸国のほかには、アフリカに2国（エチオピアとリベリア）、そしてアジアに2国（日本とタイ）が存在しただけである。その数は、現在の10分の1にも足りない。残りの国家が成立したのはすべてそれ以後である。

すなわち、まず第一次大戦後に、東欧、バルカン諸国、次いで第二次大戦後、イギリスとオランダの支配下にあったインドと東南アジア諸国、そして1950年代以降の東西冷戦下に、まずインドシナ、中近東、北部アフリカの諸国、次いでフランス、ポルトガルの支配下にあったブラック・アフリカ諸国、そして最後が1992年のソビエト連邦の崩壊後、その支配下に置かれて

いた東欧から中央アジアに及ぶ多くの国々である。なお、コロンブス以後のアメリカ大陸やオーストラリアに出現した西洋人支配の植民国家は、このような民族国家とは別の性格を持っている。

　これらの諸国家、特に第二次大戦後に登場した新興諸国にとって、多くの場合、言語・民族と国家との関係は、西欧ナショナリズムの掲げた理想とはほど遠いものだった。その最大の原因は、これらの国の多くが19世紀ヨーロッパのいわゆる列強国によって作られた植民地の統治形態をそのまま引き継ぐという形で形成されたからである。このような植民地の多くは、土着民の歴史や伝統文化を無視して、ただ宗主国の利益のために全く恣意的に分割された。国家の拠り所となるべき言語や民族意識を育む土壌は最初から欠けていたのである。

　この事態は、まず言語面で、これらの新生国家の「公用語」としてどのような言語を採用するかという問題となって現れた。それまでの植民地で公式の言語はすべて宗主国のヨーロッパ言語だったからである。この問題は特にアフリカの新興国において深刻であった。現在でも、黒人アフリカの大部分の国で主たる公用語は、旧植民地の宗主国語がそのまま使われている。表1.10（p.27）を参照されたい。

　ヨーロッパの大言語に代わって土着の民族語をどのように育成していくか、これは新興アフリカ諸国にとって今後の重要な課題であるが、すでにその動きは着実に現れている。

　例えば、1994年長年の白人支配を脱して土着民の自治権を勝ちえた南アフリカ共和国は、新たに改定した憲法で、それまでの英語、アフリカーンス語に加えて、ホーサ語、ズールー語、ソト語など9つの土着語を国の公用語に定めた。また中部アフリカのモーリタニアでも、1991年に改定した憲法で、それまでのフランス語、アラビア語の2つの公用語に代えて、アラビア語、フルフルデ語、ソニンケ語、ウォロフ語の4つを「国語 national languages」とし、その中のアラビア語を公用語と定めている。

　しかし、これらのアフリカ諸国にとって、宗主国の言語に代えて土着語を公用語に採用することは、同時にまた領域内の複雑な部族構成と多言語状況にどう対処するかというもうひとつの大きな問題に直面することを意味している。

　参考までに、国の公用語として認められた土着語の数の地域別データを表

1.6 言語と国家

国　家　名	人口(千人)	言語数	消滅	公　用　語
アルジェリア	28,784	17		アラビア語、フランス語
アンゴラ	11,185	41		ポルトガル語
ウガンダ	20,256	47	(1)	英語
エジプト	63,271	12	(1)	アラビア語
エチオピア	58,243	86	(4)	アムハラ語
エリトリア	3,280	12	(1)	アラビア語、ティグレ語
ガーナ	17,832	72		英語
カーボベルデ	396	4		ポルトガル語
ガボン	1,106	40		フランス語
カメルーン	13,560	283	(4)	英語、フランス語
ガンビア	1,141	20		英語、マンディンゴ語
ギニア	7,518	30		フランス語
ギニアビサウ	1,091	23		ポルトガル語
ケニア	27,799	61		英語、スワヒリ語
コートジボワール	14,015	74	(1)	フランス語
コモロ（モロニ）	632	4		コモロ語、フランス語、英語
コンゴ	2,668	60		フランス語
ザイール	46,812	221		フランス語、キコンゴ語、リンガラ語
サントメ	135	2		ポルトガル語
ザンビア	8,275	41	(2)	英語、ベンバ語
シエラレオネ	4,297	23		英語、メンデ語
ジブチ	617	4		フランス語、アラビア語
ジンバブエ	11,439	20		英語、ショナ語、ヌデベレ語
スーダン	27,291	142	(10)	アラビア語
スワジランド	881	4		英語、シスワティ語
セイシェル	74	3		英語、フランス語、クレオール語
赤道ギニア	410	12		スペイン語、ブビ語
セネガル	8,532	39		フランス語、ウォロフ語
ソマリア	9,822	13		ソマリ語
タンザニア	30,799	132	(1)	スワヒリ語、英語
チャド	6,515	128	(1)	フランス語、アラビア語
中央アフリカ共和国	3,344	69		サンゴ語、フランス語
チュニジア	9,156	9		アラビア語、フランス語
トーゴ	4,201	43		フランス語
ナイジェリア	115,020	478	(7)	英語
ナミビア	1,575	28		英語
ニジェール	9,465	21		フランス語、ハウサ語
ブルキナファソ	10,780	71		フランス語
ブルンジ	6,221	3		フランス語、キルンジ語
ベナン	5,563	51		フランス語
ボツワナ	1,484	30		英語、ツワナ語
マダガスカル	15,353	6		マラガシュ語、フランス語
マラウイ	9,845	15		英語、チェワ語
マリ	11,134	32		フランス語、バンバラ語
南アフリカ共和国	42,393	31	(3)	英語、アフリカーンス語＋アフリカの9言語
モザンビーク	17,796	33		ポルトガル語
モーリシャス	1,129	5		英語
モーリタニア	2,333	8		アラビア語,フランス語,プラール語,ソニンケ語,ウォロフ語
モロッコ	27,021	11		アラビア語
リビア	5,593	12		アラビア語
リベリア	2,245	34		英語
ルワンダ	5,397	3		フランス語、キニャルワンダ語
レソト	2,078	4	(1)	英語、セソト語

表 1.10　世界の国別言語資料 その3:アフリカ（53カ国）

国　家　名	人口(千人)	言語数	消滅	公　用　語
アメリカ合衆国	269,444	213	(35)	英語
アルゼンチン	35,219	25	(1)	スペイン語
アンティグア・バーブーダ	66	7		英語
ウルグアイ	3,204	2		スペイン語
エクアドル	11,699	22		スペイン語
エルサルバドル	5,796	6	(1)	スペイン語
ガイアナ	7,518	14		スペイン語
カナダ	29,680	79	(3)	英語、フランス語
キューバ	11,018	2		スペイン語
グアテマラ	10,928	53	(2)	スペイン語
グレナダ	92	3		英語
コスタリカ	3,500	11	(1)	スペイン語
コロンビア	36,444	98	(19)	スペイン語
ジャマイカ	2,491	3		英語
スリナム	42	432		オランダ語
セントクリストファー・ネイビス	41	2		英語
セントビンセント・グレナディーン	113	3	(1)	英語
セントルシア	144	2		英語
チリ	14,421	12	(2)	スペイン語
ドミニカ共和国	7,691	3		スペイン語
ドミニカ国	71	3	(1)	英語
トリニダード・トバゴ	1,297	4		英語
ニカラグア	4,238	10	(3)	スペイン語
ハイチ	7,259	2		フランス語、クレオール語
パナマ	2,677	13		スペイン語
バハマ	284	2		英語
パラグアイ	4,957	23	(1)	スペイン語
バルバドス	261	1		英語
ブラジル	161,087	236	(41)	ポルトガル語
ベネズエラ	22,311	42	(12)	スペイン語
ベリーズ	219	8		英語
ペルー	23,944	108	(12)	スペイン語,ケチュア語,アイマラ語
ボリビア	7,593	45	(5)	スペイン語,ケチュア語,アイマラ語
ホンジュラス	5,816	9		スペイン語
メキシコ	92,718	295	(6)	スペイン語
オーストラリア	18,057	267	(31)	英語
キリバス	80	2		キリバス語、英語
ソロモン諸島	391	71	(5)	ピジン語、英語
ツバル	10	1		ツバル語、英語
トンガ	98	4	(1)	トンガ語、英語
ナウル	11	3		ナウル語、英語
サモア	166	2		サモア語、英語
ニュージーランド	3,602	4		英語
バヌアツ	174	110	(1)	ビスマラ語、英語、フランス語
パプア・ニューギニア	4,400	826	(9)	ピジン語、英語
パラオ	17	4		パラオ語、英語
フィジー	797	10		フィジー語、ヒンディー語、英語
マーシャル諸島	57	1		マーシャル語、英語
ミクロネシア連邦	126	17		英語、ヤップ語、チューク語、ポナペ語、コスラエ語

表 1.11　世界の国別言語資料 その4:アメリカ（35カ国）オセアニア（14カ国）

1.6 言語と国家

1.12 に示す。ここでも、ヨーロッパとそれ以外の地域とのアンバランスが著しい。

地域	国家数	土着国家語	言語総数
アジア	46	35	2,165
ヨーロッパ	43	40	225
アフリカ	53	22	2,011
南北アメリカ	35	2	1,000
オセアニア	14	13	1,302
合計	191	112	6703

表 1.12　国の公用語と認められた土着語の数

　国内の多言語状況にどのように対処するかは、すでに見たように、領域内に多数の言語を抱えるインド、インドネシア、中国、フィリピンなどアジアの諸国にとって一層深刻な問題である。特に独立後のインドにとって、公用語も含めた言語の問題は最大の政治的課題のひとつとなってきた。政府の基本方針は、英語に代えてヒンディー語を全国規模の公用語とする方向で進められてきたが、その道はけっして平坦ではない。憲法では、ヒンディー語と並んで、アッサム、ベンガル、グジャラーティー、カンナダ、カシュミール、マラヤーラム、マラーティー、オリヤー、パンジャービー、シンド、タミル、テルグ、ウルドゥー、そしてサンスクリットという全部で 15 の言語が州レベルの公用語として定められている（英語は独立後 15 年の暫定期間を過ぎて公用語からはずされた）。しかしこの中には、ムンダ系、チベット・ビルマ系の言語はひとつも入っていない。これらの言語が今後どのような形で生き残るのか、その見通しは定かでない。

　第二次大戦後オランダから独立したインドネシアで公用語に採用されたインドネシア語は、元もとマレー半島を中心に発達した「ムラユ」と呼ばれる一種の交易語つまりリングア・フランカであった。この点で、インドネシアという超多言語国家の公用語として相応しい言語だったと言えよう。また共通語としてのその素地は、すでに植民地時代にある程度まで出来上がっていた。ここでは共通語と土着の様々な地域語との共存は、多くのパプア系言語の話される西部ニューギニア（別名西パプア、旧名イリアンジャヤ）を除いて、比較的平穏に行われているようであり、またインドネシア語の母語化も

徐々に進んでいる。

　一方、独立後のフィリピンでは、数多くの土着語の中からタガログ語が公用語として選ばれた。これが英語に代わってあるいはそれと並んで、名実共に「フィリピン語」という国語に成長するためには、まだかなりの道のりがあるかもしれない。

　現在中国の領土は、かつての大清帝国のそれをほぼそのまま引き継いでいる。帝政ロシアの遺産をそのまま受け継いだソ連邦が崩壊した現在、中国は、少なくともその支配領域に関して、古い帝国の形態を残存させる世界で唯一の国と言ってよいかもしれない。この国で一様に「少数民族」と呼ばれている諸民族の中には、ほかならば独立国並の民族集団がいくつも含まれている。しかし、それ以外の文字通り少数民族にとって、世界一の超巨大言語である中国語の否応のない進出を前にして、自らの言語をどのように維持するか、これは相当に深刻な問題である。

　国連の科学・文化部門を担当するユネスコは、最近世界の言語、特に少数民族の言語問題に積極的に取り組んでいる。そうした活動の一環として、世界の各国がその憲法の中で言語に関してどのような規定を行っているか、その資料をインターネット上でも公開している。これを見ると、世界の大部分の国が言語に関して何らかの条項を憲法に盛り込んでいる。その多くは自国の公用語に関する規定であるが、比較的最近に改定ないし制定された憲法では、国内の少数民族とその言語の扱いについて細かい配慮を示す国が次第に増えている。ちなみに、日本はその憲法の中で言語に関して一言も触れていない世界でも数少ない国のひとつである。

　憲法の中で言語に関する条項を持たない国は、ほかにも見られる。その中でとりわけ目立つのが英語圏の国である。すなわち、イギリス、アメリカ合衆国、オーストラリア、ニュージーランドがそれである。いずれも国内に多種多様な集団と言語を抱えながら、英語を唯一の公用語としている国である。これらの国が長年続けてきた「英語専一 English Only」政策がこういうところにもはっきり現れていると言えよう。なお、英語圏の中で唯一カナダが憲法の中で言語の問題を扱っている。ただし、ここで対象になっているのは、英語とケベック州で話されるフランス語だけである。エスキモーをはじめ国内に何十と数えられる先住民の言語は、その中で一顧だに与えられていない。

1.7 危機に瀕した言語

公用語	国家数	
英語	56	(21)
フランス語	31	(9)
スペイン語	21	(17)
アラビア語	21	(15)
ポルトガル語	7	(7)
ドイツ語	6	(3)
ロシア語	6	(1)
イタリア語	4	(2)
中国語	4	(1)
オランダ語	3	(2)

表 1.13　多国籍公用語上位 10 言語（カッコ内は唯一の公用語）

　最後に、公用語の問題に関連して、アフリカその他の地域で土着語が公用語として伸び悩んできた反面、ひとつの言語が複数の国で公用語として流通する「多国籍語」が少なからず存在する。そのような多国籍語の上位 10 言語を挙げると上の表 1.13 のようになる。アラビア語と中国語を除けば、いずれもかつてヨーロッパのいわゆる「列強」の言語であることが知られよう。政治上の植民地時代は終わったけれども、言語世界の植民地主義はけっして終わっていないのである。

1.7　危機に瀕した言語

　1992 年、アメリカではコロンブスによる新大陸発見の 500 周年を記念する行事が各地で催された。しかしこの出来事は同時にまた、「新大陸の発見」と「大航海時代」以来、不当な抑圧と悲惨な運命を強いられてきたアメリカその他の先住民に対する世界的な関心を呼び起こすことになった。

　国連は、翌年の 1993 年を「世界先住民の国際年」と定め、また翌 94 年から先 10 年間を「先住民の国際 10 年」として、その歴史・文化・基本的人権などの問題に積極的に取り組むための様々なプログラムを開始した。その中でもとりわけ言語の問題が、当然のことながら、緊急の課題として浮かび上がってきた。世界各地で多くの先住民言語が消滅の危機に瀕し、しかもそれが急速に進行しているという恐るべき状況が明らかにされてきたからで

ある。

　前節に挙げた《世界の国別言語資料（1〜4）》（表 1.8 から表 1.11 まで）の言語数の欄の右側にカッコ付きで示された数字は、それぞれの国内で、比較的最近にその消滅が確認された言語の数である。しかも水面下でその数は確実に増え続けている。その中で、最も危機的な状況に置かれているのが南北アメリカ大陸とオーストラリアである。

　すでに述べたように、メキシコ以北のアメリカには白人の到来時、およそ 500 の言語が話されていた。1960 年、合衆国インディアン局が行った調査では、アラスカを含めた合衆国内で少しでも話者の残っている先住民言語の数は、213 であった。その 30 年後、1990 年に行われた調査では、その数は 175 に減少していた。アラスカの言語学者クラウスによれば、この中で 150 の言語（全体の 89％）は「瀕死 moribund」の状態にあるという[*2]。

　言語が死滅するのは、その言語の話し手が絶えたときである。話し手が絶えるのには、いろいろな形がある。その中には、いわゆる「ジェノサイド（大量殺戮）」による言語集団そのものの絶滅という形もある。例えば、現在のカリブ海諸島に住んでいたアラワク系の先住民は、コロンブスの上陸後わずか 1 世代の間に全滅した。南米南端に居住していたヤーガン族その他の先住民も、同じようにして滅ぼされた。19 世紀の初頭、オーストラリア南端のタスマニア島の住民と言語が全滅に追い込まれたのも、このようなジェノサイドの結果である。コロンブス以来、ヨーロッパ人の植民地活動の裏側に隠されたこのようなおぞましい出来事は、洗い出せばおそらくきりがないだろう。

　しかし現代では、こうした形での言語の消滅は、さすがに影をひそめた。話し手が絶えるのは、ほとんどの場合、その言語集団の中で親から子へという自然な言語伝承が行われなくなるからである。その集団に属する若い世代が年長者のことばを使わなくなったとき、あるいは使えなくなったとき、その言語は消滅の危機にさらされる。その言語を話していた年長者が死に絶えることによって、言語は話し手を失うからである。

　合衆国の 175 の言語のうち、150 の先住民言語が瀕死の状態にあるということは、これらの言語の話し手が今では少数の高齢者に限られ、若い世代に

[*2] Kraus, N. 1992, 'The world's languages in crisis', *Language* 68.

よってもはや受け継がれていないということにほかならない。クラウスによれば、2000年までにこの中の45の言語、さらに2025年までに125の言語、そして2050年までにはなんと155の言語がその最後の話し手を失うだろうと予測された。また残りの20言語も、やがてその生存のための闘いを余儀なくされるだろうという。なんとも恐ろしい予言ではないか。

　ところで、これらの言語を話すアメリカの先住民は、今から1万年以上前に当時まだ陸続きだったベーリンジアを渡ってアメリカ大陸へ移住した古いアジア人の子孫である。すでに述べたように、日本列島とその周辺地域は、ユーラシアの中で系統的孤立言語が比較的密集する地域である。最近筆者が進めてきた世界言語の類型地理論的な研究によると、日本列島を含めた太平洋沿岸部に分布するこれらの言語が、アメリカ先住民語とりわけ北米北西海岸からカリフォルニアに至る太平洋沿岸部の諸言語と著しい共通性を示すことが明らかになってきた。太平洋を取り囲んで2つの大陸の間に拡がる「環太平洋」とも言うべき大きな言語圏の存在が浮かび上がってきたのである。

　ともあれ、人類史上とりわけ重要なことは、ユーラシアでは先に述べた大語族の拡散によって失われてしまった人類言語の古い様相が、これらアメリカ先住民の言語の中には、まだ十分に維持されているように見えることである。日本語を含めたアジアの孤立言語の系統を探るためにも、これらの言語は重要な鍵を握っているように見える。そのような言語が後50年経つか経たないかに全滅してしまうとしたら、それこそ人類言語にとって取り返しのつかない損失と言わなければならない。アメリカ先住民語の存在には、他の地域の言語とは違った特別の意味合いがあるのである。

　北米と同じかあるいはそれ以上の危機的状況がオーストラリアの原住民諸語にも迫っている。18世紀に初めて白人が到来した頃、250ないし300を数えた原住民の言語は、すでに150以上が消滅し、残った100前後の言語も、その中の70以上が今や絶滅寸前の状態に置かれている。

　オーストラリアへ人類が初めて住みついたのは、今からおよそ4～5万年前と言われる。10～5万年前にアフリカを出た現代人類が初めて海を渡ってユーラシア以外の世界に足を踏み入れたのである。今から1万年余り前、海面の上昇によってオーストラリアとニューギニアは現状のように切り離され、それ以来オーストラリアは外の世界から遮断された。

　オーストラリア原住民の言語の中には、何万年にも及んでここに住みつい

てきた人々の歴史と文化がぎっしりと刻み込まれているはずである。それは、人類言語史のきわめて貴重な局面と言わなければならない。外部からの干渉をほとんど受けることなく、これほど長期にわたって連続した人の集団とその言語の歴史は、おそらくほかに例がない。日本の縄文時代も長期にわたって比較的閉ざされた世界を作ってきたが、オーストラリアのそれには到底及ばない。オーストラリア原住民諸語は、そのような長い歴史のまさに生きた証人にほかならないのである。

　近年、地球上で野生動物や植物の種が次々と絶滅し、それが人間によるすさまじいまでの環境破壊によって引き起こされていることが明らかとなりつつある。現代人の果てしない経済開発と消費欲の飽くなき追求は、地球上の４分の１の酸素を供給すると言われるアマゾンの熱帯雨林を瞬く間に切り倒し、東南アジアの密林を次々と裸にしている。大気中のオゾン層は二酸化炭素で充満し、海の水はダイオキシンで汚染されているという。

　汚染された自然環境と絶滅の危機に見舞われた野生の動植物に対して、その保護と汚染防止を訴える叫びは、最近とみに高まってきた。しかし、それと全く同じような世界言語の危機的状況に対して、人々の反応はあまりにも鈍感、というよりもむしろ冷淡と言ってよいかもしれない。そのような態度は、言語の研究にたずさわる専門の言語学者や人類学者の間にすらないわけではない。合衆国の政府が過去百年近く強硬に進めてきた「英語専一」政策によって、先住民の子供たちが強制的に母語を奪われていくのを、多くのアメリカ言語学者はどうやら黙視してきたように見える。先住民とその言語は、自らの言語理論を試すための単なる実験場にすぎなかったのか。ブルームフィールド学派の言語学を特徴づける人間不在のあの冷ややかな"物理主義"は、先住民語をあたかもモルモットのごとく扱うそのような実験場から生み出されたのではなかろうか。あたかも、チョムスキー学派の文法理論が言語学の世界における英語専一主義の尖鋭な具現のごとく見えるように。

　ともあれ、生物界における急速な種の絶滅と言語世界におけるこれまた急速な少数者言語の消滅は、実は目に見えないところで密接につながっている。どちらも、大がかりな生態系の破壊によってもたらされているからである。前にも述べたように、地球上の言語は少なくとも過去１万年の間、ほぼ５〜６千の数を維持しながら、互いに平等な関係で共存してきた。人類言語のこの多様性は、人類が居住する地球という自然環境の多様性をそのまま反

映し、人間と自然界との釣り合いのとれた調和の産物にほかならなかった。

地球環境の多様性つまりその生態系は、多種多様な生物の生存にとって不可欠の要因である。それと同じように、人類にとっても環境と見合った文化の多様性は、その豊かさを支える必須の条件である。そして言語の多様性こそ、人間界のまさにそのような生態系の具現であり、豊かな文化を生み出す土壌にほかならない。数千を数える地球上の言語は、様々な環境の中で生き抜いてきた各集団の長い営みの結晶であり、その歴史を映し出す鏡なのである。

人はしばしば、ものを失った後で初めてそのかけがえのない価値を知る。しかし、言語の世界で今失われようとしているものは、人類全体にとって想像を絶する途方もない損失になるに違いない。

「世界先住民の国際 10 年」を迎えて、前述のユネスコは、世界各地の危機に瀕した諸言語の実態調査に取り組み、様々なプログラムを進めてきた。そのプログラムの一環として、世界の危機に瀕した言語の情報センターを作るための候補地を探した末、アメリカ、オーストラリア、ヨーロッパのあたかも中心に位置する東京に白羽の矢を立て、日本の政府に働きかけた。

ユネスコのこの要請で文部省もようやく重い腰を上げ、1994 年 4 月、「危機言語の情報センターとデータバンク Clearing House and Data Bank of Endangered Languages」と呼ばれる施設が東京大学文学部の中に設置された。またこれと平行して、ユネスコと国際言語学者常置委員会の共同作業のもとに、「消滅の危機に瀕した言語のレッドブック」の作成が進められ、また『消滅の危機に瀕した言語の世界地図』[*3]も公刊された。

一方、このような動きに歩調を合わせて、民間組織や機関でも危機言語との取り組みが様々な形で始まった。特にインターネットを介して多くの NGO、NPO、そして熱心なボランティアによる草の根的な活動も活発に繰り広げられている。しかしその反面、世界の期待を担って発足した東京大学の「危機言語情報センター」の活動が最近やや衰えを見せてきたように外部の目に映るのは、その設立に多少とも関わった者のひとりとしてまことに残念である。

[*3] Wurm, S.A. (ed.) 1996, *Atlas of the world's languages in danger of disappearing*, UNESCO.

1.8　世界言語権宣言

　第二次世界大戦が終わって間もない1948年、「世界人権宣言」が国連総会によって採択された。人間の基本的権利を全世界に高らかに訴えたこの宣言は、人類史上にひとつの画期をなすものだった。

　それからおよそ半世紀を経過した1996年6月、法律、社会学、言語学など様々な分野の専門家、世界ペンクラブに属する多くの作家、また各種団体、機関など、世界のおよそ90カ国から200人を超す人々が、スペインのバルセロナに集まった。「世界言語権宣言 Universal Declaration of Linguistic Rights」を起草し、成文化するための世界大会が開かれたのである。

　あらゆる人間に基本的人権が認められているように、言語にも基本的言語権があって然るべきである。あらゆる土地に住むあらゆる言語集団は、その言語を使用する基本的権利を保証されなければならない。いかなる言語集団も、他の集団に対してその言語を強制的に奪うようなことは許されない。人間が基本的に平等であるように、言語も基本的に平等でなければならない。これがこの宣言の基本的精神である。

　この宣言の中でとりわけ強調されているのは、多言語、多民族社会における複数言語、複数文化の平和共存である。これまで多くの国で進められてきた言語・文化の画一化とそれによってもたらされた恐るべき環境破壊の危険に気付いた人たちが、それを阻止するためにようやく立ち上がったのである。

　言語権に関するこのバルセロナ会議は、国連に対してその内部に「言語審議会 Council of Languages」の設置と国連総会におけるこの宣言の正式採決とを求めてすでに活動を開始した。ユネスコもこれに呼応して、「言語権に関する社会変革管理情報センター MOST Clearing House on Linguistic Rights」という部門を作って広報活動を続けている。世界言語をめぐる状況は、「世界先住民の国際10年」の進行する中で、ひとつの曲がり角に差しかかったと言ってよいだろう。

　この「世界言語権宣言」は、来るべき21世紀における世界言語のひとつのあるべき方向を示すものとして、きわめて重要な意味を持つと思われる。その全体はかなりの長文に及ぶので、その中の「前文」と本文中の「基本概

念」および「一般原則」の部分だけを以下に訳出・引用して、この小論を終えることにしたい。

＊＊＊＊＊＊＊＊＊

「世界言語権宣言」（抜粋）

前　文

　各言語をめぐる状況は、これまでの考察で見るように、広範囲にわたる諸要因の収斂と相互作用の結果である。すなわち、政治的ならびに法律的、イデオロギー的ならびに歴史的、人口動態的ならびに地域的、経済的ならびに社会的、文化的、言語的ならびに社会言語的、言語間的ならびに主観的諸要因がそれである。

　より具体的に、現時点でこれらの要因を規定しているのは以下の点である。すなわち、

　文化の多元性と言語の多元性に相反するような態度を助長し、多様性を縮小せしめようとする多くの国家の長年にわたる均一化政策。

　経済の世界化とそれに起因する情報、通信ならびに文化市場の世界化への傾向によって、言語共同体の内部的な結束を保証する相互関係の拡がりと相互作用の形態が崩壊に陥っていること。

　多国籍の経済集団によって押し進められる経済の成長モデルは、規制緩和を進歩と見なし、競争に鎬を削る個人主義を自由と同一視しようとし、その結果、経済的、社会的、文化的、言語的な不平等がますます深刻なものとなっていること。

　現在、言語共同体が直面している危機とは、自治体制の欠如、部分的ないし全体的な分散による人口減少、脆弱な経済、規範化されていない言語、あるいは支配的モデルに対立する文化モデルであり、従って、多くの言語にとってその存続と発展を期するためには、以下の基本的目標を考慮することが不可欠である。すなわち、

　政治的観点からは、言語的多様性を組織化することによって、各言語共

同体がこの新しい成長モデルに効果的に参加し得るような目標を設定すること。

　文化的観点からは、あらゆる民族、あらゆる言語共同体、あらゆる個人がこの発展の過程の中に平等に参加し得るような世界規模のコミュニケーション空間を構築すること。

　経済的観点からは、万人の参加と社会間の生態学的な調和ならびにあらゆる言語・文化間の平等な関係に基づくところの持続的な発展を促進すること。

　これらすべての理由により、この宣言は、国家ではなく個々の言語共同体を議論の出発点とし、全人類にとって公平かつ持続的な発展を保証し得るような国際的諸制度を強化するという観点から起草されている。従ってまた、その狙いとするところは、相互の尊重、調和のとれた共存そして相互利益に基づいた言語的多様性のための政治的な枠組みを創出しかつ促進することである。

予　備　篇
基本概念

第1条

1．この宣言が理解する言語共同体とは、認知されているか否かを問わず、特定の地域的空間において歴史的に確立した人間社会であり、ひとつの集団としての自覚を持ち、かつ成員相互の自然な伝達手段ならびに文化的結束のために共通な言語を発達させた社会である。ある地域に固有の言語というのは、そのような空間において歴史的に確立した共同体の言語を指している。

2．この宣言は、言語権とは個人的であると同時に集団的でもあるという原則を出発点としている。言語権を十全に定義するためにここで採用された規準は、自らの地域的空間における歴史的な言語共同体であり、またこの空間は単に共同体が生活する地理的領域だけでなく、言語の十分な発展のために必須の社会的ならびに機能的な空間を意味している。このような基盤のもとに、本条第5項で指摘された言語集団の諸権利ならびに本来の共同体の地域外に住む諸個人の権利を、段階的ないし連続的に、定義することが可能となるのである。

3．この宣言の目的のために、以下のような場合も、それぞれ固有の地域に在住し、かつ特定の言語共同体に所属する集団として理解される。すなわち、

イ）ある集団が政治的ないし行政的境界によってその言語共同体の本体から切り離されている場合、

ロ）ある集団が他の言語共同体の成員によって囲まれた狭い地域の中で歴史的に定着してしまった場合、

ハ）ある集団が同じような歴史的背景を持つ他の言語集団の成員と共有するような空間に定着した場合。

4．この宣言はまた、遊牧民族による歴史的な移住地域あるいはまた地理的に散在した地域における諸民族の歴史的な定住地の場合も、それぞれ固有の領域における言語共同体と見なす。

5．この宣言は、別の言語共同体の地域空間の中に定着はしたけれどもその共同体と同じ歴史的背景を持たず、彼ら自身の言語を共有するようないかなる人間集団も言語集団として認める。このような集団とは、例えば、移民、難民、国外追放者、離散民などである。

第2条

1．この宣言は、様々な言語共同体や言語集団が同じ地域を共有する場合には常に、この宣言で定められた諸権利が相互の尊重に基づき、かつ民主主義が最大限に保証されるようなやり方で行使されなければならないと考える。

2．そのような言語共同体、言語集団およびそれに属する各人のそれぞれの権利の間に適切な均衡を確立するためには、十分な社会言語的均衡を求めて、当該地域におけるそれぞれの歴史的背景や民主的に表明された住民の意志のほかに、様々な要因を考慮に入れなければならない。そのような要因の中には、均衡を回復するための補償的方策として、異なる共同体と集団の共存という結果を招いた移住の強制的性質、およびそれに伴う政治的、社会経済的かつ文化的な脆弱性の度合というものも考慮に入れなければならない。

第3条

1．この宣言は、以下のものをいかなる状況においても行使できる不可侵の個人的権利と見なす。すなわち、

ある言語共同体の一員として認知される権利、

私的ならびに公的に自分の言語を使用する権利、
自分の名前を使用する権利、
自分が本来属している言語共同体の他の成員と接触し交流する権利、
自分に固有の文化を維持し発展させる権利、
1966年12月16日の「市民的ならびに政治的権利に関する国際規約」および同日の「経済的、社会的ならびに文化的権利に関する国際規約」において認められた言語に関する他のすべての権利。

２．この宣言は、言語諸集団の全体的権利には、前項で言語集団の成員に認められた諸権利のほかに、次のような、第２条第２項で述べられた諸条件と一致するものも含まれると考える。すなわち、
自分たちの言語と文化を教える権利、
文化的な諸サービスを利用する権利、
コミュニケーション手段の中に自分たちの言語と文化が公平に存在し得る権利、
公的機関ならびに社会経済的交渉の場において、自らの言語によって応対を受ける権利。

３．前述の個人ならびに言語集団の諸権利は、これらの個人ないし集団が受け入れ側の言語共同体と関係を持ち、あるいはそれに統合されることに関して、何らの妨げとなってはならない。また同時に、受け入れ側の共同体ないしその成員が、その地域内のあらゆる場において、当該共同体に固有の言語を公的に十分使用する権利を制限することがあってはならない。

第４条

１．この宣言は、別の言語共同体の地域に移動しかつ定着した人々には、この共同体に向けての統合の姿勢を保持する権利と義務があると考える。ここで統合というのは、付加的な社会化という意味である。すなわち、彼らが本来の文化的諸特性を保持したまま、その一方で、新たに定住した社会の諸制度、価値規準、行動様式を共有することによって、受け入れ側共同体の成員の場合とさほど変わらない程度に、社会機能を果たし得るということにほかならない。

２．この宣言は、その一方において、いわゆる同化、すなわち受け入れ側社会における文化変容の結果、本来の文化的諸特性が受け入れ側社会の諸制

度、価値規準、行動様式によって置き換えられるという意味での同化は、いかなる場合にも強制ないし誘導されてはならないと考える。そのようなことが起こり得るのは、完全な自由選択の結果としてだけである。

第5条
この宣言は、あらゆる言語共同体にとってその権利は平等であり、公用語、地域語あるいは少数者言語といったそれぞれの法的な位置づけとは無関係であるという原則に立っている。地域語ないし少数者言語というような用語はこの宣言の中では用いられない。なぜなら、たとえある場合には地域語ないし少数者言語を認めることによって、ある種の権利の行使が促進されることがあるとしても、これらのないしこれに類した用語は、しばしば、言語共同体の諸権利を制限するために使用されるからである。

第6条
この宣言は、ある言語がたまたま当該国家の公用語であるとか、あるいはその地域内で行政上もしくは何らかの文化活動の目的で伝統的に使用されてきたという理由だけで、これをその地域に固有の言語と見なすことはできないと考える。

第 1 篇
一般原則

第7条
1．あらゆる言語は、各集団の独自性と現実の認識および記述のための固有な方式の表現である。従って、あらゆる機能において、その発展のために必要な諸条件が満たされなければならない。
2．あらゆる言語は、集団的な構成体であり、それぞれの共同体において各人が結束力、自己同一性、コミュニケーションそしてまた創造的な表現の道具として使用できるようになっている。

第8条
1．あらゆる言語共同体は、社会的なすべての機能においてその言語使用を保証するために、固有の財源を組織化し管理する権利を有する。
2．あらゆる言語共同体は、その言語の伝達と継承を保証するために必要な

いかなる手段をも講じる権利を有する。

第9条
あらゆる言語共同体は、いかなる誘導的ないし強制的干渉なしに、その言語体系を規範化し、標準化し、維持し、発展させ、振興させる権利を有する。

第10条
1．あらゆる言語共同体は平等の権利を有する。
2．この宣言は、言語共同体に対する差別を一切容認しない。たとえそれが政治的主権の度合、社会的、経済的、その他による状況判断、それぞれの言語によって達成された規範化、活性化、近代化の程度、その他いかなる規準に基づくものであろうと無関係である。
3．この平等の原則を適用し、それを現実的かつ有効たらしめるために、あらゆる手段が講じられなければならない。

第11条
あらゆる言語共同体は、この宣言の中に含まれる諸権利の行使を保証するために、他言語へあるいは他言語から翻訳するいかなる手段をも講じる権利を有する。

第12条
1．各人は、それが自分の居住する地域に固有の言語であるかぎり、公的な場面におけるあらゆる活動において自らの言語を行使する権利を有する。
2．各人は、その個人的ないし家族的な場面において、自らの言語を使用する権利を有する。

第13条
1．各人は、自分の居住する地域に固有な言語を知る権利を有する。
2．各人は、その地域に固有の言語を公的に使用するためにこの宣言の中で確立された保証を侵害することなく、自らの地位向上ないし社会的流動性のために最も有利な言語を知りかつ行使するような多言語使用者となる権利を有する。

第 14 条
この宣言の諸条項は、その固有の地域における言語使用にとってより望ましい国内的ないし国際的な言語状況に由来するところの規範や慣例を損ねるような形で、これを解釈したり利用してはならない。

第 2 章

ヨーロッパの言語と民族

2.1 はじめに

　ヨーロッパは地理的に見ると、ユーラシア大陸の西へ突き出した岬にすぎず、東のアジアとは完全な陸続きで、明確な境界がない。伝統的にはウラル山脈から西をヨーロッパと見なしているけれども、その東西に跨って広大な領域を擁する現在のロシア（旧ソ連邦）はすでにヨーロッパの枠を超え、東方におけるヨーロッパの境界を一層不明瞭にしている。近年ではこのロシアを独立の地域として、狭義のヨーロッパから切り離す見方もあって、それなりに一理はあるけれども、言語的ヨーロッパを考える上で、ロシアの公用語であるロシア語はもちろん、地域内の様々な民族語を無視するわけにはいかない。我々の主たる関心は西ヨーロッパにあるとしても、ここではロシアを含めた広義のヨーロッパを考察の範囲に収めることとする。

　ヨーロッパは新石器時代以来、大きな民族移動の波に何度か見舞われ、そのつど、民族や言語の分布状況に大きな変動が起こっている。現在の状態の大体の輪郭が作られたのは、ローマ帝国を崩壊へと導いたゲルマン民族の大移動、それに続くタタール族やマジャール族の侵入、それに伴うスラヴ族の南・西進、そして最終的なヴァイキングの侵略的移動によって締めくくられた数世紀に及ぶ大がかりな変動の結果である。

　これら一連の波が鎮まったのは大体 11 世紀の前半で、その後現在に至るまでのほぼ 1 千年間、ヨーロッパの政治的地図は何度も塗り替えられたけれども、民族と言語の分布の基本的構図にはそれほど大きな変動は生じていな

い。バルカン、東欧圏へのオスマン・トルコの侵略も、時期的にはもっと早かったイスラムによるイベリア、地中海諸島の征服も、マルタ島を唯一の例外として、言語の置き換えを引き起こすことはなかった。

2.2　インド・ヨーロッパ（印欧）語族

　現在、ヨーロッパには大小合わせて60前後の言語が数えられ、それらの系統的関係も様々であるが、そのうちの40以上の言語はいわゆる「印欧（別名インド・ヨーロッパ）語族」に属し、しかも、ヨーロッパ全人口の約95％がこれらの言語の話し手によって占められている。ヨーロッパ語すなわち印欧語と言ってもけっして言い過ぎではないのである。

　しかし、この印欧語は、その名称が示すように、ヨーロッパだけの言語ではなく、ヨーロッパの西端から東はインドに至る広大な地域に拡がり、その話し手人口の数においても世界最大級の語族のひとつである。

　この語族はその下位群として、10余りの語派に区分される。すなわち、アジアでは、現存する語派として、インド亜大陸のアーリア系諸語を包含し、古典語のサンスクリット語に代表される「インド語派」、ペルシア語に代表される「イラン語派」、かつてのソ連領アルメニアを本拠とし中近東の諸地域に散在する「アルメニア語」、ほかに、すでに死滅した言語では、20世紀初頭にトルキスタンで発見された5〜6世紀の主として仏典の翻訳文献で知られる「トカラ語」、紀元前2千年紀の小アジアで栄えたヒッタイト語に代表される「印欧アナトリア語派」がある。

　ヨーロッパでは、北のグループとして、「スラヴ語派」、「バルト語派」、「ゲルマン語派」があり、南のグループとして、「ケルト語派」、ラテン語によって代表される「イタリック語派」、サンスクリット語やヒッタイト語と並ぶ古い記録を有する「ギリシア語派」、古いバルカン印欧語の残存と見られる「アルバニア語」がある。

　これらの言語はすべて、失われたあるひとつの共通語すなわち「印欧祖語」から分岐した同系語（または姉妹語）の関係にあるわけだが、理論的に推定され、比較言語学の方法によってある程度再建もされているこの印欧祖語がいつ頃どこで話されていたかは、あまりはっきりしない。最近の比較的有力な説によれば、今からおよそ5〜6千年ほど前、おそらくロシア南部の

草原地帯のあたりがその原住地であったらしい。従って、ヨーロッパの印欧諸言語も最初から現在の場所で話されていたわけではなく、先史時代のいろいろな時期の様々な形の移動の結果もたらされたものと考えなければならない。ヨーロッパの言語史は、すなわちヨーロッパの印欧語化の歴史であると言ってもよいだろう。

　しかし、遠い先史時代にヨーロッパにもたらされたこれらの印欧語が、そのまま近代ヨーロッパの言語的構成につながるわけではない。印欧語民族の最初の到来以来、ヨーロッパの言語地図は何度か塗り替えられ、歴史の舞台で主役を演じた言語にも様々な交替が行われた。実際、ヨーロッパには有史以来同じ民族、同じ言語がひとつの土地に定着し続けたというケースはむしろ稀である。同じ土地でいくつかの異なった言語がいろいろな形で接触し衝突し合って、それらの複雑でしかもダイナミックな相互作用の結果、多くのヨーロッパ諸言語が形成されてきた。

　例えばブリテン諸島は、最も古くはピクト人という非印欧語系と見られる民族が居住していたらしいが、やがて大陸から移ったケルト人の占住するところとなった。次いで紀元前後の頃ローマ人に征服され、さらに5世紀の中頃、西ゲルマン語を話すアングロ・サクソン人の大規模な侵入によって、言語的なゲルマン化が強行され、先住のケルト語は周辺部に押しやられるか、あるいはアングロ・サクソン語に吸収された。続いて11世紀、今度はフランス語を話すノルマン人の征服するところとなり、以後3百年余り、イギリスの支配階級の間ではもっぱらフランス語が行われ、アングロ・サクソン語は下層の民衆語の位置におとしめられた。こうして近代英語は、ケルト語という「基層語 substratum」の上に乗ったアングロ・サクソン語がノルマン・フランス語という「上層語 superstratum」の影響の下に形作られたものである。

　同様に近代フランス語は、ガリア人の言語すなわちケルト語にとって代わったラテン語を母胎とするけれども、ガリア北部は3世紀以後ここへ進出したゲルマン人の一派フランク族に征服された。これらの征服者は、しかし、自らの言語を捨てて文化的に優位な土着のラテン語に同化された、つまり言語的にラテン化されたゲルマン人の言語である。北部フランス語が南プロヴァンス語（別名オック語）と著しい違いを示すのはこのためである。

　同じく現在のブルガリア語も、11世紀の頃、この地を征服したタタール

系ブルガリア人が自らの言語を捨てて先住のスラヴ語に吸収同化された結果である。またこの土地もスラヴ語の進出以前は、バルカン印欧語の一派トラキア語が行われていた。つまりブルガリア語にとっての母胎はスラヴ語、基層語はトラキア語、上層語はチュルク系タタール語ということになる。

ところで、印欧語がヨーロッパにもたらされる以前、そこでどのような言語が行われていたかについては、古い時期のごく断片的な資料があるだけで、確実なことはほとんど判っていない。ただ、現在フランスとスペインの国境をなすピレネー山脈の西の部分に両国に跨って、約70万の話し手人口を持つバスク語が、少なくともイベリア半島にかつて話されていた印欧語前の言語の生き残りであることだけはほぼ確実で、しかも、このバスク語がヨーロッパ全土を通じて現存する唯一の前印欧語である。まさにヨーロッパは印欧語によってほぼ完全に覆われたわけである。

2.3　近代ヨーロッパの印欧諸語

ヨーロッパに定着したこれらの印欧語は、最初の記録に現れてから3千年余りの歴史を有し、その間に様々な転変を経てきたが、近代においてとりわけ指導的な役割を演じているのは、ラテン語から発達分化したロマンス語、民族の大移動によって拡散したゲルマン語、そして中欧・東欧を占拠したスラヴ語の3つである。いずれも近代ヨーロッパを担う若々しいエネルギーに満ちた諸言語である。以下これらについて概観しよう。

2.3.1　ロマンス語

もと中部イタリアのティベル河畔の小邑ラティウムに発祥するラテン語は、イタリック語派の一方言にすぎなかったが、ローマ人の支配権と領土の拡張に伴って次第に周辺の諸言語を吸収同化し、ついには、地中海を中心に南はアフリカ北岸から北はライン川まで、東はバルカン半島からドナウ川に至る広大な領域に拡がった。ローマ人の兵士、商人、地方官吏などによってもたらされた口語的なラテン語は、それぞれの地域の先住民の言語、例えばガリアのケルト語、イベリアの前印欧語、バルカンの古い印欧語などの土壌に移植され、帝国崩壊後の数世紀にわたる混乱と分裂の時期を経て、それぞ

れ独自の発達を遂げて今日に至ったのが、すなわちロマンス語である。これはひとつの言語が広い地域に拡がった結果、いくつもの違った言語へと分岐発達した典型的なケースである。

　ロマンス語という名称は、romanice（または lingua romanica）に由来し、中世人にとって正規の書きことばであるラテン語（latine または lingua latina）に対して「ローマ領 Romania」における民衆の日常的俗語、それからまた、このような俗語で書かれた通俗的な物語や冒険談をも意味した。わが国の漢文に対して仮名で書かれた「お伽草子」や「仮名草子」の類で、フランス語の「ロマン」や英語の「ロマンス」、そして「ロマンティック」など一連のことばは皆これに由来する。

　要するに、ラテン語は歴史的に見ると2つの面を持っている。すなわち、ひとつは書きことばとしてのラテン語で、これはラテン文学の黄金時代を現出した紀元前後のおよそ2百年間に確立され、これが規範化された標準文語として中世から近代ヨーロッパへと引き継がれた。もうひとつは、話しことばとしてのラテン語で、あらゆる生きたことばがそうであるように、地域と時代の推移の中で絶えず変化していく。ロマンス語とはこの生きたラテン語──いわゆる「俗ラテン語 vulgar Latin」──の生成発達した姿にほかならない。

　現在ロマンス語が話されている地域は、ルーマニア語の場合を除いて、南ヨーロッパを中心にほぼ連続した言語圏を形作り、純粋に地域方言のレベルではそれほど明確な言語境界は存在しない。通常行われているロマンス語の区分は主として文字言語に基づくもので、およそ10の言語が数えられる。

　まず西の方から、イベリアのロマンス語として、ポルトガル語、スペイン語、そしてカタロニア語が挙げられる。スペイン語は別名カスティリャ語とも言い、スペインをイスラムの支配から奪回して15世紀以後急速に勢力をのばした元カスティリャ王国の言語である。それに対してカタロニア語は、12世紀から15世紀にかけてスペインの北東部地中海岸のバルセロナを中心に栄えたアラゴン王朝の言語で、現在でもスペイン内の小国アンドラの公用語となっている。

　ガリア（現在のフランス）のロマンス語としては、12世紀以後南フランスで活躍した吟遊詩人団トルバドゥールの言語としてすぐれた文学語を発達させたプロヴァンス語（またはオック語）、そして北部フランスのイル・ド・フ

ランスの方言に基づくフランス語がある。後者は、ローマ帝国の崩壊後ヨーロッパに出現した最初の統一国家フランク王国の分身カペー朝の公用語となり、近世以後他のヨーロッパ諸語に先駆けて模範的な標準文語を確立し、ギリシア語、ラテン語に次ぐヨーロッパの「第3の古典語」として仰がれるまでになった。

ラテン語の本拠地イタリアは、中世にシチリアを中心とする南イタリアに、ある程度の文学語が発達したが、現在の標準イタリア語は、イタリア・ルネサンスの文人、ダンテ、ペトラルカ、ボッカッチョなどによって用いられた北部イタリアのフィレンツェの方言がその基盤をなしている。イタリアは近代国家としての統一が遅れたために国語の標準化にも遅れをとり、地域、特に南・北の方言差が大きい。

アルプス地方（Raetia）のロマンス語、すなわちレト・ロマンス語としては、スイスの南東部の山岳地帯に今も残存し、近年スイス連邦のドイツ語、フランス語、イタリア語に次ぐ第4の公用語として認められたロマンシュ語がある。話し手人口は約5万、ほかに、イタリア半島とスペイン東岸からほぼ等距離の地中海上に位置する大島サルディニアで話されているサルディニア語は、文学語とは無縁であるが、孤立したその特異な地理的事情のために、現在のロマンス語中で最も保守的な様相を示し、言語史的にはなはだ興味深い言語である。

以上が西のロマンス語とすれば、東のロマンス語では、アドリア海に面したバルカン西部のロマンス語はすでに消滅し、今残るのはかつてのダキアのロマンス語、すなわちルーマニア語だけである。これは早い時期に周辺をスラヴ族とマジャール族に取り囲まれた結果、西方との連絡を絶ちきられ、しかも19世紀半ばまでロシア語などと同じキリル文字を用い、ギリシア正教を奉ずるスラヴ圏の共通文語である教会スラヴ語の影響を長期にわたって受けたために、かつてはスラヴ語の一派かと見誤られたこともある。

以上がロマンス語のいわば正規の成員であるが、この他に、15世紀の末、迫害を逃れてスペインからオスマン・トルコ支配下のバルカン地域へ離散したユダヤ人言語で、15世紀のカスティリャ語を母胎とし、ヘブライ語的要素を強く混入させたラディノ語（ラテン語を意味するLatinoの訛り）と呼ばれるユダヤ化されたスペイン語の一変種がある。これを話すユダヤ人は、第二次大戦まで主にイスタンブールとギリシア北部のサロニカに居住してい

たが、戦後イスラエルへの移住により、話し手人口は減少している。

2.3.2 ゲルマン語

　ゲルマン語の古い本拠地はスカンジナビア南部、ユトランド半島、北ドイツに及ぶ地域とされるが、前1〜2世紀の頃南下し始め、「民族の大移動期」にローマ帝国内の広い地域に拡散した。

　ゲルマン語は通常、東・西および北の3派に区分される。このうち、東ゲルマン語を代表するゴート語は、ゲルマン語の中で最も早く記録に現れた言語である。すなわち、3世紀以降黒海沿岸の南ロシアに進出したゴート族の一派で、キリスト教を受け入れて東ローマ帝国の辺境モエシア（現在のブルガリア北部）に居住した西ゴート族のために、4世紀半ば、僧ウルフィラによって聖書が彼らの言語に翻訳された。これが現存するゴート語のほとんど唯一の資料である。ゴート族やヴァンダル族を含む東ゲルマン諸族は、その後フン族に追われて西方のイタリアやスペインに移住して王国を建てたが、言語的には土着のラテン語に吸収されて、何の痕跡も残さなかった。

　現在ヨーロッパで行われているゲルマン語は、北および西ゲルマン語である。

　北ゲルマン語は、ヴァイキングの本拠地スカンジナビアを中心とするノルド人の言語で、ここは11世紀までキリスト教も普及せず、異教的な古いゲルマンの伝統が長く保持されて、言語資料も比較的豊富である。その主なものは、ルーンと呼ばれる、おそらくラテン文字に由来し呪術的目的のために甚だしく変形された文字を用いた金石文と、アイスランドに残る「サーガ」と呼ばれる伝承詩の厖大な記録で、「古ノルド語」と呼ばれる言語がこれである。

　9世紀に西ノルウェー人によって占住されたアイスランドの言語、すなわちアイスランド語は、その後長期間孤立した状況に置かれたために、現在の北欧語だけでなくゲルマン語全体の中でも最も古風な様相を留めている。

　北ゲルマン語の中で、最も早く国語として確立されたのはデンマーク語である。これは現在のデンマーク本国だけでなく、14世紀以来デンマーク領となっていたノルウェーでも公用語として用いられた。現在ノルウェー語と呼ばれるものには、このデンマーク語に基づく「リクスモール（王国語）」ま

たは「ボクモール（書物語）」と呼ばれる伝統的文語と、19 世紀末に地方に残る古風な方言に基づいて作られた「ランスモール（土地語）」または「新ノルウェー語」と呼ばれる 2 つの変種があって、この 2 言語の対立はノルウェーの深刻な言語問題となっている（§2.4.4.3: 70 ページ以下参照）。

　スウェーデン語は、デンマーク語に次いで早くに文語を確立し、後者が中世のハンザ同盟の共通語となった低地ドイツ語の一種プラット・ドイッチュの影響で大きく変化したのに対して、北欧語の本来の姿を比較的よく保っている。しかし、宗教改革以来、高地ドイツ語の影響を受けるようになった。

　最後にこのグループの言語として、アイスランドとスコットランドの中ほどの海上に浮かぶフェロー諸島に 4 万余りの話し手を有するフェロー語がある。この島はアイスランドと同じく 8〜9 世紀にノルウェー人によって居住されたが、やはり 14 世紀以来デンマーク領となり、公用語としてはデンマーク語が行われてきたが、近年デンマークに対して政治的にも言語的にも次第に自治権を獲得しつつある。

　最後に、西ゲルマン語は、近代ヨーロッパの代表的な言語であるドイツ語や英語を含むグループである。移動の波が一応鎮まった 7 世紀末頃の大陸における西ゲルマン諸族は、西方にフリジア族が沿岸地帯を、フランク族が北フランスとネザーランド（下部フランコニア）およびライン川中流域（上部フランコニア）を占め、北部にサクソン（ザクセン）族、南西部にアレマン（アラマン）族がアルザス、シュワーベンおよびスイス北部を、南東部にバイエルン族がバイエルン、ティロルおよびオーストリアの一帯を占拠していた。これが広義のドイツ語圏で、ドイツ語を表す Deutsch は、オランダ語を指す Dutch と同じく、ゲルマン語で「民族」「民衆」を意味する語に由来し、ロマンス語の場合と同様、ラテン語に対する俗語・民衆語の意味である。

　最後に、英語は、先にも触れたように、5 世紀中頃大陸から移住したアングル、サクソンおよびジュート諸族のもたらした言語で、この「アングロ・サクソン語」は、8 世紀から 10 世紀にかけての豊富な文献記録を通じて、その紛れもないゲルマン語的性格を知ることができる。しかしこの言語は、11 世紀後半から約 3 百年続いたノルマン征服王朝とその公用語となったフランス語の支配下で、激しい変貌を遂げるに至った。14 世紀末、フランス語の支配から脱してようやく国語として自立し始めたとき、この新しい「イギリス語」は、上層語たるフランス語の圧倒的な影響によって、ゲルマン語

本来の特徴の多くを失い、言語構造が著しく単純化された、ゲルマン語とロマンス語との一種の混合語の様相を呈していた。西ヨーロッパの最も先進的な言語となったフランス語と英語がいずれも、一方はロマンス語圏において最もゲルマン化され、他方はゲルマン語圏において最もロマンス化された言語であることはまことに興味深い。

2.3.3 スラヴ諸語

　ヨーロッパの印欧諸語の中で、最も東方に位置していたスラヴ族が歴史の舞台に現れるのは、ゲルマン人よりも遅く6〜7世紀以降である。そして直接に接触を持ったのは、東ローマ帝国すなわちビザンティンとであった。西ローマ的・カトリック的な西の文化の担い手がローマニアとゲルマニアの諸民族であったとすれば、スラヴ民族は、ビザンティンとギリシア正教によって代表される東の文化の最も正統な継承者である。第二のローマ、コンスタンティノープルが滅びた後、モスクワ公国・ロシア帝国の首都モスクワが「第三のローマ」と称されたのも故なしとしない。

　9世紀の頃、ギリシア北部のサロニカ生まれのギリシア僧キュリロスおよびメトディオス兄弟が、モラヴィアのスラヴ人にキリスト教を弘めるために、ギリシアの北部で当時話されていたスラヴ語を用いて福音書その他の教典を翻訳した。これがスラヴの最も古い記録で、以後ギリシア正教を奉ずるスラヴ諸族の共通文語となった「教会スラヴ語」は、ここに発祥する。当時スラヴ語にはまだそれほど大きな方言差はなかったと思われるが、それ以後の各地のスラヴ諸族が置かれた地理的・社会的諸条件の違いによって、かなりの数の近代諸語が分岐発達した。しかし、スラヴ語圏内部の言語差は、ゲルマン語やロマンス語に較べてはるかに小さい。分化し始めた時期が比較的新しいからである。これらのスラヴ諸語は通常、東・西・南の3つのグループに区分されている。

　この中で東スラヴ語を代表するのは、ロシア語である。地理的に最も東方に位置して西からの影響を受けることが少なかったために、スラヴ語本来の特徴をよく保存し、従ってスラヴ語の中では最も保守的なタイプに属する。18世紀以後、首都モスクワの方言に基づく標準語を教会スラヴ語とは別個に発達させ、これがロシア・ソ連邦の公用語として、東欧圏の最大・最有力

の言語となった。

　その他の東スラヴ語としては、かつてのキエフ公国、現在のウクライナ共和国で公用語となっているウクライナ語（別名小ロシア語）、および、ロシアとポーランドの間に位置し両国の間で長らく争奪の対象となっていたが、第一次大戦後に初めて独立したベラルーシ共和国の公用語であるベラルーシ語（別名白ロシア語）がある。いずれも言語的性格はロシア語にきわめて近い。

　南スラヴ語は、バルカン半島に進出して早くからビザンティンと交渉を持ったスラヴ族の諸言語であるが、15世紀以降、他のバルカン諸民族と同じくオスマン・トルコの支配下に置かれ、言語的にも多かれ少なかれその影響を受けている。

　このグループには、最初にも触れたブルガリア語、かつてユーゴスラヴィアの公用語となったセルボ・クロアチア語（現在はセルビア語とクロアチア語）、このユーゴスラヴィアの西部でイタリアとオーストリアの国境に近いかつてのオーストリア領で話されているスロヴェニア語、ブルガリア、ユーゴスラヴィア、ギリシア３国の境界領域をなすマケドニア地方で話されているマケドニア語がある。バルカン諸国は政治的な独立がヨーロッパで最も遅れたところで、そのために言語の標準化と国語としての確立も立ち遅れ、内部の言語的構成が相当に複雑な地域も少なくない。

　西方へ進出したスラヴ諸族は、早くからゲルマン人と接触し、言語的にもその影響を強く受けることになった。その最も西方、エルベ川流域にまで拡がったスラヴ語は、中世以後次第にドイツ語に圧迫され、現在この地域に残存するのは、エルベ、オーデル両河の上流に挟まれた現在のドイツ領上部および下部ラウジッツ地方で話されているソルブ語、およびオーデルの下流、バルト海に面した現在のポーランド領東ポメラニア地方で話されているカシューブ語があるだけである。

　ボヘミアとモラヴィアに定住したスラヴ族も、西からドイツ人の、東からマジャール人の圧迫を受け、16世紀以後、前者はハプスブルク家、後者はハンガリーに分割された。本来ひとつの言語圏を形成するべきところに、チェコ語とスロヴァキア語という２つの言語が生まれたのは、このような長期にわたる分割支配の結果にほかならない。それに対してポーランド語は、中世末から18世紀の中頃まで中欧・東欧の大国として栄えたポーランド王国の公用語として、西スラヴ語では最も早く標準文語を確立した。

この西スラヴ圏は、宗教的にはローマ・カトリック教（旧教および新教）、言語的にはラテン文語の支配圏に属し、従って、文字もキリル文字ではなしにラテン文字が用いられる。このようなラテン文語の伝統ともっと直接的な形でのドイツ語からの影響によって、これらの西スラヴ諸語は東および南スラヴ語とは違った、かなり西ヨーロッパに近い言語的性格を帯びるに至った。

2.3.4　その他の印欧諸語

以上に概観したロマンス、ゲルマン、スラヴの3語派は、現在その話し手人口においてヨーロッパ総人口の約92%を占め、近代ヨーロッパにおける圧倒的多数者の言語となっている（各言語および語派の話し手人口については、60ページの表2.1を参照）。

これらの優勢な語派に押しやられて、ヨーロッパの周辺部に細々と残存ないしは孤立する印欧諸語派が、すなわち、西のケルト語、北のバルト語、南のアルバニア語およびギリシア語である。

2.3.4.1　ケルト語

ケルト語は、古くはブリテン諸島だけでなく、イベリア半島の一部、ガリア、スイス、南ドイツ、オーストリアにかけて広く分布していたが、ラテン語次いでゲルマン語に圧迫されて、大陸では地名やごく断片的な碑文に痕跡を留める以外は完全に消滅した。ブリテン諸島に辛うじて存続したケルト語は、ゴイデル（またはゲール）語およびブリタニア語の2派に区分される。前者はスコットランドとアイルランドの言語で、それぞれスコットランド・ゲール語（略してスコットランド語）、およびアイルランド・ゲール語（略してアイルランド語）と呼ばれる。後者はブリテン本島のケルト語で、このうちコンウォール語は18世紀末に死滅し、現存するのはウェールズ地方のウェールズ語と、その他に、5～6世紀にアングロ・サクソンの来寇を逃れてフランスの西海岸に突出したその名もブルターニュ（ブリタニア）と呼ばれるようになった土地へ移住したブルトン人の言語、すなわちブルトン語である。

2.3.4.2　バルト語

　北ヨーロッパのバルト海沿岸にスラヴ語とゲルマン語に挟まれて今日まで存続するバルト語として、リトアニア語とラトヴィア語がある。いずれも国語として自立してから日が浅く、古い文献記録も持たない。しかし、この中のリトアニア語は現存するヨーロッパの印欧語の中で最も古風な言語で、その言語相は、2〜3千年前のサンスクリット語や古代ギリシア語にも匹敵するほどである。アイスランド語やサルディニア語もそうであるが、孤立した言語が変化を蒙ることがいかに少ないかを示すきわめて教示的な例である。

2.3.4.3　アルバニア語

　バルカン半島の西側、古代ギリシアのエペイロス、現在のアルバニアで主として話されているアルバニア語は、かつてのバルカン西部に居住していたイリュリア人の言語の後裔らしいが、消滅したバルカン・ロマンス語、イタリア語、スラヴ語、ギリシア語など周辺諸言語からの影響を受けて、古い言語相はほとんど留めていない。なお、この言語の話し手は、アルバニアだけでなくギリシアをはじめバルカン南部の諸国にかなり散在している。

2.3.4.4　ギリシア語

　ギリシア語は、現在ではヨーロッパの片隅の言語にすぎないけれども、3千年に及ぶ歴史の古さとラテン語と共にヨーロッパの古典語として果たしてきた役割の重要さにおいて特別の位置を占める。

　ヨーロッパの最初の文明語となった古典ギリシア語が確立されたのは前5〜前4世紀で、これがやがてヘレニズム世界の共通語（コイネー）として世界語的な性格を持つに至った。このヘレニズム圏がローマ領に併合された後も、そこでのギリシア語の地位は変わらなかった。西の世界でこの上もなく威信を高めたラテン語も、東のギリシア語に対しては何の影響力も持たなかったのである。西ローマ帝国の崩壊後も、ギリシア語は東ローマ帝国を継承するビザンティン帝国の公用語としてなおも存続する。古典期からビザンティン時代末までのおよそ2千年間、文語としてのギリシア語は、少なくとも表面的には、ほとんど変わることがなかった。

　その後4百年にわたるオスマン・トルコの支配を脱して、19世紀の初めよ

うやく近代ギリシアが独立したとき、民衆の日常語と伝統的なギリシア文語との間にはこの上もなく大きな隔たりができていた。新しい国家の公用語を定めるに当たって、そのどちらかを選ぶかという重大な岐路に立ったとき、当時の為政者たちが選んだのは伝統文語であった。長らく無知と貧困の中に放置され、多くのトルコ語要素に侵された日常語は独立国の公用語としてあまりにも相応しくないと思われたからである。

　それから今日までおよそ1世紀半、ギリシアの大きな政治問題にまで何度か発展した「民衆語 Dimotiki」対「純正語 Katharevusa」という深刻な言語問題というよりもむしろ言語戦争は、ここに端を発した。様々な曲折を経た後、憲法改正という大改革によって民衆語が純正語に代わって国家の公用語として正式に認められたのは、ようやく1976年、軍事政権に代わって登場した民主ギリシア政権によってである。あまりに輝かしい過去の栄光と伝統の重みが言語の「近代化」を遅らせたひとつの悲劇的なケースを、現代ギリシア語に見ることができよう。

2.3.4.5　ジプシー語

　最後に、ヨーロッパに紛れこんだ風変わりなアジアの印欧語として、いわゆる「ジプシー語」(別名ロマ語またはロマーニー語) という無国籍の放浪語がある。これは11世紀頃インド北西部から移住し、14〜15世紀以降急速にヨーロッパ各地へ拡がった流浪民の言語で、移住先の様々な言語の影響を受けて数多くの地域的変種を持っているが、系統的には中期インド・アーリア語に由来するれっきとした印欧語の一員である。

2.3.5　非印欧諸語

　ヨーロッパで話されている非印欧語系の言語はかなりの数にのぼるけれども、その話し手人口は全部合わせてもヨーロッパ総人口の5%に満たない。この中で印欧語以前のヨーロッパの古い言語の残存と見られるのは、ロマンス語圏の中で言語の島を作っているすでに述べたバスク語だけで、残りは、比較的新しい時期にアジアまたはその周辺部からもたらされた言語である。系統的にはフィノ・ウゴール (またはウラル) 系、アルタイ系、セム系の3つがある。

2.3.5.1 フィノ・ウゴール諸語

フィノ・ウゴール族の原住地は、おそらくヴォルガ川の東の支流カマ川の流域で、印欧語とも早くから接触を持っていたらしく、特にイラン語からの借用語が数多く見出される。

この語族の最大の言語であるハンガリー語は、9世紀末にドナウ中流域に移住し、11世紀以降キリスト教を受け入れて国家統一をなし遂げたマジャール族の言語である。現在のハンガリーはオーストリア、チェコ、スロヴァキア、ウクライナ、ルーマニア、旧ユーゴスラヴィアと国境を接し、かつてはオーストリアと共にこれらの地域の全部または一部を支配し、その領域内の言語構成はヨーロッパで最も複雑な様相を呈していた。この中で支配層を形成していたハンガリー人は、中世以来公用の文語としてラテン語を用い、この伝統は19世紀半ばまで続いた。他にドイツ語からの影響も大きく、このため近代ハンガリー語は、同族諸語の中では最もヨーロッパ化された言語となっている。

他にこの語族の言語としては、バルト海に臨むヨーロッパの北辺にエストニア語、フィンランド語、そしてその東方にカレリア語、スカンジナビア北端のラップランドにラップ（別名サーミ）語があり、また源住地に近いカマ川流域およびその周辺にはモルドヴィン語（モルドヴィン自治共和国）、チェレミス語（マリ自治共和国）、ジリアン語（コミ自治共和国）、ヴォチャーク語（ウドムルト自治共和国）などがあり、またアルハンゲリスクとタイミル半島の間のツンドラ地帯で話されているユラク語は、ヨーロッパ地域でただひとつのサモエード語である（フィノ・ウゴール語とサモエード語を合わせてウラル語と呼ぶ）。この中で現在国語として確立されているのはハンガリー語、フィンランド語、エストニア語の3つであるが、いずれもゲルマン語やスラヴ語などの有力言語の影響を受け、系統は違っても構造的には紛れもない「ヨーロッパ語」の性格を帯びている。

2.3.5.2 アルタイ系諸語

次に、アルタイ系の言語としては、ヴォルガ川中流域にチュヴァシュ語、タタール語、バシュキル語が話され、それぞれ言語名と同じ自治共和国を作っている。いずれも中央アジアから移住したチュルク系の言語であるが、

この他に、カスピ海の北西、ヴォルガ川の下流にヨーロッパでただひとつのモンゴル系の言語であるカルムイク語が話されている。

2.3.5.3 マルタ語

　最後に、地中海のほぼ中央のマルタ島で話されているマルタ語は、ヨーロッパに移植された唯一のセム系言語である。この島はローマ領になって早くにキリスト教を受け入れたが、9世紀から13世紀半ばまで約4百年間アラビアの支配を受け、この間に住民はキリスト教徒のまま言語だけが支配者の言語であるアラビア語に変わった。ヨーロッパでは他に例のない出来事である。島の公用語としては長らくイタリア語が行われたが、1814年イギリス領となってから、イタリア語と並んで英語が用いられた。第一次大戦後、マルタ語の国語運動が起こり、1934年以後、イタリア語に代わってマルタ語が英語と並ぶ公用語として認められた。こうして、ラテン文字を用い、半ばイタリア語化されたアラビア語がヨーロッパの国語の一員に加わることになったのである。

2.4　ヨーロッパにおける近代諸国語の成立

2.4.1　話しことばと書きことば

　以上に概観したヨーロッパの諸言語の多くは、現在それぞれ独立国の公用語として、多少とも標準化された文語すなわち文字言語を持っている。現在の我々にとって文字の使用つまり読み書きはごく一般化され、文字文化はほとんど万人の享受するところとなっているけれども、これは比較的最近の現象であって、古くは、洋の東西を問わず、文字の使用は文明のある水準以上に達した一部の地域、一部の民族のしかも比較的少数の人々に限られていた。従ってまた、文字言語は特別の教育を受けた少数者の独占物となり、大衆の日常語から切り離された特別の世界を形作る傾向が強かった。日常の話しことばは人間のいかなる集団、いかなる社会にも必ず存在するけれども、文字言語は高次の文明の所産であり、その意味で人為的なひとつの制度である。

　これまで世界史に現れた様々な文明は、その媒体となる文語すなわち文明

	言　語　名	話者人口	言　語　名	話者人口
印欧諸語（話者人口　五九九、五七一）	**I　ロマンス諸語**	174,690	**III　スラヴ諸語**	220,450
	ポルトガル語	9,500	ソルブ語*	150
	スペイン語	26,000	カシューブ語*	200
	カタロニア語*	7,000	チェコ語	9,500
	プロヴァンス語*	9,500	スロヴァキア語*	4,000
	フランス語	45,800	ポーランド語	33.500
	イタリア語	55,600	スロヴェニア語*	1,800
	ロマンシュ語	50	セルボ・クロアチア語	15,500
	サルディニア語*	1,000	マケドニア語*	1,300
	ルーマニア語	20,200	ブルガリア語	8,500
	ラディノ語*	40	ベラルーシ語	8,000
	II　ゲルマン諸語	184,936	ウクライナ語	39,000
	ノルウェー語	3,850	ロシア語	99,000
	スウェーデン語	8,200	**IV　バルト諸語**	3,885
	デンマーク語	4,900	リトアニア語	2,350
	アイスランド語	210	ラトヴィア語	1,535
	フェロー語*	41	**V　ケルト諸語**	2,710
	英語	57,134	スコットランド語*	100
	フリジア語*	311	アイルランド語	750
	オランダ語	18,750	ウェールズ語*	660
	ルクセンブルク語	340	ブルトン語*	1,200
	ドイツ語	90,600	**VI　その他**	12,900
	イディッシュ語	600	アルバニア語	3,000
			ギリシア語	8,700
			ジプシー語*	1,200
非印欧諸語（話者人口三〇、二八三）	**VII　ウラル諸語**	22,283	**VIII　アルタイ諸語**	7,100
	フィンランド語	4,900	タタール語*	4,500
	カレリア語*	146	チュヴァシュ語	1,400
	エストニア語	1,055	バシュキル語*	1,100
	ラップ語*	40	カルムイク語*	100
	モルドヴィン語*	1,400	**IX　その他**	1,000
	チェレミス語*	520	バスク語*	700
	ジリアン語*	500	マルタ語	300
	ヴォチャーク語*	700		
	ハンガリー語	13,000		
	ユラク語*	22		

*印を付した言語は「国語」（国の公用語）として自立していないもの。表に示された数字は千人単位の話者人口で、G. Décsy 1973 *Die linguistische Struktur Europas* による。

表 2.1　ヨーロッパの諸言語

2.4 ヨーロッパにおける近代諸国語の成立

語を持ち、しかも多くの場合、そのような文語はそれぞれの文明にとって単一であり、そしてこの言語的単一性が文明の統一性を支える有力な基盤でもあった。例えば、漢字文化圏における漢文（すなわち古典中国語）、イスラム文化圏におけるアラビア文語、インド文化圏における古典サンスクリット語、ヘレニズム文化圏におけるギリシア文語などである。

ところが近代ヨーロッパは、これをひとつの文化圏として見るとき、明らかにそれ独自の等質的かつ統一的な文明を形作っているにもかかわらず、その媒体となり担い手となる言語は単一であるどころか、表面的に見るかぎりきわめて多種多様である。これは人類文明のこれまでの一般的な在り方からすれば、むしろ異例と言ってもよいだろう。

しかし、ヨーロッパにおけるこのような言語多様性は、もちろん遠い昔から存在していたわけではない。古代ローマ帝国はその内部に多くの民族と言語を包含していたけれども、帝国の公用語は、東方のギリシア語圏を除いて、すべてラテン語が行われ、ギリシア語の影響のもとに確立された古典ラテン文語が、ヘレニズム文化の分身であり継承者でもあるローマ文化の唯一の媒体言語であった。ローマ帝国が崩壊しても、ラテン文語は滅びなかった。異教的なローマを征服したキリスト教が自らの言語としてラテン語を選んだからである。

帝国の崩壊から8世紀半ばに至るヨーロッパ史上の最も暗黒な時代、文字文化の伝統を支える読書階級はほとんど消滅し、識字率もほとんどゼロに近づいたかと思われるこの時期も、ラテン語の知識はアイルランドやイングランドなどヨーロッパの周辺部や一部の修道院などで細々と維持された。この混乱の時期に、話しことばとしてのラテン語は各地域で大きな変化にさらされ、後のロマンス諸語の基盤が作られるわけであるが、わずかながら伝存するこの時期のラテン語による著作は、話しことばにおけるこの変化と混乱を反映して、古典文語の基準から見ると綴り法や語法に非常に誤りの多い、ラテン語史上最もくずれた様相を見せている。ちょうどこれはフランク族のメロヴィング朝に当たり、ヨーロッパの文字文化が最も衰微した時代である。

このような状況に終止符を打ち、西欧世界が再びラテン語とラテン文化を復活させたのが8世紀末、カルル大帝の宮廷を中心に行われたいわゆる「カロリング朝ルネサンス」である。ヨーロッパの各地に散在する学者や文人が集められ、宮廷だけでなく王国内の修道院や教会に学校が設立され、「正し

いラテン語」の教育が熱心に行われた。いったん失われたラテン文語の伝統がこうして復活され、中世ラテン語文語の基盤がここに確立された。以来、書きことばとしてのラテン語は、日常語から明確に区別され、教育を通じてのみ獲得される特権的な教養語という性格を帯び、他方、文語の規則を離れた日常語は、話しことばの常として、様々な地域語に細分化されて共通の基盤を失い、それがまたラテン文語を地域を越えた唯一の共通語、標準語として不可欠なものとしたのである。

　文語と日常語との離反は、ロマンス語圏でよりもゲルマン語その他の非ラテン系言語にとって一層決定的であった。ラテン語はこれらの言語とは本質的に違う言語だったからである。中世西欧世界で日常語による文字言語が最も早く現れたのは、ヨーロッパの中心から遠く離れ、それだけにラテン文語の規制力も浸透力も弱かったアイルランド（8世紀以降の古アイルランド語）、イングランド（同じく8世紀以降のアングロ・サクソン語）、アイスランド（9世紀以降のノルド語）の3地域だったことはきわめて教示的である。

　この場合にも、母語による著作は、一般民衆を対象とした聖書の注解や説教あるいは民族的な色彩の強い古伝承や年代記などの類で、正規の書きことばとして、ラテン語にとって代わるような性格のものではなかった。このような俗語文学は、ヨーロッパ本土、特にロマンス語圏ではもう少し遅れて、南フランスのプロヴァンス、スペインのカタロニア、シチリアを中心とする南イタリア、南ドイツなどに輩出した吟遊詩人団（トルバドゥールやミンネジンガー）による宮廷的な恋愛詩や英雄・武勲談などの中世騎士文学として開花する。その最盛期は、中世の末葉近い12〜13世紀であった。

　このような形で文学の世界に登場した民衆的起源の中世の俗語は、本来自然な話しことばの土壌なしには育たない詩歌や口承文学のための言語であって、ラテン語に対してはあくまでも補佐的な役割を担うにすぎなかった。またこのような文学を育成した中世的な社会体制や文化的伝統が失われると共に、これらの言語も急速に衰微し、近代ヨーロッパ文語の発達へとつながることはなかったのである。

　ともあれ、西欧中世世界は、宗教的にはローマ・カトリック、政治的には古代ローマの理念的な再興たる神聖ローマ帝国、そして言語的には中世ラテン文語という三位一体によって、見事な統一を保持したと言うことができよう。

2.4.2 近代諸文語の発達

　ラテン語に代わって俗語に基づく文語が形成されるためには、それまで聖職者と一部の特権者に限られていた文字文化を自分たちのものにしようと欲する新しい市民階層の台頭がとりわけ必要であった。その萌芽は、中世の末期に北ドイツを中心に栄えたハンザ同盟諸都市の間で低地ドイツ語を土台にして形成された一種の共通語「プラット・ドイッチュ Plattdeutsch」に見られる。しかしこの共通語は、それを支える政治的基盤が欠けていたために、16世紀以後ハンザ同盟の崩壊と共に急速に衰微し、近代文語としては流産に終わった。

2.4.2.1　イタリア文語

　もっと本格的な俗語運動は、ヨーロッパで最も早くルネサンスを開花させた北部イタリアの自由諸都市に現れた。すなわち、この運動をほとんど独力で推進し、近代イタリア語の父と仰がれたダンテ（1265〜1321）の有名な『俗語論 De vulgari eloquentia』は、ヨーロッパにおける最初の俗語擁護論であり、「言文一致運動」である。

　ラテン語で書かれたこの論著の中で、ダンテは日常語の価値を高揚し、それに基づく全イタリア人のための標準文語の確立を提唱したが、そこでの最大の問題は、日常的な話しことばが常にそうであるように、無数の地域方言に分化した当時のイタリア語の複雑な状況であった。これらの諸方言から極端な地域性を捨象して得られた共通特徴を中核としてこの標準語を形成すべきであるというのが、ダンテの理論的な主張であったが、実際に彼が俗語による最初の本格的な作品『神曲』を書くに当たって依拠したのは、彼自身の属するフィレンツェの方言であった。

　同じくこの方言によって、ペトラルカ（1304〜74）もすぐれた『抒情詩集』をものし、『神曲』の「荘重体」に対して「新甘美体 dolce stil nuovo」を確立し、続いてボッカッチョ（1312〜75）も、『デカメロン』によってイタリア散文の模範を築いた。

　このように、ヨーロッパの近代文語の先駆けとなったイタリア文語は、文学者によって創始され、もっぱら文学作品を支えとするものであったが、こ

れをさらにイタリア全土に通用する標準語にまで高めるには、当時のイタリアの政治的状況はあまりにも未熟であった。またラテン文語の伝統も、この地ではとりわけ確固として抜きがたかったのである。

2.4.2.2　フランス文語の確立

　ラテン語に代わる新しい標準文語を確立するのに成功したのは、いち早く封建制の絆を脱して中央集権的な近代国家を形成したフランス、スペイン、イギリスなどの諸国である。また 15 世紀半ば、グーテンベルクによる印刷術の発明は、文字文化の普及とそのために必要な俗語による標準文語の成立を促す上で、きわめて重要な契機となった。教権の束縛から脱した世俗的中央集権国家の成立と印刷術の発明は、近代文語成立のための重要な要件と言えよう。そして俗語によるこのような標準文語の形成において、とりわけ模範的な役割を演じたのがフランス語であった。

　フランク王国の分身カペー朝の宮廷が置かれた北部フランスのパリは、12 世紀以来パリ大学の創設によって、学問とりわけ神学の中心として重きをなしていたが、14 世紀に宮廷を中心とする中央管理機構が整備されてからは、ラテン語に代わってパリの方言（イル・ド・フランス方言）に基づくフランス語が次第に公用語として用いられるようになった。とりわけ、1539 年「ヴィレル・コトレの勅令 Ordonnance de Villers-Cotteréts」によって、法廷および公・私法上の契約においてフランス母語（Langue maternel françois）の使用が義務づけられたことは、西欧近代文語の成立史の上で、画期的な出来事であった。

　一方、イタリア人文主義の影響のもとに詩歌の革新運動を推進したプレイヤード派の理論的指導者ジョアシャン・デュ・ベレー（1524～60）も、『フランス語の擁護と顕揚 *Défense et illustration de la langue française*』（1549）を上梓して、母語に対する粗野、貧困の非難を退け、高尚な詩歌や学問の言語へとこれを向上させる必要を力説した。詩と散文に対するこの要請は、ロンサール（1524～85）、ラブレー（1494 頃～1553）、モンテーニュ（1533～92）などによって見事に実践された。同じ 16 世紀のすぐれた古典学者兼出版業者アンリ・エティエンヌの論著『フランス語・ギリシア語比肩論 *Traité de la conformité du langage françois avec le grec.*』（1579）は、ラテン語に代わって登場したこの新しい言語の自信のほどを示している。

このルネサンス期のフランス語は、同じ時期のシェークスピアの英語などと同じように、いかにも若々しい奔放さと豊穣多彩な表現力に満ちていたけれども、その性格はまだ多分に動揺的で、標準文語に要求される語彙・語法の規範性や正書法の統一性に欠けていた。このような言語の標準化と規範性の確立は、17世紀ルイ14世治下のフランス古典主義時代に至って達成された。1635年に創設されたアカデミー・フランセーズの最も重要な仕事のひとつが辞書の編纂であり、そしてこのアカデミーの辞書は「良き慣用 le bon usage」の裁定者として、その後長年にわたってフランス語の世界に君臨することになった。

また文法の面では、『ポール・ロワイヤールの文法』として知られるアルノーとランスローの共著になる『一般・理論文法 *Grammaire générale et raisonnée, 1660*』が、ことばの合理性と論理的明晰性を極限まで追求した一種の普遍文法として、単にフランス文法を基礎づけただけでなく、ヨーロッパ諸国語の規範文法の成立に大きな影響を及ぼした。

この時代の「良き慣用」の基準として仰がれたのは、ド・ヴォジュラが『フランス語に関する考察』(1647)ではっきり述べているように、当時最も威信の高い宮廷の言語であった。この宮廷を中心に活躍したラシーヌ、コルネーユ、モリエールなどの劇作家やラ・フォンテーヌ、ラ・ロシュフコーなどのすぐれた散文家によって、フランス文語は古典的な彫琢と規律を獲得し、西欧近代文語の模範となったのである。

17世紀末から18世紀初頭にかけてフランス(およびヨーロッパ)の文芸・思想界を湧かせた、古代人と近代人の優劣をめぐるいわゆる「新・旧論争」の決着は、詩歌の面だけでなく言語の面においても、近代は古代を凌駕するという当時の人々の自信と信念を表明している。ともあれ17世紀の末までに、フランス語の規範化は、文法、語彙、発音、正書法などあらゆる面でほぼ達成された。古語や俗語は排除され、正書法もきわめて人為的かつ衒学的な方法ながらともかく統一された。

理性と啓蒙の時代と言われる18世紀は、前世紀のこの傾向を継承し、フランス語の明晰性と規律性は一層強められた。このように規範化された言語は、一方では、民衆的な日常語との距離を次第に拡げながら、ますます自らの固定した世界を作り上げていった。一度確立された標準文語は容易に変わらない。この世紀の終わりにフランスを見舞った「大革命」は、模範的な近

代文語を育て上げた古い社会体制を一挙に崩し去ったけれども、フランス語そのものには何ら本質的な変化をもたらさなかったのである。

2.4.2.3　ドイツ文語

　一方、中央集権的な国家の後ろ盾を持たなかったドイツの母語運動は、マルティン・ルター（1483〜1546）によって口火を切られた宗教改革と不可分に結びついている。

　ローマ・キリスト教はラテン語を唯一の公用語と定め、ラテン聖書の俗語への翻訳は原則として認めなかった。信仰の指針は、聖書よりも教会に求められたのである。この状況に大胆に挑戦したのが、ルターによる聖書のドイツ語への翻訳であり、このドイツ語訳は広範なドイツの民衆によって熱狂的に迎えられた。ここに近代ドイツ語の基盤が据えられたわけであるが、この言語は当初から民衆的な性格を強く持っており、それだけに人文主義者たちからは、やや軽蔑の目で見られがちだった。

　ルターがその翻訳に際して拠り所としたのは、彼にとっても一番身近なザクセンの官用語（マイセン語）であったが、この中部ドイツ語方言はドイツ語圏のちょうど中間的な位置にあり、標準的ドイツ語の候補としても適切であると判断されたわけである。このドイツ語は、16世紀の末に現れた最初のドイツ文法[*1]の中で第一の手本として扱われたが、何よりも信仰の内面性を重んじるルターにとって、言語の形式上の洗練はそれほど重要な意味を持たず、そのために彼のドイツ語は語法の不正確、語彙の卑俗さ、正書法上の不統一という非難を免れなかった。古典学者や人文主義者の間では依然としてラテン語が尊重され、ドイツ語がこれにとって代わるのには、まだ多くの年月を必要とした。ドイツで出版された出版物全体の中でドイツ語による著作が占める割合は、16世紀全般を通じてせいぜい2〜3割にすぎず、それが5割を超えるのは、ようやく18世紀になってからである。

　17世紀に、オーピックやショテルなどによる母語の向上と育成運動が進められたが、この頃から次第にドイツのとりわけ支配層や教養階級の間で大きな影響を持ち始めたフランス語の勢力に圧されて、ドイツ文語は伸び悩ん

[*1] Claius, J. 1578, *Grammatica germanicae linguae……ex libris Lutheris germanicis et aliis collecta.*

だ。ドイツ啓蒙主義を代表する哲学者ライプニッツ（1646〜1754）は、未発表の覚え書きの中でドイツ語の擁護論を書きはしたが、公表された著作ではラテン語とフランス語しか用いなかった。また標準ドイツ語の育成に熱心だったクリスチャン・ウォルフ（1679〜1754）も、ドイツ語を用いたのは初期の著作においてだけである。

　ドイツにおけるフランス語熱は、18世紀、プロイセンのフリードリッヒ大王（在位1740〜86）の宮廷において頂点に達した。この宮廷に招かれたヴォルテールは、故国への書簡（1750）の中でこう述べている「ここは完全にフランスです。人々が話すのはフランス語だけで、ドイツ語は兵士と馬のためにしかありません」と。しかし、ドイツ語を満足に話せなかったと言われるこの王がフランスとの戦いに勝ちを制してから、ドイツの国民的意識はにわかに高まり、ドイツ語の地位の向上に大いに貢献することになった。

　こうしてドイツ文語は、ドイツ古典主義の完成者ゲーテとシラーの時代にようやく確固たる地歩を築くことができたが、フランス語におけるパリ語、英語におけるロンドン語のような基準となるべき中央語を最後まで持たなかったために、正書法や発音の標準化は、19世紀の末に至ってようやく達成された。すなわち、正書法は1880年に出版されたドゥーデンの『正書法辞典』、発音は1893年に出版された『ドイツ語舞台発音』がその指針となった。

　西ヨーロッパの先進諸国の中で、イタリアとドイツは国家的統一が遅れたために、標準文語の確立にやや手間どったが、近世初頭に近代国家の形成に成功した諸国では、大体18世紀までにそれぞれ国の公用語たるに相応しい、ラテン語に代わる標準文語すなわち「国語」を成立させた。こうしてヨーロッパは、文語の領域においても、民族語ないし母語に基盤を置く多言語分立の時代を迎えることになったのである。

2.4.3　東ヨーロッパの場合

　東ヨーロッパにおける文語の成立は、西欧とはやや趣を異にする。西のラテン語に対して、こちらではギリシア語がビザンティン帝国とその国教たるギリシア正教の公用語として行われていた。

　しかし、ローマ・キリスト教が異民族への布教に際してラテン語の使用を義務づけ、民族語への聖書の翻訳を禁じ、言語的にもカトリシズム（普遍主

義）の立場を貫いたのに対して、ギリシア人は積極的に民族語を用いて布教するという方針をとった。こうして東ローマ帝国の周辺でギリシア正教を受け入れた諸民族の間では、キリスト教の弘布が民族語に基づく文字言語の成立に結びつくことになった。すなわち、印欧系の言語では、4世紀におけるゴート語、5世紀以降のアルメニア語、そして9世紀以降のスラヴ語がそれである。しかもその際に、それぞれの民族語を表記するのに適した文字体系がギリシア文字に基づいて作り出された。

すでに述べたように、9世紀にモラヴィアへ派遣された二人のギリシア僧による福音書の翻訳に基づいて形成されたスラヴ文語すなわち教会スラヴ語は、その後1千年近くにわたって、ギリシア正教を奉ずる東欧圏のほとんど唯一の共通語として、あたかも中世西欧におけるラテン語と同じ役割を果たしてきた。ただし、スラヴ語の場合は、日常語と教会スラヴ語との距離はロマンス語圏における俗語とラテン文語のそれほど大きくはなく、その違いに対する自覚もそれほど明確ではなかった。このことが東欧、特にその代表たるロシアにおいて、固有の文語の発達を遅らせる原因ともなったのである。

ロシア語が教会スラヴ語とは別個の文語として自立したのはようやく18世紀半ば、ロシア文語の父と呼ばれるM.V.ロモノーソフの『ロシア語文法』（1755）によってである。帝政ロシアの首都として大きな影響力を持ち始めたモスクワ語に基づくロシア文語が、ここで初めて教会スラヴ語から明瞭に区別され、後者が高尚なジャンルのための文語であるとすれば、ロシア文語は喜劇や寓話などのやや低いジャンルに適した言語として性格づけられた。ロモノーソフのこの態度は、『俗語論』におけるダンテのそれに似通っている。

ともあれこのようにして出発したロシア文語は、19世紀に入って、プーシキンをはじめとするすぐれた文学者たちの目覚ましい活躍によって、一挙にヨーロッパ有数の文語としての地歩を築き、教会スラヴ語にとって代わることになった。

2.4.4　ヨーロッパの言語ナショナリズム

近世以降ヨーロッパにおける近代諸文語の成立は、中世の封建制と皇教権の支配を脱して民族に基盤を置く中央集権国家の形成とほぼ軌を一にする。

2.4 ヨーロッパにおける近代諸国語の成立　　　　69

つまり近代諸言語は、当初から「民族語」ないし「国語 national language」という性格を持ち、これが国籍と国境を持たないラテン語に代わって、それぞれ標準文語を発達させ、国家の公用語として用いられてきた。言語と民族、そして国家というこの三者を能うかぎり一致させるという方向が、近代のヨーロッパ史を一貫するひとつの重要な指導原理であると言ってよいだろう。この原理に基づいて比較的早い時期に国家と国語を自立させた西ヨーロッパでは、言語・民族・国家の不一致に由来する難しい問題を抱える地域はそれほど多くない。

2.4.4.1　スイスの場合

　西欧の中央部、周辺をドイツ、フランス、イタリア、オーストリアに囲まれた小国スイスは、ロマンス語とゲルマン語の複雑に入り組んだ境界領域をなし、ヨーロッパの代表的な多言語国家である。現在、23 州から成る連邦で、人口はおよそ 700 万、ドイツ語、フランス語、イタリア語、ロマンシュ語の 4 つの言語が公用語となっている。

　ドイツ語は主に中央および北部の諸州で話し手人口は全体の約 70％、フランス語はジュネーヴ、ヌーシャテル、ヴァンドなど西部諸州で話し手人口約 20％、イタリア語は南部のティチノ州を中心に話し手人口 10％ 弱、そして南東部エンガディン地方の一部で約 5 万の話し手を持つロマンシュ語（これがスイスに土着の唯一のロマンス語であるが）は、1937 年にようやく公用語として認められた。それぞれの言語の使用は、地域ないし州によって大体定まっているが、2 ないし 3 言語の併用される地域も少なくない。連邦の議会、公文書では通常ドイツ語、フランス語、イタリア語の 3 言語が併用される。複数の公用語の併用が政治的な軋轢や人種対立に結びつくことなく平和に協調共存している稀なケースが、現代のスイスである。

2.4.4.2　ベルギーの場合

　同じくゲルマン語圏とロマンス語圏の境界に位置するベルギーは、古くはベルガエと呼ばれたケルト人の居住地で、前 1 世紀、ガリアと共にローマ領となった。しかし 3 〜 4 世紀以後、北部地方をサリ・フランク族が占拠し、その結果、言語的にも下部フランコニア方言に由来しオランダ語に近いフラマン語の行われる北西部と、北部フランス方言の一種であるワロン語の話さ

れる南東部とに二分された。

　この境界線は現在の首都ブリュッセルの南郊を東西に走り、国土をほぼ南北に二分している。近世以後、相次いでスペイン、オーストリア、フランスの支配を受け、最後はオランダと統合されたが（1815～30）、1830年、プロテスタントのオランダから別れて独立した。独立当初は、フランス統治時代（1795～1815）にとりわけ影響力が強かったフランス語が唯一の公用語として官庁、法廷、学校などで用いられたが、19世紀の半ば過ぎから、北部地域で母語のフラマン語の擁護運動が高まり、19世紀末、標準オランダ語にきわめて近い形のフラマン語がフランス語と並ぶ公用語として正式に認められ、南部も含むベルギーの全域で、公式の場における両言語の併用が義務づけられた。

　しかしこの制度的な2言語併用は、種々の無理を生じたため、1932年以後、スイスと同じように、実際に両言語が共存している一部の地域を除いて、公用語の地域別使用が実施され、1963年にはそれぞれの言語区域が法律で定められるに至った。国際的には圧倒的に優勢なフランス語が、ベルギー国内では話し手人口の点でフラマン語に劣り、しかもこの傾向は、北部工業地帯の人口増加に伴い、次第に強まっている。

　一方、都市の知識層や上層階級の間では国際的に威信のあるフランス語指向が強く、例えば首都ブリュッセルは、元来フラマン語の地域であるが、日常会話はフラマン語、公式の場面ではフランス語という形の2言語併用が進行している。ベルギーでは、このようにフランス語が少数派ではあるが特権的な言語であるというところに難しい問題があり、言語問題はしばしば深刻な社会問題へと発展する。このため、両言語間の調整を担当する特別の大臣が置かれ、文化相、教育相にもそれぞれの言語地域から2名ずつ選ばれるなど、政治レベルでも特別な配慮がなされている。

2.4.4.3　北欧諸国

　北欧諸国の中で、デンマークとスウェーデンは比較的早い時期にそれぞれの国語を確立させたが、14世紀以来長らくデンマークの支配下に置かれ、1905年にようやく独立したノルウェーでは、長期にわたってデンマーク語が公用語として行われ、しかも、単に書きことばとしてだけでなく、特に都市部では、話しことばとしても定着していた。これが「リクスモール（王国

語)」と呼ばれるノルウェーの伝統的な文語兼標準語である。しかし19世紀後半のナショナリズムの高揚は、ここでも新しい国語運動を呼び起こし、この運動の熱心な推進者たちによって、地方で話されている古風な方言に基づいて新しい国語が創始された。

これが「リクスモール」に対する「ランスモール（土地語）」、後に「新ノルウェー語 Nynorsk」と呼ばれ、独立国ノルウェーの新たな公用語として採用された。しかし、この言語は国内のどのような特定の地域や社会層とも結びつかない一種の人工語、純粋に言語政策の産物でしかなかったために、「リクスモール」に長年馴染んできた都市の住民や知識層の間にこの「新国語」に対する抵抗が強く、伝統派と新国語擁護派の間で深刻な対立が生じた。

1939年ノルウェー国会はこの対立を解消するために、2つの言語を統合して第3の新たな国語すなわち「共通ノルウェー語 Samnorsk」を創出することを提案し、その実現におよそ10年を費やしたが、「ランスモール」以上に人工的なこの言語は両方の陣営からの激しい反対に遭い、結局失敗に終わった。しかしこの失敗は、結果的に両陣営の対立を緩和するのに役立ち、以来2つの言語は、共にノルウェーの公用語として共存し併用されている。近年、「リクスモール」の話し手は、農村の都市化の影響もあってむしろ増加の傾向にあり、最近の統計によれば、全人口の75%を占めるという。

ノルウェーで母語に基盤を置く「ランスモール」がデンマーク語に代わる唯一の国語として確立されなかったのは、2つの言語がきわめて近親な関係にあって違和感に乏しく、かつまた、デンマークの側からの政治的圧力がないために、反デンマークという形の政治的ナショナリズムと結びつきにくかったからである。

2.4.4.4 ケルト語

西ヨーロッパにおける圧迫された少数者言語の代表はケルト語である。ラテン語とゲルマン語に圧倒されて大陸では完全に消滅し、ブリテン諸島に辛うじて残存するケルト語は、ここでも征服者の言語、しかも今や世界語として圧倒的な優勢を誇る英語に圧されて、衰微の一途をたどりつつある。

イングランド南西部で話されていたコンウォール語はすでに滅び、スコットランドのゲール語も、今では高地とヘブリデス諸島の一部で10万足らずの人々（スコットランド全人口の0.5%）によって話されているにすぎな

い。言語の維持が比較的よく行われたウェールズでは、20 世紀に入ってからウェールズ語の新聞、ラジオ、テレビ放送などを通じて言語の保護策に力が注がれてきたけれども、話し手人口はやはり減少の傾向にある（1931 年に 90 万、1951 年に 71 万 5 千、そして近年では 70 万を切っているという。ちなみにウェールズの現在の総人口は 300 万）。

アイルランドは、16 世紀の末まではアイルランド語がほぼ全住民の間で話されていた。しかし 17 世紀以来、英国人の支配下で、アイルランド語は徹底的に圧迫され、西部の過疎地において貧農や下層民の日常語としてわずかに生き延びただけだった。度重なる抵抗運動と蜂起の結果、20 世紀に入ってようやく独立を勝ちえたとき、国民の大部分はもはや自分たちの母語を話せなくなってしまっていた。愛国心に燃えたアイルランドの指導者たちは、しかし、地方の貧民語に落ちぶれたこの絶滅寸前の言語を独立アイルランドの国語として復活させるために、これを国の第一の公用語と定め、まず最初にアイルランド語の教員を養成する師範学校を創設し、初等教育を通じて年少者への普及を計り、また公務員の採用試験にアイルランド語を課するなど、国語の保護・育成に努めてきた。

しかし、現在アイルランド共和国の総人口 300 万のうちアイルランド語を話せる人口は約 75 万、しかもその大部分は英語との 2 言語併用者で、アイルランド語だけの話し手は 4 万人に満たない。いったん死滅した言語を新しい国語として復活させる試みは、第二次世界大戦後のイスラエルである程度の成功を収めたが、英語という強大な言語に囲まれた状況でアイルランド語の将来がどうなるかは、けっして楽観を許さない問題である。

2.4.5　中・東欧とバルカン諸国

言語的ナショナリズムが 19 世紀後半からヨーロッパ全土を席巻した政治的ナショナリズムと結びついてきわめてラディカルな形をとったのが、ハプスブルク家、帝政ロシア、オスマン・トルコという古い支配体制下に多くの諸民族が抑圧されてきた中・東欧とバルカン地域である。

ここで起こった民族運動は、とりわけ言語の問題と密接に結びついていた。様々な民族が複雑に入り混じったこれらの地域で、人々の民族的な帰属を決めるその証しは、居住地でもなく、国籍でもなく、宗教でもなく、ただ

2.4 ヨーロッパにおける近代諸国語の成立

言語だけだったからである。「言語を通じて民族を、民族を通じて国家を」というのが、19世紀後半から20世紀初頭にかけてこれらの地域に盛り上がった政治運動の共通したスローガンであった。そして第一次大戦後、ハプスブルク家をはじめとする古い支配機構が崩壊した後に現出した新興の独立国家群とそれらの境界図、すなわちヴェルサイユ体制下のヨーロッパの政治地図は、かつて史上に例を見ないほどに、諸言語の分布図に近いものとなった。これはヨーロッパ言語ナショナリズムが到達したひとつの極点を示すと言ってよいだろう。

これらの新興国家において、民族の統合を促し国家の基盤を作ったのは言語をおいてほかにない。オーストリア領のスロヴェニアとハンガリーに支配されたクロアチアとオスマン・トルコの支配下にあったセルビアが統合されて単一の国家ユーゴスラヴィアが独立したのは、これらの地域で話されている言語の本質的な同一性に負っている。スロヴェニアおよびクロアチアにおけるカトリックの信仰とラテン文字の使用、それに対してセルビアにおけるギリシア正教とキリル文字の使用、といった宗教とそれに伴う文字言語の伝統の違いも、民族語ないし民衆語レベルでの根本的同質性を妨げるものではなかった。

11世紀以降ハンガリーに併合されたスロヴァキアと16世紀以来ハプスブルク家の支配下に置かれたチェコは、長期にわたる分割支配のために、2つの違った名前で呼ばれる言語を発達させていた。しかしこの内部的な違いは、支配者の言語たるドイツ語やハンガリー語に対置すれば些細であり、かつてのモラヴィア王国のスラヴ語という本質的な同一性が単一国家チェコ・スロヴァキアの基盤となった。

ポーランドと帝政ロシアの間で争奪が繰り返されてきたベラルーシ（別名白ロシア）やウクライナが政治的に独立したのも、ポーランド語ともロシア語とも異なるそれぞれの言語の独自性がその支えであった。

多くは第一次大戦後に独立を勝ちえたこれらの諸国の緊急課題は、文盲の貧しい民衆の日常語として放置ないし疎外されてきた民族語を近代国家の公用語に相応しい「国語 national language」にまで高めることであった。西欧の新進諸国が数世紀かけて達成した言語の近代化を短期間でなし遂げなければならなかったのである。しかし、見習うべき手本はすでに数多く存在した。至るところで共通にとられた方策は、支配者言語の影響をできるかぎり

払拭して、言語の「純化」つまり民族性の復活を目指すことであった。

　東欧圏では比較的早く独立したルーマニアは、独立前は、ギリシア正教圏の例に漏れず、文字言語としては教会スラヴ語が行われ、また日常語の中にも大量のスラヴ語的要素が混入し、外見的にはロマンス語というよりもむしろスラヴ語に近い様相を呈していた。ルーマニアの国語運動の課題は半ばスラヴ化したこの民衆語をできるだけ「純化」し、ルーマニア語本来の姿に回復することであった。まず、表記の面ではキリル文字に代わってラテン文字が採用され、語彙の面ではスラヴ語的語彙や表現がラテン語的・ロマンス語的な表現に置き換えられた。

　こうして、現代ルーマニア語の中に数多く見られる同一の意味を表すスラヴ系とラテン系の２つの違った語の共存――例えば、veac に対する secol「世紀」、ostrov に対する insula「島」、libovnic に対する amabil「愛らしい」など――は、皮肉なことに、後者のラテン・ロマンス的な要素の方が新しい時期の導入なのである。現代ルーマニア語が誰の目にも明瞭なロマンス語的様相を帯びるようになったのは、このような徹底したラテン化運動の結果にほかならない。

　チェコ語の場合は、排除すべきはドイツ語的要素であり、復元すべきはスラヴ語的特徴であった。チェコ語のこのスラヴ化は、スラヴ語圏でも異例なほど極端に進められ、単にドイツ語だけでなくドイツ語やラテン文語を通して入った多くのヨーロッパ的共通語彙までが、人為的なスラヴ的新造語に置き換えられ（例えばギリシア語起源の teatr「劇場」が他のいかなるスラヴ語にも見られない divaldo という新奇な語に置き換えられるなど）、これがチェコ語に他のスラヴ語とは違った一種独特な様相を与えることになった。これは国語の「純化」政策がむしろ言語の孤立化につながるひとつの典型例と言ってよいだろう。

2.5 ヨーロッパ諸言語の共通特徴：多様性の中の統一性

2.5.1 国語の分立と国際化

19世紀の後半からヨーロッパの全域に吹き荒れたナショナリズムの嵐が一応おさまった20世紀の前半、ヨーロッパには、大小合わせて30ほどの国語が出現した。すなわち、ロマンス語圏で、ポルトガル語、スペイン語、フランス語、イタリア語、ルーマニア語の5言語、ゲルマン語圏でアイスランド語、ノルウェー語、スウェーデン語、デンマーク語、ドイツ語、オランダ語、英語、ルクセンブルク語の8言語、スラヴ語圏で、チェコ語、ポーランド語、ベラルーシ語、ウクライナ語、ロシア語、セルボ・クロアチア語、ブルガリア語の7言語、その他の印欧語として、リトアニア語、ラトヴィア語、アイルランド語、アルバニア語、ギリシア語の5言語、印欧語以外では、フィンランド語、エストニア語、ハンガリー語、マルタ語の4言語である。

国家の数と言語の数がこれほど近づいた地域は、地球上の他のどこにも例がない。第二次大戦後、アフリカに何十という独立国が出現したが、1千近いアフリカ土着語の中で、国の公用語となっているのはスワヒリ語だけである。南北アメリカ大陸に国家は32を数えるけれども、そこで公用語として認められているのは、英語、フランス語、スペイン語、ポルトガル語という4つのヨーロッパ語だけで、固有の民族語はゼロである。他方、インド共和国はひとつの国家の中に数百の言語が行われ、公用語の数だけでも15を数える。

これらの例からも、「言語を通じて民族、民族を通じて国家」というナショナリズムの原理がヨーロッパでいかに徹底して追求されたかが、理解されよう。現在のヨーロッパで政治的に独立できずに国語から阻害された少数の言語は、旧ソ連圏内のフィノ・ウゴール系およびアルタイ系諸言語とユダヤ系およびジプシーの「流浪語」を除けば、バルカン半島におけるマケドニア語（ブルガリア語の一方言とする見方もある）、ゲール、ウェールズ、ブルトンの3つのケルト語、スペインのバスク語などが挙げられるだけである。

スロヴェニア語、スロヴァキア語、プロヴァンス語、カタロニア語などが

それぞれセルボ・クロアチア語、チェコ語、フランス語、スペイン語と別個の言語として扱われるのは、むしろ歴史的な事情によるもので、言語的にはけっして排他的関係に立つわけではない。それぞれが該当する国語と同系の方言と見なすことも可能だからである。

　民族や国境を越えて用いられた中世ラテン語や教会スラヴ語に代わるこれら諸国語の成立は、それによって、かつては少数の特権者の独占物であった文字文化（あるいはむしろ文化そのもの）を広範な一般大衆に近づけることに貢献した。ナショナリズムとデモクラシーは、言語の面でも手を携えていたのである。

　しかしこのような諸国語の分立は、他方において、民族や国境を越えた人間の高度の文化活動、とりわけ、国際的・普遍的な性格を持つ学問の世界では、言語の本来的な機能である相互伝達が著しくそこなわれる。中世はもちろん 17〜18 世紀までのヨーロッパでは、学者はラテン語という共通の言語を持っていた。ラテン語は誰にとっても母語ではなく、従って必ず第二の言語として習得する必要があったけれども、しかし学問に従事するにはそれを習得するだけで、事が足りた。学術的なあらゆる書物はラテン語で書かれていたからである。これは現代のヨーロッパ、そしてヨーロッパ化された現代世界の状況とは大きな違いである。言語はそれを使用する集団内では伝達手段としてこの上もなく有効に働くけれども、外部に対しては逆に越え難い障壁を形作る。

　すでに述べたように、ヨーロッパとりわけ西ヨーロッパは、文化的にはもちろん、最近では経済や政治レベルでもますます統合化の傾向を強めている。アメリカや旧ソ連という元もとヨーロッパの分身ながら、すでにヨーロッパとヨーロッパ的民族国家の枠を抜け出した"超大国"の出現によって、ヨーロッパはますます狭められつつある。実際、第二次大戦後に発足したいくつかの軍事同盟や経済連合体、例えば北大西洋条約機構（1949）とそれに基づく西ヨーロッパ連合（1954）、ベネルクス 3 国の経済共同体から発展した欧州共同体（1967）等々は、軍事・経済面でのヨーロッパの統合化の実現にほかならない。

　このような国際化の一般的趨勢の中で、現代ヨーロッパの言語的状況はむしろ時流に対する逆行現象であり、普通ならば国際協力と相互理解にとって無用な混乱を招く障壁となりかねない。しかしヨーロッパ人は、国語の分立

によって生ずるこのような障碍を比較的うまく乗り越えている。その主たる手段は、スイスやベルギーやルクセンブルクなどの小国で日常化され制度化されている2ないし数言語の併用である。ヨーロッパではローマ時代以来、2言語併用は長い伝統を持っている。それどころか多少とも文明化されたヨーロッパのあらゆる時代、あらゆる地域を通じて完全な「単一言語使用 monolingualism」はむしろ稀である。2ないし多言語併用は文化の成熟度の尺度と言ってもよいのである。

いろいろなレベルにおけるこのような言語併用——隣接する異言語、公用語と日常語、文字言語と口頭言語等々——は、それが長期にわたると、接触する言語間に一方的または相互的な同化作用を起こして、そこにある共通特徴を発達させるのが常である。系統を同じくする言語の群を「語族」と呼ぶのに対して、特定の地域で長期の接触の結果同じ特徴を共有するに至った言語の群を、言語学の術語で、「言語連合 Sprachbund, language union」と称する。ヨーロッパの諸言語は、巨視的に見れば、全体がひとつの「言語連合」を形作ると言ってもあながち誇張ではない。ヨーロッパにおいてひとつの言語から他の言語への切り替えが、我々の目から見て驚くほど簡単に行われるのも、ヨーロッパ諸語の言語構造における本質的な類似性に由来している。

2.5.2 ヨーロッパ諸言語の文法的特徴

ヨーロッパの言語を総体的にひとつの「言語連合」と見るのは、ヨーロッパを相対化する見方であって、ヨーロッパの内部からは生まれ難い。近代のヨーロッパ人にとってヨーロッパはすなわち世界であり、ヨーロッパの言語はそのまま世界の言語を測る尺度であったからである。

アメリカの言語・人類学者ベンジャミン・ウォーフ（1897〜1941）は、ヨーロッパ諸語とは非常に違った言語構造を持つアメリカ先住民の言語を研究し、これと対置することによって逆にヨーロッパ諸語の特殊性を理解することができた。このようなヨーロッパ的特性を具えたひとつの言語類型を「標準均一的ヨーロッパ語 Standard Average European」と彼は呼んだが、ここにヨーロッパを相対化する見方がはっきり表れている。

確かに言語類型論の立場から見ると、近代ヨーロッパ、少なくとも西ヨーロッパの諸言語は、外面的な違いはあっても、その根底にあるいわば内面形

式において著しい共通性を示している。また、それは単に印欧系の諸言語だけでなく、ヨーロッパで形成されたヨーロッパ語の成員となった非印欧語——例えばハンガリー語、フィンランド語、マルタ語など——にも部分的に見られ、従ってこれらの特徴は、印欧語的な古い遺産ではなくて、ヨーロッパという歴史的風土の中で、長年にわたる相互接触と同化作用によって新しく発達したものと見なければならない。

　このような典型的なヨーロッパ語的性格の形成の上で先導的な役割を果たしたのは、言うまでもなくヨーロッパの先進地帯であるローマニアである。とりわけ、ラテン語からロマンス語への発達過程で起こった言語構造上のいくつかの変化は、この点で重要な意味を持つものであった。

　ラテン語はサンスクリット語、古代ギリシア語、ヒッタイト語などと同じく、「屈折語」と呼ばれる古い印欧語のタイプに属している。しかし、このラテン語から発達した近代のロマンス語には、このような古い印欧語の特徴が失われて、全く新しい言語タイプが現出した。例えば、ラテン語では日本語の格助詞に相当する文法的関係を格変化と呼ばれる名詞の複雑な語尾屈折によって表したが、この格変化はロマンス語では完全に失われ、同じ文法的関係は、もっぱら前置詞と固定化された語順によって示される。また動詞の活用においても、ラテン語では「人称」「時制」「法」などの文法的範疇が接尾辞と語尾の複雑に融合した「総合的 synthetic」な変化によって表されるのに対して、ロマンス語では同じ諸範疇がいくつかの独立的な語によって「分析的 analytic」に表現される。

　例えばラテン語で、amabatur という動詞形はこれだけで「彼（または彼女）は愛されていた」を意味するが、これに相当するフランス語は il était aimé (= he was loved) のように3つの語を必要とする。ラテン語の動詞は、その時制体系においてアスペクトよりも現在、過去、未来という時間的関係を重視するという点で他の印欧語と異なり、この傾向はロマンス語に受け継がれ、しかも一層強化されることになったが、しかしその表現形式は、ラテン語の「総合的」屈折に対して「分析的」で、存在動詞（ラテン語 esse フランス語 être 英語 be）や所有動詞（ラテン語 habere フランス語 avoir 英語 have）を助動詞とするいわゆる「複合時制」を発達させた。例えばラテン語の amavit (＜彼は＞愛した) に対してフランス語 il a aimé (= he has loved) など。

2.5 ヨーロッパ諸言語の共通特徴：多様性の中の統一性

　古いゲルマン語の動詞組織は非常に単純で、時制に関しては、ゴート語や古英語、古高地ドイツ語などに見るように、「過去」と「現在」の2つだけで、ラテン・ロマンス語に見られる「完了」・「非完了」の区別も「未来」もなかった。現在の英語やドイツ語の動詞が完了形や未来形を具えるに至ったのは、ひとえにラテン・ロマンス語的影響の結果である。未来形を具えることによって、ヨーロッパ諸語は動詞のアスペクトよりも時間的関係重視の傾向をはっきりさせた。

　統語法の面でとりわけ重要なのは、文の基本語順に関して起こった変化である。例えば、単純な他動詞文「父は娘を愛する」における主語（S）「父は」、目的語（O）「娘を」、動詞（V）「愛する」の配列順は、ラテン語では比較的自由だが最も通常の型は、日本語などと同じく pater filiam amat のように S-O-V であった。

　ところが近代ロマンス語ではその配列型は、例えばフランス語で Le père aime la fille のように、S-V-O となり、しかもこの語順はきわめて厳格である。このような語順の変化は、古代末期から中世にかけての俗ラテン語に起こったもので、その推移の跡は実際のラテン語の資料で確かめることができる。

　目的語が動詞の前にくるか後にくるか（すなわち O-V 型か V-O 型か）は、名詞句の配列型、例えば名詞（N）と所有格（G）、名詞とその修飾形容詞（A）、名詞と接置詞（Ad）などとも密接な関係にあって、O-V 型では G-N（父の本）、A-N（面白い本）、N-Ad（学校へ）、V-O 型では N-G (le livre de père)、N-A (le livre intéressant)、Ad-N (à l'école) という配列が現れやすい。

　この点に関して、ラテン語は「自由な」あるいはむしろ不安定な配列型を示しているが、ロマンス語では、上のフランス語の例でも判るように、N-G, N-A, Ad-N という配列型がかなり固定している。フランス語などを日本語に逐語訳すると、語順がまるで逆さまになってしまうのは、日本語が、印欧語ではヒンディー語やヒッタイト語などと同じように、首尾一貫した O-V 型の言語であり、それに対してロマンス語は、やはり首尾一貫した V-O 型の言語だからである。

　ロマンス語で確立された S-V-O の配列型は、次第に周辺の諸言語へ拡がった。現在のヨーロッパ諸言語の語順の型は、動詞句、名詞句を含めて、様々

な変種を含むけれども、地域的に連続した推移を見せ、それが伝播的な発達であることを示している。その中で他動詞文における S-V-O の語順は、元もと S-O-V 型であったことがはっきりしているフィノ・ウゴール系のフィンランド語やエストニア語、さらにハンガリー語にまで及び、ヨーロッパ大陸のほとんどすべての言語を包括する特徴となった。

ところで、S-V-O 型に関連して、フランス語、英語、ドイツ語などヨーロッパの代表的言語に一致して見られる特徴として、あらゆる文にひとつのそしてひとつだけの主語が必ず要求される、換言すれば、主語の無い文は文法的に許容されないという現象が挙げられる。例えば、フランス語 c'est si bon ＝英語 it is so good ＝ドイツ語 es ist so gut「とてもすばらしい」における全く意味のない ce, it, es の出現がその典型例で、ロマンス語の中ではフランス語だけに見られる。これはロマンス語ではなしにゲルマン語から発祥したきわめて特異なヨーロッパ的特徴であるが、他に、疑問文における V-S-O という「倒置法」も、ゲルマン語に由来する。

統語法におけるもうひとつの重要なヨーロッパ的特徴は、名詞の定・不定を表す冠詞の使用である。現在のヨーロッパ諸語のいわゆる定冠詞は、すべて指示代名詞から発達したものだが、ラテン語を含めて古い印欧語では、古典ギリシア語を除いて、このような冠詞は全く存在しなかった。これはおそらく、ギリシア語から強い影響を受けた中世キリスト教ラテン語において発達し、ロマンス語を通じて周辺諸言語へ拡がったものと思われる。

現在のヨーロッパ諸言語で、定冠詞はスラヴ語（ただしブルガリア語を除く）とバルト語を除くすべての印欧語に見出され、しかもハンガリー語にまで及んでいる。冠詞の名詞に対する位置は前と後の2つがあり、中世ラテン語では両方とも用いられたが、後置冠詞はルーマニア語を含むバルカン諸語と北欧語に見られるだけで、中央のヨーロッパ諸語はすべて前置冠詞を持ち、またこの前置冠詞は名詞の定・不定の別だけでなく、「性」「数」「格」という文法範疇の標識――本来の印欧語はこれを語尾で表していた――としても重要な役割を果たしている。

近代ヨーロッパ語を特徴づける第3の際立った言語的特徴は、存在動詞に由来するいわゆる「繋辞 copula」―― c'est si bon, it is so good における est, is など――の使用の義務化と、所有表現における所有動詞（フランス語 avoir 英語 have ドイツ語 haben など）の使用の一般化である。

例えば日本語で「あの人(に)は本がたくさんある」というのに対して、フランス語や英語では il a beaucoup de livres, he has many books のように表現する。この種の表現は、ラテン語だけでなく古い時期の印欧語にはほとんど見られない。また印欧語だけでなく、ウラル語やアルタイ語にとっても異質な表現である。所有動詞によるこの表現は、存在動詞の「繋辞」化、所有動詞の助動詞化と並んで、やはりラテン・ロマンス語圏で発達し、そこからゲルマン語そして一部のスラヴ語にまで拡がった。しかしこの特徴は、ロシア語やウラル諸語までは及ばなかった。

ヨーロッパの最も東方に位置したロシア語は、ロマンス語圏を中心に発達した西ヨーロッパ的改新の波から最も遠ざかっていた。このために現代のロシア語は、西の言語を代表する英語やフランス語と著しい対照をなし、他方において、ラテン語その他の古い印欧諸語と強い連帯性を示している。すなわち、名詞の格変化はラテン語やサンスクリット語のそれに比肩し、動詞の時制も、時間的関係よりはアスペクトを重視する。基本語順は一応 S-V-O 型が支配的であるが、けっして固定的ではない。冠詞も、義務的な「繋辞」も、所有動詞による所有表現も持たない。そしてロシア語に見られるこの様相が、印欧語本来の姿だったのである。

2.5.3 古典文語の遺産

以上に述べた諸特徴は、日常語の中で起こった自然な言語変化に由来するものであるが、この他に、近代ヨーロッパ諸言語を特徴づけるものとして、文語レベルで発達したいくつかの重要な特徴がある。すでに述べたように、ヨーロッパの文語(特に高度に技法化された散文)は、古典期のギリシア語で初めて確立され、これが古典ラテン語に受け継がれ、さらに中世ラテン語を経てヨーロッパ文語の伝統が形作られた。この古典文語の伝統は、近代ヨーロッパの標準文語の形成に際して、直接的ないしは間接的な形で重要な役割を果たした。

まず構文的な面では、文語的スタイルの近代ヨーロッパ散文でごく普通に見られる、文の中に文がいくつも埋め込まれて、複雑であるがしかし全体が有機的に構築された「ペリオドス」と呼ばれる従属的複合文は、ギリシアで発達しローマに引き継がれた古典散文の特徴的な技法のひとつである。ま

た、文の従属化の手段として、常用される分詞構文や不定詞構文とか、文と文をつなげるいろいろな接続詞の用法、文語に特有ないろいろな「きまり句」なども古典文語からの遺産であり、また近代ヨーロッパ語を特徴づける「文法的一致」や「二重否定」の論理的使用法も、古典文法にならって近代語の文法が整備され始めた17～18世紀以後の発達に属する。

　しかし、近代ヨーロッパ文語における古典的遺産の中で最も重要なものは、語彙である。法律、行政、教育、宗教、科学、思想、芸術など多少とも高度な文化や知的活動のほとんどあらゆる分野にわたる語彙は、ラテン語およびギリシア語からの直接ないし間接的な借用である。これらの語彙は、先進的な近代ヨーロッパ文語の共有財産となり、様々な分野の専門用語を新造する際にも不可欠な源泉となっている。

　現在ではほとんど日常語化したヨーロッパの共通語彙、例えば英語の quality, quantity という語は、元もとギリシアの哲学用語として前者はギリシア語の疑問詞 poios「どのような」、後者は同じく posos「どれだけ」から作られたきわめて異例な派生語 poiotēs, posotēs に由来する。これがそのままラテン語に直訳されて qualitas (qualis「どのような」から)、quantitas (quantum「どれだけの」から) となり、中世の学者ラテン語を通じて近代語に入った。英語ならば what-kind-ness とか how-much-ness とでも言うしかない表現である。

　ラテン語の causa「原因」は、日常語としてはフランス語の chose「物」となった。一方、法律・哲学用語としては12世紀頃ラテン語から新たに借用されて、cause という形で入っている。これが英語にはそのままの形で借用され (13世紀)、ドイツ語では、フランス語の chose に該当する Sache に対して、Ursache という形で導入され、さらにこのドイツ語からデンマーク語の aarsag、スウェーデン語の ovsak が出現した。

　このようなドイツ語および北欧語の間接的借用のことを「翻訳借用または敷き写し calque」という。フランス語や英語の conscience はラテン語 conscientia からの直接借用、一方ドイツ語の Gewissen は翻訳借用、そしてラテン語の conscientia も、実はギリシア語 syneideia の敷き写しであった。

　フランス語や英語がラテン(・ギリシア)的語彙をそのままの形で受け入れたのに対して、ドイツ語は多くの場合、自国語の表現に置き換えて借用している。例えば、ラテン語の respectus (英 respect) に対して Rücksicht、

2.5 ヨーロッパ諸言語の共通特徴：多様性の中の統一性

同じく spiritus（英 spirit）に対して Geist、participere（英 participate）に対して teilnehmen、フランス語 session に対して Sitzung、またギリシア・ラテン語的な新造語 television に対して Fernsehen、telephone に対して Fernsprechen 等々である（tele- はギリシア語で「遠い」の意味）。

　古典語からの借用は単に個別的な語彙にかぎらず、名詞、形容詞、動詞の派生辞にも及んでいる。例えば、フランス語、英語、ドイツ語でそれぞれ -isme, -ism, -ismus, -iste, -ist となる名詞の派生辞は、ギリシア語からラテン語（特に中世の学者ラテン語）を通じて近代語に入った。同様に、抽象名詞の派生辞 -té, -ty, -tät や -ion/-tion、動詞の派生辞 -izer, -ize, -isieren（例えば nationalizer, nationalize, nationalisieren など）、形容詞の派生辞 -ique, -ic, -isch（例えば économique, economic, economisch など）も、ギリシア語起源の伝統的なヨーロッパ文語の共有財で、現代でも非常に生産的な派生辞となっていることは言うまでもない。

　以上に概観したような口語・文語両レベルにおける多くの共通的特徴によって、ヨーロッパ特に西ヨーロッパの諸言語は、表面に現れた音声形式や形態法の細部に関する相違にもかかわらず、相互の間の置き換えや切り替えがきわめて容易である。c'est si bon, it is so good, es ist so gut はなるほど発音は違うけれども、その表現形式は全く同じである。一方から他方への移行には、何ほどの困難も伴わない。ヨーロッパにおける多種多様な国語の分立が必ずしもヨーロッパの統合を妨げないのは、まさにこのような「標準ヨーロッパ語」とも言うべき共通的性格の然らしめるところである。そしてこのような多様性の中の統一性こそ、単にヨーロッパの言語だけでなく、ヨーロッパの文化全体を性格づける大きな特徴と言ってよいだろう。

第II部

言語の類型と歴史

第 3 章

言語類型論と歴史言語学

3.1 古典的類型論とそこからの脱却

　19 世紀の初頭、ドイツを中心に近代の言語学がインド・ヨーロッパ諸語の比較文法という形で出発してから少なくともその世紀の半ば頃まで、多くの言語学者たちにとって、言語の類型の問題は言語の系統に劣らず重要な研究課題とされ、しかも両者は分かち難く結びつけられていた。シュレーゲル兄弟、フンボルト、シュライヒャーなど、いずれも諸言語の類型的分類には多大な関心を寄せ、「孤立語」「膠着語」「屈折語」というような形態的特徴に基づく古典的な言語類型論の基盤は、この時期に確立されたものである。

　しかし 1870 年代以降、いわゆる「青年文法学派」の台頭によって学のパラダイムは大きく変わり、「音法則」を支えとする厳密な比較方法の確立によって、系統関係を中心に据えた言語史の研究は飛躍的な進歩を見せたが、その反面、確固とした方法論を欠いた類型論的研究は、言語学の主流から完全に取り残された。さらにまた、言語の類型的特徴が言語の系統的関係と必ずしも結びつかないという事実も次第に明らかにされ、類型論は歴史言語学にとってますます縁遠い存在になっていったのである。

　このような状況に変化の兆しが現れたのは、20 世紀の半ば過ぎである。1957 年、オスロで開かれた第 8 回国際言語学者会議で、ロマン・ヤーコブソン（1896～1982）が行った「類型論研究とその歴史・比較言語学への貢献」と題する報告は、構造主義の洗礼によって面目を改めた新しい類型論と伝統

的な歴史言語学との再度の歩み寄りを告げる画期的な幕開けであった[*1]。

　ヤーコブソンが取り上げたのは、もっぱら音韻的諸問題であったが、元もとプラーグ学派の間で育った新しい類型論は、音韻体系の単なる分類にとどまらず、諸言語の音韻現象の背後に横たわる一般的諸法則、つまり言語の普遍性を広範なデータに基づいて明らかにすることに重点が置かれていた。問題の報告もこのような普遍性と言語史再建の問題に関わるもので、「再建された言語状態と類型論によって明らかにされた一般法則との間に食い違いが生じた場合には、再建の側に問題がある」ということばが示すように、歴史・比較言語学のこれまでの成果を「普遍性」の光に照らして再吟味しようとする。

　ここでヤーコブソンが投げかけた大きな問題のひとつとして、印欧祖語の閉鎖音体系に関するものがあったが、これはやがて印欧言語学で目下最大の焦点となっている「喉頭化音説 glottalic theory」の誕生につながることになった。

　最近の類型論によって明らかにされた言語の普遍的特性に関してとりわけ注目されるのは、それが「あらゆる言語にはしかじかの特性pがある」という無条件的な形ではなく、「もしある言語に特性pがあるならば、その言語には必ず特性qがある」、すなわち、「pならばq」あるいは「pはqを含意する」という条件的な形で表されることが多いという点である。

　これがいわゆる「含意的普遍性 implicational universals」で、言語の普遍性がこのような形で捉えられるということは、言語の構造が様々なレベルで、ある厳格な階層的原理によって支配されているという事実におそらく起因している。無条件的というよりは条件的、絶対的というよりは相対的な形で捉えられたこのような普遍性は、諸言語の最大公約数的なその意味で判りきった普遍性、例えば、「あらゆる言語は母音と子音を持つ」などよりは、はるかに興味深い内容を含み、しばしば人類言語の本質に関して思いがけない知見をもたらしてくれる。

　いま音韻の領域に例をとれば、印欧祖語の閉鎖音はその調音様式に関し

[*1] Jakobson, R. 1958, 'Typological studies and their contribution to the historical and comparative linguistics', in *Proceedings of the VIIIth international congress of linguists*.

て、従来、無声音・有声音・有声有気音（例えば /t：d：dh/）という３項的対立の体系が再建されてきた。その３番目の系列の有声有気音に関して、ヤーコブソンは、

> 「私の知るかぎり、/t/〜/d/ の対立に有声有気音 /dh/ だけが加わってそれに対応する無声（有気音）/th/ を持たないような言語は存在しない。」

と述べて、学説の再検討を促した。すなわち、音素 /dh/ の存在は /th/ のそれを含意し、後者はいわゆる「無標音」、前者はそれに対する「有標音」という関係に立つ。一般に、有標項は対応する無標項の存在を含意する。無標項 /th/ を欠いて有標な /dh/ だけを持つような体系はおかしいというわけである。

ところで、印欧祖語の閉鎖音の問題は有声有気音の系列だけに限らなかった。この体系の有声音の系列で、実は、唇音の /b/ だけが祖語におけるその存在を保証する確実な対応を欠き、そこに体系上の「アキマ」ができてしまう。この事実は、グリム以来知られていたが、それがはたして何を意味するのか長い間誰も気付かなかった。それを教えてくれたのがほかならぬ類型論であった。

一般に、無声と有声の対立を持つ閉鎖音体系の唇音の位置で、無声音 /p/ が欠けて有声音 /b/ だけが現れるというケースはしばしば見られるが、その逆のケースはほとんど例がない。すなわち、体系上のアキマとして、(a) のタイプは有り得るけれども、(b) はほとんど有りえない。

```
(a)    / t k        (b)    p t k
       b d g               / d g
```

例えば、身近な日本語を見ても、古く /p/ の音価を持っていたハ行子音は、語頭で p ＞ h、語中で p ＞ w（＞ゼロ）という音変化によって通常の語彙からは消失したが、その一方で有声音の /b/ は存続した。また印欧語でも、ケルト語とアルメニア語が同じようなプロセスで /p/ が失われ、さらにまたアラビア語も、p ＞ f という音変化の結果、(a) のタイプのアキマを現出させている。従って、再建された体系が (b) のような形をとるとすれ

ば、その再建自体がきわめて疑わしいと言わなければならないのである。

　印欧祖語の閉鎖音体系が抱える問題点は、まだ他にも挙げられるが、ともかく、グリム、シュライヒャー以来基本的にはほとんど変わるところのなかったこの体系は、類型論の側からの批判にさらされて、根本から揺るがされることになった。祖語の閉鎖音の音韻的性格がどのようなものであったかは、例えば「グリムの法則」で知られるゲルマン語の「音韻推移 Lautverschiebung」の在り方とも密接に関係する。これに関して、最近の新しい解釈では、ゲルマン祖語の子音体系はむしろ印欧祖語のそれに近く、従来、祖語に最も近いと見られてきたギリシア語やサンスクリット語の側で、逆に大がかりな子音推移が行われたという見方が有力である。「ゲルマン語の音韻推移」なるものは、言語学史上稀に見る壮大な仮構、あるいは「幻影」であったと言ってよいかもしれない[*2]。

3.2　日本語音韻史との関わり

　印欧語の場合ほど劇的ではないにせよ、音韻史の再建と類型論との関わりは、日本語の場合にもなかったわけではない。

　現代の日本語の母音体系は安定した5母音体系であり、またこの体系は平安時代に出来上がった仮名文字の50音図や「いろは歌」の基盤にもなっている。ところが、昭和の初期、橋本進吉博士のいわゆる「上代特殊仮名遣い」の発見（正確には再発見）によって、奈良時代の日本語は後代と違って、イ列、エ列、オ列の仮名に博士の命名によれば「甲」・「乙」2類の違った文字が使い分けられていることが判明した。

　当然のことながら、この使い分けは当時の音韻的区別と結びつけられ、ここから上代日本語は8母音の体系であったという学説が現れ、およそ半世紀間、日本語学の定説となってきた。イ、エ、オ列の問題の母音は、それぞれ甲類が /i, e, o/、　乙類が /ï, ë, ö/ と表記され、後者は一種の"中舌母音"と解釈された。ただし、これらの母音が全体としての母音体系の中でどのように位置づけられるかについて、博士を含めた専門諸家の間で憶測以外に確たる定見は出されなかった。

[*2] 詳しくは松本 2006『世界言語への視座』：第3章「印欧祖語の子音組織：類型論的考察」参照。

3.2 日本語音韻史との関わり

　諸言語の豊富なデータに基づく母音体系の類型化とその一般的特性に関する研究は、1930 年代、N. トゥルベツコイによって先鞭をつけられて以来、音韻類型論の中では最も進んだ分野である。奈良時代の「8 母音」説をこのような音韻論の立場から眺めたとき、はたしてどのような問題が現れるだろうか。

　これまで再建されてきた上代語の母音体系は、通常の 5 母音の図の中に 3 種の乙類母音を無理矢理に割り込ませるという形のもので、例えば、

$$i \quad ï \quad u$$
$$e \quad ë \quad ö \quad o$$
$$a$$

というような母音図がそれである。

　このような体系は、表面的に見ただけでも、多くの問題を抱えている。例えば、/ö/ という母音は、ドイツ語やトルコ語に見られるように、通常、前舌・円唇母音であるが、この種の母音は世界諸言語の中できわめて出現頻度が低く、その意味でいわゆる「有標性」の高い母音である。しかも、この母音を持つ言語は、ほとんど必ず /ü/ を持っている。すなわち、/ü/ があって /ö/ が欠ける母音体系は存在するけれども、逆に、/ö/ だけがあって /ü/ を欠くという体系はほとんど例がない。つまり、/ö/ は /ü/ の存在を含意すると言ってよい。

　また、舌の高さ（または口の開き）の度合とそこで区別される母音の数の間にも一般法則があって、それは例えば「低い段で区別される母音の数は、相対的に高い段で区別される母音の数と等しいかそれより少ない」というようになっている。つまり、高舌から低舌に移るにつれて、母音の数は減ることはあっても増えることはなく（これが「母音三角形」と言われるゆえんである）、この意味で、上に示された最上段に 3 種、第 2 段に 4 種を区別する母音図は、異常な姿と言わざるをえない。

　上代語「8 母音説」に含まれるこのような疑点は、10 数年前に筆者が初めて指摘したものだが、それ以来、従前のままの安易な 8 母音説は影をひそめ、それに代わって様々な修正案や新解釈が提起されている。これら諸説の中で最も大きなそして困難な問題は、依然として、オ列の甲・乙をめぐる解

釈である。両者をそれぞれ音韻的に /o/、/ö/ と解釈し、その対立を古く日本語に存在した母音調和の名残と見なすのは、有坂秀世博士以来の最も有力視されてきた見解であるが、しかしこの説が現代音韻類型論の側からの批判にもはや耐ええないこともまた明白と言ってよい。

母音/o/と/ö/は、世界諸言語の与える証言に照らすまでもなく、前者が無標音、後者が有標音という関係にあり、一般に、無標音は対応する有標音に較べて、辞書においてもテクストにおいても、出現頻度が高い。ところが上代語の場合は、オ列の乙類の方が甲類よりも圧倒的に頻度が高く、オ列甲類が現れるのは一部の音的環境に限られ、これは諸言語の /o/、/ö/ の一般的な在り方と著しく異なっている。

また、従来の説では、オ列甲・乙の合流は、暗黙のうちに、乙類音が甲類音に吸収されるという方向で行われたと見られてきたが、実際の表記面で見るかぎり、合流は乙類文字が甲類文字にとって代わるという形で起こっている。上代語のあらゆる証拠は、乙類音が無標、甲類音が有標という関係に立つことを示している。橋本博士の「甲」・「乙」という命名は、結果的に両者の関係を見誤らせることになった。上代語のオ列音の正体を捉えるためには、従来とは全く違ったアプローチが必要なのである[*3]。

3.3　言語類型論と言語普遍性

最近の言語類型論は、音韻よりはむしろ統語論が中心であり、この領域でもすでに多くの成果が挙がっている。特にグリーンバーグによって先鞭をつけられた語順の類型論は、個別の現象間に緊密な相関関係の存在を明らかにし、多くの普遍性を確立した。またこれらの普遍性を援用して、印欧祖語の統語構造を再建するという試みもすでになされている。

語順と並んで「能格」と呼ばれる言語現象も、近年の類型論の重要な研究対象となってきたが、この分野で最も注目されるのは、シルヴァスティンによって明らかにされた名詞句の格標示に関する普遍性で、一般に「シルヴァスティンの名詞句階層（または有生性階層）」と呼ばれている[*4]。この階層

[*3] 詳しくは松本 1995『古代日本語母音論』、特に、116 ページ以下「万葉仮名のオ列甲・乙について」を参照。

[*4] Silverstein, M. 1976, 'Ergativity and feature hierarchy', *Grammatical categories*

は、概略的に、

というような形で表されるもので、対格型の格標示はこの階層の上の方（左側）から、それに対して能格型の格標示はこの階層の下の方（右側）から現れ、その順序が逆あるいは非連続になることはないというものである。

最近、この「シルヴァスティンの階層」をめぐって印欧語学者の間で論議が起こっている。それは印欧祖語（ないしはその前段階）の格組織が能格型であったかどうかという問題に関わる。すなわち、印欧語の男・女性（あるいは有生）名詞の単数主格を表す格語尾 -s が古くは能格の標示であったという説は、20世紀の初め頃から現れ、一部ではかなり有力視されてきた。

しかし、この -s を能格標示と見ると、印欧語の場合、この語尾は男・女性名詞だけで中性名詞には現れず、これは格標示の在り方として、シルヴァスティンの階層に違反している。この点を盾にとって、印欧語の能格説は完全に覆されたと主張する論者も現れた。これはしかし、印欧語の単数主格語尾をそのまま能格と読み替えようとするやや短絡的な論で、本来の「能格」は、実は、属格 -os/-s と同じであり、主格の -s はこの能格語尾の再解釈によって二次的に生じたもの、本来の主・対格は、中性名詞と同じく、格語尾ゼロの「中立格」だった可能性が高い。とすれば、この能格語尾は、属格同様、無生名詞にも有生名詞にも現れ、その点に関するかぎり格標示の一般法則にいささかも抵触しないのである[*5]。

これは、再建された言語事実と類型論によって明らかにされた普遍性が一見食い違うような場合でも、問題の言語事象そのものを再吟味することによって、外見上の矛盾が解消されるという好個の例と言えるかもしれない。

---

in Australian languages: 117–171.

[*5] 詳しくは松本2006『世界言語への視座』：第4章「印欧語における能格性の問題」参照。

第 4 章

日本語と印欧語

4.1　はじめに

　日本の言語学ないし国語学の分野、特に日本語と他言語との比較対照論などを見ると、しばしば、「印欧語」と対照させるという形で日本語の特質が云々されることがある。その際、論者の念頭に置かれているのは、多くの場合、英語やドイツ語などに代表されるヨーロッパの近代諸語であって、ここから暗黙のうちに、ヨーロッパ語＝印欧語という見方が一般に受け入れられているように見受けられる。

　ヨーロッパの代表的な言語は、確かに、系統的には印欧語に属し、そのひとつの発展形態であるが、しかし、印欧語全体から見れば、ごく限られたしかもかなり特異な局面にすぎない。系統的分類上の「印欧語 Indo-European」というものは、言うまでもなく、世界最大の語族のひとつで、ユーラシア大陸の東はインドからヨーロッパの西端（さらに現在ではアメリカ大陸からオセアニア）まで広大な地域に分布し、また、文献記録によって遡り得るその年代幅も 3 千年以上に及んでいる。その内部におよそ 12 の語派、細かく分ければ数百の言語を擁し、類型論的に見ても、様々なタイプの言語が行われ、「印欧語」というある統一的な言語タイプが存在するわけではけっしてない。

　日本では明治以来、ヨーロッパの言語と対比させて日本語を眺めることが、ほとんど抜き難い習慣となっているけれども、あたかも日本語を映す鏡の役割を演じてきたこの「ヨーロッパ語」というものが、そもそもどのような特性を持った言語であり、また世界言語の中でどう位置づけられるかとい

うような問いは、あまり発せられたことがない。そのためここでは、印欧語の一形態としてのヨーロッパの近代諸語を印欧語の発展史の中で位置づけ、併せて、これらヨーロッパ語の特質や印欧語本来の性格を、日本語と対比させながら、少しばかり考察してみたい。

4.2　ヨーロッパの印欧語とアジアの印欧語

　印欧語以外の言語も含めてヨーロッパの言語を全体として眺めると、統語構造の面で第一に注目されるのは、ごく少数の例外を除いて、その基本語順がSVO型に属することである。この語順のタイプは、世界言語の全体から見ると、かなり特徴的な分布を示し、とりわけ3つの地域に集中的に現れる。すなわち、ユーラシア大陸の西ではヨーロッパ、東では中国を含む東南アジアからオセアニアの一部、そして、アフリカ大陸の主要部である。

　SVO型語順の最も典型的なタイプは、アフリカのバントゥー諸語や、インド・シナ半島のタイ語、クメール語などに見られる。すなわち、名詞句の構造では、指示代名詞、形容詞、関係節など名詞の修飾的成分、および属格（ないし所有格）は、名詞の後に置かれ、様々な文法関係を標示する「接置詞」は、名詞の前に、すなわち前置詞として現れる。そして、他動詞の2つの項である「主語」と「目的語」を形態的に区別する格標示を持たない。また、動詞句の構造では、副詞的成分は動詞の後に、テンス、アスペクト、ムードなどを現す助動詞的成分は動詞の前に置かれる。要するに、日本語やトルコ語のような典型的なSOV型の言語と較べると、文中の構成素の配列がほぼ正反対の形をとり、これが「整合的」（つまり首尾一貫した）SVO型語順と呼ばれる。

　一方、ヨーロッパの諸言語を見ると、このような首尾一貫したSVO型の言語は、ロマンス語によって代表される南ヨーロッパに現れるだけで、中・北部のゲルマン諸語、北・東部のバルト、スラヴ諸語、さらに周辺部のウラル、アルタイ諸語になると、他動詞文の基本語順はSVO型をとるけれども、それ以外の名詞句や動詞句の構造は様々で、首尾一貫しない。

　例えば英語では、名詞の修飾的成分の中で、形容詞は名詞の前、関係節は名詞の後、属格表現も、John's book と the book of John という2つの語順が共存している。またノルウェー語やスウェーデン語などの北欧語は、前

4.2 ヨーロッパの印欧語とアジアの印欧語

置詞を持つ SVO 型の言語ではあるけれども、修飾的形容詞や属格は、名詞の前に置かれる。日本語に典型的に見られるように、いわゆる「非支配項 rectum」を「支配項 regens」に先行させる「左向き支配」の語順を **OV 型**、逆に rectum を regens に後続させる「右向き支配」の語順を **VO 型** と呼ぶならば、ヨーロッパの北・東部の諸言語では、この 2 つの配列型がいろいろな度合で混合している。つまりヨーロッパは、ユーラシアの中心部の SOV 言語圏とアフリカの SVO 圏の間で、語順のタイプが連続的に推移する大規模な過渡地域を形成し、南ヨーロッパでは VO 的特徴が、北・東ヨーロッパでは OV 的特徴が次第に強まるという傾向を示している。

これはなぜかと言うと、ヨーロッパではここ千ないし 2 千年の間にかなり大がかりな語順の変化が行われたからである。この変化は、ラテン語からロマンス語に至る発達過程で最も明確な形で現れ、ここで確立された SVO 型の語順が次第にヨーロッパの北・東方へと波及した。そして、元もと首尾一貫した SOV 型であったことがはっきりしているウラル系（例えばバルト海周辺のフィン諸語）やアルタイ系（例えばバルカンのチュルク系ガガウズ語）の諸言語までその中に巻き込み、この統語型の拡散がひとつの「言語連合 Sprachbund」的現象であることを示している。

一方、数の上ではヨーロッパの印欧諸語をはるかに上回る、インドからイラン、アルメニア、さらに古代のアナトリアを含むアジアの印欧語は、古代から現代語に至るまで、その内部に様々な変種を含んではいるけれども、基本語順の型はすべて SOV 型を示している。従って、現代のアジアの印欧語を代表するインド・アーリア諸語、例えばヒンディー語を例にとれば、語順を含めてその文法構造の全般的な特徴は、ヨーロッパの代表的な言語、例えば英語やフランス語よりも、はるかに日本語に近い。すなわち、名詞の修飾的成分は、属格表現や関係節も含めて、すべて名詞の前に置かれ、格の標示は、日本語の「テニヲハ」と同じように、後置詞的な助詞により、また動詞の活用もいわゆる「膠着的」なタイプである。

ヨーロッパが SVO 型の言語圏だとすれば、インド亜大陸のほぼ全域は、きわめて首尾一貫した SOV 型の言語圏を形作り、その中にはインド・アーリア諸語だけでなく、ドラヴィダ語やオーストロアジア系、チベット・ビルマ系の諸言語も含まれ、ここにもまた言語連合的な現象が看取される。従って、近代インド・アーリア諸語の統語特徴をそのまま印欧語本来のものと見

ることは、もちろん許されない。

　しかし、ヨーロッパよりはるかに古い時期まで遡って豊富な資料を残すアジアの印欧諸語、例えば古代インド語、ヒッタイト語、トカラ語などの語順の型は、いずれも、ラテン語などよりは首尾一貫した SOV 型であり、統語構造の全般的な特徴に関しても、近代ヨーロッパの言語より、SOV 型の他のアジアの諸言語とむしろ親近である。また最近の印欧語学でも、このような古いアジアの印欧語に見られる統語構造を印欧語本来、つまり「印欧祖語」のそれに近いと見る考え方がますます強まってきている。印欧語というものをヨーロッパの言語だけを通して理解することは、甚だしい的外れと言わなければならないのである。

4.3　標準・平均的ヨーロッパ語（SAE）

　アメリカの人類言語学者 B.L. ウォーフ（1897〜1941）は、周知のように、アメリカ・インディアンの言語と対比させることによってヨーロッパ言語の特質を浮き立たせ、このようなヨーロッパ的特徴を最も典型的に具えた言語に対して「標準・平均的ヨーロッパ語 Standard Average European」（略称 SAE）という名を与えた。ウォーフの SAE は、主として文法範疇の面から捉えられたもので、英語、フランス語、ドイツ語という西ヨーロッパの主要言語の他にロシア語なども含み、類型論的に見て、やや問題があるけれども、世界の諸言語を判定する絶対的な尺度のごとく見られてきたヨーロッパの言語を、このような形で相対化しようとしたその姿勢には見習うべきものがある。

　近代の特に西ヨーロッパで形成された諸言語は、すでに述べたように、印欧語を基盤としながら、本来の印欧語とは全く違った言語タイプを現出させた。これはラテン語の発展形態であるロマンス語の中で大体の骨格が作られ、それに若干のゲルマン語的な特徴が加味されたものである。その中核をなすのは、ロマンス語ではフランス語、ゲルマン語では英語、そしてやや周辺に、イタリア語、スペイン語、ドイツ語などが加わる。ここでは、ウォーフとは少し違った意味で、これらの言語を SAE と呼ぶことにしよう。以下、特に統語法の面から SAE の主だった特徴を挙げてみたい。

　まず、語順について言うと、SAE はヨーロッパでは最も厳格な SVO 型に

4.3 標準・平均的ヨーロッパ語 (SAE)

属し、他動詞構文における主語と目的語が、典型的な SVO 型言語と同じように、形態的な格標示でなく、語順によって区別され、ドイツ語を除いて、通常の意味での格組織を持たない。格組織の喪失と SVO 語順の文法化は、ロマンス語で最も早く確立された。また、疑問文における VSO という倒置語順や、いわゆる WH 疑問詞の文頭移動の規則化、さらにまた、「A は B (である)」という形の名詞文において、"A is B" というように、中間に「繋辞 copula」の挿入が義務化されたことなども、すべて SVO 語順の確立と並行的な発達である。

また、統語法における SVO 語順の圧倒的優位のために、純粋な他動詞だけでなく、能力、知覚、所有動詞などの 2 項動詞もすべて SVO 型に統合され、例えば、「太郎に英語がわかる」、「太郎にお金がある」というような経験者格を含む構文や所有表現まで、他動詞構文をとるようになった (例えば I have money)。特に所有表現が、存在動詞でなく、他動的所有動詞 (have, avoir など) によって表されるという現象は、現代のロシア語や古い時期の印欧諸語だけでなく、ウラル、アルタイ、カフカス、セム諸語も含めて、ユーラシアの諸言語にはほとんど見られない。要するに、SAE ではあらゆる 2 項動詞が SVO というただひとつの型に押し込められてしまうのである。

次に挙げられるのは、SAE における定/不定冠詞の確立である。これもラテン語からロマンス語への過程で、定冠詞はラテン語の承前的代名詞から、不定冠詞は数詞の「1」から発達した。冠詞と呼ばれるものは、ヨーロッパの周辺的な言語、例えば、北欧語、ケルト語、ギリシア語を含む若干のバルカン諸語、そして非印欧語ではハンガリー語にも見られるが、その用法は SAE ほど厳格ではない。SAE では、冠詞は名詞の定/不定の区別だけでなく、本来の印欧語では名詞の語尾によって示された「性」、「数」(またドイツ語では「格」) などの名詞の文法範疇も標示するという、バントゥー諸語の類別接頭辞にも似た役割も果たし、あたかも印欧語の語尾変化に語頭変化がとって代わったという趣を呈する。また、SAE での冠詞の使用は、情報の新・旧と関連して、古い時期の印欧語がもっぱら語順によって果たしていたトピック化の手段としても役立てられている。冠詞の使用も、固定化した SVO 語順とけっして無関係ではないのである。

最後に指摘したいのは、SAE が徹底した「主語優位 Subject Prominent 型」の言語だという点である。ここで「主語」と言うのは、あくまでも統語

レベルの現象、つまり、様々な統語的プロセスのかなめ（pivot）の役割を演ずるいわゆる「文法的主語」の意味である。SAEでは、このような主語が文の構成素として必須のものとされ、あらゆる文は必ずひとつのそしてただひとつの主語を持たなければならない。日本語も含めて「主題優位 Topic Prominent 型」のほとんどすべての言語に見られるいわゆる「二重主語」と呼ばれるような現象は、SAEでは全く許容されない。その反面、SAEでは主語のない文というものも許されないために、"c'est si bon", "it's so good" における ce や it のような、意味的・情報的になんの機能も担わない「偽装主語 dummy subject」と呼ばれるような現象が現れる。古い印欧語に見られた「非人称文」と呼ばれる主語のない構文は、SAEでは完全に姿を消してしまったのである。

　このように、統語上のかなめとなる名詞句が SAE では特権的な地位を占め、その「句構造」は、

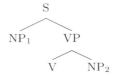

というようないわゆる「階層的 configurational」な形で捉えられ、主語は「Sに直接支配される名詞句」として一義的に定義づけられる。あらゆる言語にとって普遍的な「主部 thème」／「述部 rhème」（あるいはトピック／コメント）という談話レベルの二元的構造が、ここでは「主語 subject」／「述語 predicate」という形で文法化されて、厳格な統語原理にまで高められている。このような言語をもし「階層的」と呼ぶならば、この種のタイプは、言語の世界ではむしろ稀な存在と言ってよいだろう。

4.4　むすび

　以上に見たように、SAE に代表される近代ヨーロッパの諸言語を別にすれば、印欧語は元もとユーラシアの1語族として、ウラル、アルタイ、カフカス、ドラヴィダ等の諸語族と共に、ユーラシアの SOV 型言語圏に属し、語順だけでなく、他の文法的特徴に関しても、これらの言語と共通するもの

を持っていた。最近の印欧語学者の間で、印欧祖語の統語法の再建に際して、典型的な SOV 言語である日本語やトルコ語からの知見がしばしば利用されるというのも、けっして理由のないことではない。

しかし、ひと口に SOV 型と言っても、それらがすべて一律に論じられるものではない。古い時期の印欧諸語やまたそれに基づいて再建された印欧祖語は、同じ SOV 型でも日本語とはやはり相当違ったところがある。その違いの中で特に著しいのは、おそらく、動詞(句)の構造である。ヨーロッパも含めてほとんどすべての印欧諸語に共通して認められる動詞の特徴は、いわゆる定動詞が必ず人称を標示することである。この人称は、典型的には、人称語尾と呼ばれる接尾形式によって表され、これを基盤にかなり複雑な活用組織が作られる。ところで、この人称語尾の重要な役割は、単に人称を標示するだけでなく、これによって語の末尾を明確にし、動詞の「語としての自立性」を確保している点にある。このために印欧語の動詞は、日本語のような厳格な SOV 言語と違って、必ずしも文末に縛られるということがない。

一方、日本語の動詞は、このような人称標示を欠く代わりに、テンス、アスペクト、ムードなどの動詞的範疇だけでなく、文の終止や接続関係を標示する役割も受持ち、そのために必ず文末に位置しなければならない。動詞は、いわば文と一体であり、語としての自立性を欠いている。印欧語の動詞の形態法は、接辞を基本とするけれども、その接辞法は日本語に較べればはるかに単純である。日本語の「書かされたでしょうから」などのように、際限もなく接尾辞（あるいは接尾語）が連接するというようなことはない。

このように、定動詞が語としての自立性を確立することによって文末の位置から解放され、これによって、印欧語における語順の自由度は、日本語などよりもはるかに大きなものとなった。一方、動詞の人称標示が文中の特定の（つまり主格の）名詞句と呼応することによって、統語のかなめとしての主語の認定が可能となった。動詞における人称標示そのものは、もちろん印欧語に限られた特徴ではなく、ユーラシアの言語では、ウラル語、カフカス諸語、またトルコ語やツングース語、さらにアイヌ語などにも、様々な度合で現れている。ただ、印欧語の場合は、その成立した時期がきわめて古く、「屈折語」と呼ばれるような接辞法における「融合 fusion」も、早くから始まっていた。印欧語の西のグループで大規模な形で起こった統語構造の変化も、その遠因はこのあたりに求められるかもしれない。

第5章

語順の話

5.1　はじめに

　人間のことばは、動物の叫び声などと違って、分節された音声から成り立っている。つまり、いろいろな言語単位が一定の順序に配列されて、それよりも大きな単位を構成するという形をとる。例えば、語根と接辞が結びついて単語が作られ、単語が組み合わされて文が構成されるというように。ところで、このような文の中での単語の配列は、言語によってかなり違った現れ方をする。

　例えば、日本語で

　　「私は・友だち・の・家・へ・行か・な・かった」

という意味の文は、英語ならば

　　'I did not go to the house of my friend.'

となって、その中の単語の配列は、文頭のいわゆる主語を除けば、全く正反対になっている。

　言語によるこのような語順の違いは、日本人にとって、古くは漢文の訓点や、また明治以後、英語その他の外国語の学習を通じて、むしろなじみ深いものとなっている。実際、我々日本人が普通外国語として学習するような言語は、英語、フランス語、ドイツ語、中国語、ロシア語、スペイン語等々、ほとんどすべて日本語とは語順を異にしている。もちろん、これらの言語特に

西洋の近代諸語と日本語とでは、単に語順だけでなく、他の文法構造の面でも大きな違いが存在し、そこからまた「日本語は特異な言語である」という見方が、日本のとりわけ知識人の間に深く根を下ろしている。そして何かの機会に、朝鮮語やトルコ語などに接した人は、これらの言語が語順だけでなくほかの文法構造の面でも、日本語と著しい共通性を示していることを知ってむしろ驚くのである。

5.2　語順の類型論

　語順という統語上の現象は、最近の言語類型論の中心的なテーマのひとつであるが、ここで特に問題となるのは、いわゆる他動詞構文における主語（S）、目的語（O）、動詞（V）という3つの成分が、通常の平叙文で、どのような順序で配列されるかということで、このような観点から、例えば日本語やトルコ語はSOV型、英語や中国語はSVO型、古典アラビア語やタヒチ語はVSO型というように分類される。

　これが「基本語順」と呼ばれるもので、これはただ他動詞の構文だけでなく、名詞句や動詞句の構造を含めた様々な統語上の特徴と密接に関連している。例えば、SOV型の言語では「友だちの－家」というように属格ないし連体格は名詞の前に置かれ、「友だち－の」あるいは「家－へ」のような文法関係を示す助詞の類は名詞の後つまり「後置詞」として現れ、「行か－な－かった」のように、動詞のテンスやムードさらに否定詞なども含めた助動詞的成分は動詞の後に置かれる。一方、アラビア語のように動詞を文頭にもってくるVSO型の言語では、上に見たような様々な成分の配列は、すべて日本語とは逆の形で現れ、さらに、形容詞、関係節を含めた名詞の修飾的成分も、名詞の後に置かれる。従って、このような言語を日本語に翻訳しようとすると、文の終わりの方から語順をたどらなくてはならず、完全な同時通訳などはほとんど不可能に近い。

　明治以来我々日本人が学んできたヨーロッパの諸言語は、その基本語順がすべてSVO型である。このタイプにはいろいろな変種が含まれていて、特にヨーロッパの言語の場合、その現れ方がかなり複雑であるが、典型的なSVO型の言語（例えばバントゥー語やヴェトナム語）は、先に見たような配列法に関しては、VSO型と大体一致する。ヨーロッパでこれに一番近いタ

イプは、フランス語やスペイン語を含むロマンス系の言語である。従って、例えばフランス語の、従属文をたくさん含んだ長い文を日本語に直訳するためには、曲芸的な技術が必要となる。英語、ドイツ語では若干事情が違うけれども、文中の語順を前に遡ったり後に戻ったりして、かえって始末が悪い。

　日本の語学教育は、このような技術を磨くために、多くの時間と涙ぐましい努力を費やしてきた。我々日本人がこのような苦役にあまり抵抗を感じなかったのは、生来の勤勉さもさることながら、おそらく、長年の漢文教育を通じて、外国語学習のための語順の変換というものにすっかり慣らされてきたからかもしれない。ただ残念なのは、このような労苦が実際面での語学力の向上にはほとんど役立っていないことである。ともあれ、このような外国語教育の結果、日本語は外国語とは語順も文法も違っている、つまるところ、日本語は一種独特な言語だ、という考えが日本人の頭にすっかり染みついてしまったわけである。

　明治以来、西洋語と対比させて日本語を眺めるという習慣が日本では抜き難いものとなっているが、日本での言語学関係の論著を見ると、しばしば、インド・ヨーロッパ語（すなわち印欧語）と日本語の対比というような形で議論がなされている。この場合、論者が念頭に置いているのは、大抵はヨーロッパの近代語で、ここでも**ヨーロッパ語＝印欧語**という図式が定着してしまっている。しかし、これも大きな誤解で、印欧語はヨーロッパだけでなく、その名が示すように、インド亜大陸からイラン、アルメニアにかけて、ヨーロッパの何倍もの数の言語が行われている。しかも、これらアジアの印欧諸語はすべて、その基本語順が日本語と同じくSOV型で、文法構造も西洋の近代語よりはむしろ日本語に近い。

　かつて、東南アジアの留学生が日本語学習についての経験談を新聞紙上で述べている中に、「自分は以前、故国でサンスクリット語を習ったことがあるので、それと語順の似ている日本語の学習が比較的楽だった」という意味のことばがあって、大変印象深かったことを覚えている。タイ、カンボジア、インドシナなど、東南アジアの大部分の言語は、ロマンス語などと同じく、厳格なSVO型の言語で、これらを母語とする学生にとって、日本語の習得は、ちょうど日本人にとっての西洋語の学習と同じように、語順の転換という曲芸に苦しむことを意味している。

タイ国境を越えてビルマからインドに入ると、語順のタイプは一変して、完全な SOV 型の言語圏となる。これはヒンディー語など近代のインド・アーリア諸語だけでなく、古代インド語つまり前述のサンスクリット語や、インド以外の古いアジアの印欧諸言語も、内部的に若干の違いはあるものの、基本的にはすべて SOV 型の言語に属している。例えば、今世紀になって発見された、印欧語としては最も古い時期に属するヒッタイト語や、中国新疆ウイグル自治区のタリム盆地、かつてシルクロードで栄えたトゥルファンその他からの資料で知られるトカラ語のテクストは、語順を少しも変えずにそのまま日本語に訳すことができる。この点では、トルコ語その他アルタイ系の言語とほとんど変わらない。また、印欧語の本来の姿、つまり「印欧祖語」の基本語順も SOV 型であったというのが、最近の印欧語学ではほぼ定説となってきた。

　従って、近代のヨーロッパの諸言語に現れた語順の型は、ラテン語からロマンス語への段階ではっきり見てとれるように、比較的新しい時期の発達と見なさなければならない。しかも、ここで発達した統語構造は、類型論的に見て、むしろ特異なタイプに属する。ヨーロッパの言語を尺度として他の言語を判断することには、大きな危険が伴っている。日本語を正しく性格づけるためにも、ヨーロッパから転じて、広く世界の言語に目を向けなければならないのである。

5.3　世界言語の中の日本語

　この地球上に行われる言語はまことに多種多様であるが、その数は、全部でどれ位になるのだろうか。これはなかなか難しい問題で、正確な解答などほとんど不可能であろうが、少し洒落て答えれば、「夜空に見える星の数ほど」と言えるかもしれない。よく晴れた秋の夜空には、肉眼でおよそ 4 千くらいの星が見分けられるという。世界の言語の数も、これと同じかあるいはそれよりも幾分多いらしい。

　また、星に大小の差があるように、言語にも話し手人口の点で大きな違いがあって、一方に、話し手が億を超す言語があるかと思えば、他方には、数人の話し手かあるいはすでに絶滅に近いものも少なくない。言語の世界のこのような不均衡は、星の世界よりも甚だしくて、どうやら、世界人口の 9 割ま

でが全世界の1割足らずの言語によって占められ、残りの1割ほどの人口によって4〜5千と言われる世界言語の9割ほどが話されているようである。

例えば、ヨーロッパの総人口は約7億と言われるが、そこで話されている言語の数はせいぜい60〜70、一方、人口300万そこそこのパプア・ニューギニアには、700前後の言語が話されているという。しかし、言語学、特に人類言語の多様性と普遍性の問題を追求する言語類型論の立場からすれば、話し手の多い少ないは問題ではない。重要なのはそれぞれの言語の構造的な特徴であり、またそれを生み出した地理的・歴史的な背景である。

話を元に戻して、日本語の語順や文法構造は、世界のいわゆる「大（メジャー）言語」とだけ較べて見ているかぎり、確かに特異な様相を呈している。単に語順の違いだけではない。例えば、日本語には「冠詞」というものがない、「文法的性 gender」がない、「前置詞」がない、「関係代名詞」がない、動詞に「人称標示」がない、「接続詞」が少ない、「主語」というものがはっきりしない等々、まさにないない尽くし、あるのは「敬語法」ぐらいといった有様である。

しかし、言語の世界を広く見渡せば、冠詞や文法的性を持つのはほんの一部の言語に限られている。また、前置詞を持つか後置詞を持つか、あるいは関係代名詞や接続詞があるかないかは、それぞれの言語の語順のタイプと密接に関連している。一般に、動詞を文末に置く SOV 型の言語では、関係節は他の修飾語と同じように名詞の前に置かれるので、関係代名詞のようなものは用いられず、その代わり動詞が「連体形」と呼ばれるような特別の形を持っている。また文の接続関係も、文末の動詞(句)のいろいろな形（例えば「連用形」）によって示されるので、接続詞は特に必要としないのである。

このような SOV 型の言語は、現代の国際社会で優位を占める主要言語の間では、確かに少数派である。例えば、話し手人口の大きさで世界の上位10言語の中で、SOV 型はヒンディー語、ベンガル語、日本語だけで、残りは全部 SVO 型に属する。すなわち、中国語、英語、ロシア語、スペイン語、ドイツ語、フランス語、イタリア語である。範囲をもう少し拡げて、話し手人口1千万以上となると、言語の数は50を超すが、ここでも SVO 型 33、SOV 型 19、VSO 型 1 という数字で、やはり SVO 型が圧倒的に優勢である。ところが、この範囲をさらに拡げていくと、SVO と SOV 型の言語の比率は完全に逆転する。

ここ数年来筆者が集めてきた語順のデータは、採録された言語数が今のところ1400余りであるが、これによれば、SOV型が711（50.6％）、SVO型が515（36.1％）、VSO型が143（10.2％）、その他が44（3.1％）となっている。このデータはまだ不完全なところがあり、また採録された言語も世界のあらゆる言語圏を均等にカバーしているわけではないので、これを決定的な数値と見るわけにはもちろんいかない。しかし、これまでに公表された他のいくつかのデータを見ても、3つの語順の相対的な順位は変わらない。要するに、SOV型は言語の世界で最多数派に属するのである。

　世界の諸言語に関する実証的・記述的な研究は、最近10年ほどの間に飛躍的な進展を見せ、これまでほとんど未知に等しかったニューギニアやオーストラリア、あるいはアマゾン奥地の諸言語の実態も、次第に明らかになってきた。かつて基本語順としてその存在が疑われていたOVS型やOSV型の言語が発見されたのも、これらの地域である。

　言語学のこのような状況を反映してか、最近、いろいろな形の言語学辞典や世界言語概説の類が、海外でも日本でも出されるようになった。しかし、世界の諸言語について、ただ言語名を網羅するだけでなく、音韻や文法構造、地理的分布、系統的関係、話し手人口などに至るまで、最新のしかも信頼できる情報を提供してくれる真に百科全書的な辞典は、まだ出たことがない。日本でこれまで最も標準的とされてきた研究社の『世界言語概説』（上下2巻）も、そこで扱われているのは、マレー・ポリネシア語以外は、ヨーロッパとアジアの言語だけである。つい最近クルーム・ヘルム社から出版されたB. Comrie (ed.): The World's Major Languages (1987) も、ユーラシア以外の言語は、オセアニアではオーストロネシア諸語、アフリカではハウサ、チャド諸語とニジェル・コンゴ諸語だけで、ニューギニア、オーストラリア、南北アメリカは完全に欠けている。

　かつて700ほどの言語の音韻データを収録したM. Ruhlen: *A Guide to the World's Languages* (Stanford U.P., 1976) が全面的に改訂されて、最近ようやくその第1巻が刊行された。これは世界言語の分類編で、挙げられた言語数は約5千である。第2巻以降で、音韻その他のデータが扱われるというが、旧版と較べてどれほどの増補が加えられるか、期待されるところである。これと並んで、やはりクルーム・ヘルム社からN.E. Collinge (ed.): *Encyclopedia of Language* (1988) の出版も予告され、なかなかの盛

況である。

　しかし、このような海外の出版界を尻目に、三省堂から近々その刊行が始まろうとしている『言語学大辞典』は、その規模の大きさと内容的な幅広さにおいて、これまでの類書をはるかに凌ぎ、これが完成すれば、言語学史上おそらく空前の大辞典となるだろう。特に期待されるのは、最初に刊行される「世界言語編」で、そこで取り上げられた言語はおよそ 3500、参照見出しを加えれば 5500 に達すると言われる[*1]。これだけ数多くの言語が、最新の資料を駆使した詳細な記述と共に、辞典の形で収録されたという例は、未だかつてない。しかもそれが日本人学者の手だけで達成されたということで、これは先の『世界言語概説』が出た 30 年前の状況からは想像もつかないことである。この辞典は今後、専門家はもちろん一般読書人にとっても、いろいろな形で利用価値が高いであろうが、さし当たって筆者にとっては、手許の語順に関する言語データをこれによって洗い直し、新たなそして信頼に足る情報を加えることが、何よりの楽しみである。

[*1] その後実際に刊行されたのは、『世界言語編』4 巻および『補遺・言語名索引編』(1988–1993)、『術語編』(1996)、別巻『世界文字辞典』(2001) の全 7 巻となった。

第 6 章

語順のデータベース
── 私のパソコン事始め ──

6.1 はじめに

　世界諸言語の語順のタイプに関する研究は、周知のように、Greenberg (1963) の画期的な論文[*1]に端を発して以来、近年の言語類型論と言語普遍性の研究の中で中心的な役割を演じてきた。言語の類型論的研究では、言うまでもなく、世界の諸言語から幅広くデータを集めることが必要であるが、特に、そこから人類言語についての何らかの普遍性を確立しようとする場合、これはほとんど不可欠の要件となる。語順（もっと正確には、文、節、句などの複合形式における構成素の配列順序）というものは、言語の文法現象の中で、いわば目に見える表面的な現象として比較的捉えやすい。その意味で、言語間での変異の幅とそれに対する制約を明らかにしようとする類型論的研究のパラメーターとしてうってつけであり、しかも、諸言語の統語構造の性格づけにとってもきわめて有効な決め手になることが、その後の研究で一層はっきりしてきた。

　グリーンバーグは、文の中のいろいろな成分の配列順序の間に、それまで見過ごされてきた興味深い相関関係が存することを明らかにし、それをいくつかの普遍法則として確立したわけであるが、その直接の拠り所とされたのは、世界諸言語の中から注意深く選ばれた 30 のサンプル言語の例証であっ

[*1] 'Some universals of grammar with particular reference to the order of meaningful elements', in *Universals of language*: 73–113.

た。しかし実際には、その論文の「補遺」で示されたように、およそ 142 の言語のデータが検証され、これはこの分野で初めて利用可能な形で提示された語順のデータベースの先蹤とも呼べるものであった。グリーンバーグのこのデータは、その後、Hawkins (1984) によって拡充され、その巻末に 336 の言語からなる「拡大サンプル」として提示された[*2]。ホーキンスはこの拡大されたデータに基づいて、グリーンバーグの単に統計的、確率論的な普遍性を修正して、例外のないいわば絶対的な普遍性の確立を試みている。

諸言語の基本語順のタイプの決め手としてグリーンバーグが選んだのは、

1. 他動詞構文における3つの成分（S、O、V）の配列
2. 接置詞の位置（前置詞か後置詞か）
3. 属格（または所有格）の主要部名詞に対する位置
4. 修飾形容詞の被修飾名詞に対する位置

という4つの配列特徴である。今、前置詞を PR、後置詞を PO、属格を G、名詞を N で表せば、例えば、日本語の語順のタイプは、SOV・PO・GN・AN、スペイン語ならば、SVO・PR・NG・NA、古典アラビア語ならば、VSO・PR・NG・NA というような形で表すことができる。

諸言語の語順のタイプは、もちろん、この4つの配列だけでなく、名詞句の構造で言えば、主要部名詞に対する関係節の位置、数詞や代名詞の位置、「山より高い」というような比較構文における比較対象語に対する形容詞の位置、主動詞に対する助動詞の位置なども考慮の対象になり得るし、またこれらの成分の配列順序は、基本語順のタイプと密接に相関している。ただし、このように考察対象を拡げていくと、幅広い諸言語からの正確な情報の収集はそれだけ困難になってくる。ホーキンスの拡大サンプルでは、上の4つの基本特徴以外の配列型にも考慮を払い、この点でもグリーンバーグより詳しくなっているが、しかし示されたデータは、けっして十分ではなかった。

一方、ホーキンスのこの拡大データとは別に、もっと限られた語順の特徴に関しては、さらに多くの言語からデータを集めたものがすでに公表されていた。そのひとつは、Ruhlen (1975) で、これは元もとグリーンバーグの指導するスタンフォード大学言語普遍性研究プロジェクトの成果の一環として

[*2] *Word order universals*, Academic Press.

公刊されたものである*3。この本の主目的は、およそ700余りの言語の音韻データを提示することにあったが、そのいわば付録のような形で、その中の406言語について、上述の第1の特徴（すなわちS、O、Vの配列）、そして387の言語について、第4の特徴（AN型かNA型か）に関するデータが提示された。

もうひとつはTomlin (1979) の学位論文で、ここには、第1の配列特徴だけであるが、世界諸言語から729言語のデータが集められ、これは言語数としてはそれまでに公表された語順のデータの中で最大の規模であった*4。なお、この学位論文は、その後Tomlin (1986) として出版され、ここでデータの件数は1063言語に増加している*5。

6.2 パソコンによるデータベースの構築

語順に関する海外でのこのような研究を横目で見ながら、またこれらの研究成果を補う意味で、私が仕事の傍らいろいろな言語から語順のデータを集め始めたのは、1970年代の終わりから80年代の初めにかけての頃である。

当時すでに、パーソナル・コンピュータ略して「パソコン」なるものは、一部の研究者の間では実際の研究に役立てられていたようであるが、元もと機械や計算に弱い私にとっては全く無縁な代物で、今まで頼ってきたカードやノートに代わって、パソコンを自分の研究に利用するなどとは夢にも思っていなかった。ところが、それから間もなく勤務先を筑波大学に移ることになって、ここには比較的身近のところでパソコンやワープロを仕事に利用している研究者が少なくなかった。それに多少の刺激を受けて、私も不得手な相手を承知の上で、まず手始めにワープロを習い覚え、間もなくパソコンに手を出すようになった。

私が研究室にパソコンを導入したのは、今から8年前、確か1985年の暮れである。当時NECから発売されて間もないPC98VM2というマシーンが16ビットパソコンの決定版で、パソコンを買うなら今だと、コンピュー

[*3] *The guide to the languages of the world*, Stanford University Press.
[*4] *An explanation of the distribution of basic constituent orders*, University of Michigan PhD Dissertation.
[*5] *Basic word order: functional principle*, Croom Helm.

タに詳しい同僚から勧められたというよりむしろそそのかされたのがきっかけである。これが私とパソコンとの出会いであるが、この VM2 は、その後自宅にも備えて随分と馴染みになった。パソコンといっても、初めはお定まりのごとく、当時はやりだした「一太郎」などのワープロソフトを使って、もっぱら文書を作成するのに役立てるのが精一杯だったが、そのうちに当時リレーショナル・データ・ベースの代名詞のごとき存在だった dBASE-Ⅲ を入手して、パソコンでデータベースを構築するという仕事も試みるようになった。そして、その最初の目標になったのが語順のデータベースというわけである。

その作業のまず手始めとして、当時筑波の大学院生であった山本秀樹君（現弘前大学教授）に手伝ってもらって、諸言語からの語順のデータを一定の形式に従ってカードに記載して整理することを始めた。記載項目としては、語順の特徴は上述の4つの特徴に限り、そのほかでは、当該言語の名称、系統関係、話されている地域、情報の出所（すなわち出典）などである。語順以外の言語情報については、主として Voegelin & Voegelin (1977) に依拠した[*6]。世界言語の分類に関しては、当時これが最も詳しくまた信頼できるものとされていたからである。

このようにして集められたカードは、最終的に 1,000 件を超える量となったが、このデータを dBASE-Ⅲ のファイルに入力してデータベースを構築するという作業は、もっぱら私が行った。この仕事で苦労したのは、ファイルの大きさをできるだけコンパクトにすることであった。当時はまだハードディスクは高嶺の花で、すべての作業を1メガバイトのフロッピー・ディスクで処理しなければならなかった。

リレーショナル・データベースは、レコードのフィールドの長さを少し多めに設定するとたちまちファイルが肥大して、普通の文書ファイルの数倍の大きさにふくれてしまう。そこにいくつかのインデックス・ファイルを加えると1枚のフロッピーにはとても収まらない。おまけに、ファイルが大きくなると、当時の 16 ビットマシーンではただでさえ遅い処理速度がさらに落ちこんで、データベースとしての実用に耐えられなくなる。そのようなわけで、カードの各項目に相当するフィールドの長さをできるだけ抑えて、パソ

[*6] *Classification and index of the world's languages*, Elsevier, New York.

コン初心者として何とか操作できるような形の、今から見るとごくシンプルな語順のデータベースが出来上がった。

パソコン上で初めて試みたこのデータベースの成果は、1987年6月の『月刊言語』の別冊（総合特集『日本語の古層』）に発表した拙論の中で、世界言語における語順の分布表と語順のタイプの出現頻度表としてごく簡単な形で利用されたが、その段階での言語数は約 1,200 だった[*7]。次いで、この語順のデータは拙論 1987b で、もっと詳しく取り扱われ、提示された語順のデータは言語数にして 1,430 に達した[*8]。これは、そこでも述べられたように、それまでに公表された語順のデータとして、少なくとも量的には最も豊富だと自負できるものであった。

この語順のデータベースは、その後も新しい情報の追加や既存データの修正が間断なく続いている。その中で、特にデータベースの構造全体に関わる一番大きな変更は、これまでに集められた語順のデータが世界言語の中で、系統的、地理的ならびに頻度的にどのように分布しているかを一層詳しく観察するために、データの得られたこれらの言語を世界言語の全体の中にそれぞれ正確に位置づけるという作業であった。そのためには、データの得られた言語だけでなく、世界言語の全体をその言語名、系統関係、地理的所在、話者人口等の情報と共にデータとして登録し、こうして構築された世界言語のデータベースの中に、これまでに作られた語順のデータを組み込む必要がある。

かねて考えていたこの計画を実行に移す直接のきっかけになったのは、Ruhlen (1987) の刊行である[*9]。この本の最後の章には、系統的に分類された世界言語の完全な一覧表が提示されている。言語数は約5千で、比較的見やすくしかも簡潔な分類表になっている。この程度のデータならば、単独の手作業でパソコンに入力するのもそれほど困難ではない。dBASE の APPEND や REPLACE 機能を使えば、系統名は同系の言語については一度入力するだけで済む。その点で系統別の分類表は、言語名のアルファベット

[*7] 「日本語の類型論的位置づけ―特に語順の特徴を中心に」（松本 2006：第7章所収）。

[*8] 「語順のタイプとその地理的分布―語順の類型論的研究：その1」『文芸言語研究』12: 1-114. 筑波大学。

[*9] *A guide to the world's languages, vol.1: classification*, Stanford University Press.

順分類よりはるかに入力の手間が節約できる。

　問題は、系統関係以外の情報つまり地理的位置と話者人口などであるが、これに関しては、前のカード作成の折に頼った Voegelin & Voegelin (1977) のほかに、アメリカの SIL（夏期言語研究所 Summer Insitute of Linguistics）で出している Grimes (ed.) (1984) が非常に役立った[*10]。

　これは、世界の言語を国ないし地域別に配列して、それぞれの言語の系統、地理的位置、話者人口、識字率、聖書の翻訳の有無および必要度などの情報を簡潔に提示したものであるが、国別配列になっているために同じ言語が、違った国や地域の中で繰り返し出現したり、言語名からの検索が簡単にできないなどの欠点があった。しかし、この第 10 版で初めて詳しい Index が別冊で刊行されたために、世界言語の手引き書としての利用価値が非常に高まったのである。ちなみに、ここに登録された世界に現存する言語の総数は 5,445 となっていた。

　世界言語の分類でぶつかる厄介な問題のひとつは、言語の名称が必ずしも一定せず、同じ言語が学者によって違った名前で呼ばれたり、また全く違った言語が同じ名前で呼ばれるために、とんでもない混同を生むということである。Voegelin & Voegelin (1977) や *Ethnologue* では、言語の名称は異名がある場合にはできるだけそれらを併記するという方針をとっているが、dBASE による私のパソコンデータベースでは、言語名のフィールドにむやみに大きなスペースを振り当てられないという泣き所がある。大部分の言語名が半角で 10 字か 20 字以内で済むのに、ごく少数の言語のために 100 字分のスペースをとっておくのは浪費も甚だしい。おまけに、dBASE は、確か 100 桁を超えるフィールドではインデックスを作れないという致命的な制約がある。

　Ruhlen の分類表では、言語名は原則としてひとつしか示されておらず、データの簡潔性という点では好ましいけれども、他の資料と照合するときに言語の同定ができないというケースがしばしば生ずる。実際、系統関係以外の情報を得るために上述の 2 書を照合しても、目指す言語がどうしても特定できないという困難に何度も出くわした。それらの項目が空白のままになっている言語は今でもけっして少なくない。このほかにも、世界言語の分類に

[*10] *Ethnologue: Languages of the World*, 10th edition. Dallas, Texas

6.2 パソコンによるデータベースの構築

ついてはもっと根本的なしかも現状ではほとんど解決不能とも言える様々な困難が介在するわけであるが、そのような問題には一応目をつむって、Ruhlen の分類表に準拠し、一部の語族や語派に関しては別の資料を利用して修正を加えるという形で、暫定的ながら、何とか世界言語の比較的コンパクトなデータベースが出来上がった。1989 年 3 月の春休みの期間である。

次の問題は、このデータベースにこれまでに作った語順のデータを組み込むという作業であるが、これの成否は、2 つのデータベースの間での言語および言語名の対応が正確であるかどうかにかかっている。しかし、どちらのデータも完全なものでない限り、その間に不一致の起こるのは当然である。その不一致は、例えば、一方のデータベースでは単一の言語として扱われているのに他方では複数の違った言語に区分けされていたり、あるいはその逆のケースである。もっと始末の悪いのは、ある資料から得られた語順のデータが問題の言語を世界言語の分類表のどこにも位置づけられないために、宙に浮いてしまうというようなこともある。また、同じ言語が違った名称で登録されたために、データの重複が判明したケースもあった。

そのようなわけで、新しいデータベースの中に最終的に組み込まれた語順データの言語数は、既存のものよりも幾分減少するという結果になった。語順のデータを組み入れたこの世界言語のデータベースは、『世界言語総覧』Version 1.00 (1989/5/15) として、系統別と言語名別に配列した私家版を、筑波大学の一般言語学研究室用として作成したが、一般には公開していない。

このデータベースは、一部の語族の分類や言語情報に関してまだいろいろな問題が残されていて、完成というにはほど遠いものであるが、これまでの語順のデータを世界言語の全体的な枠組みの中に組み込むことによって、それまで見えなかったいろいろなことが、かなりはっきり捉えられるようになった。

まず第一に、これまでに収集された語順のデータの世界言語の中での分布というよりもむしろその偏りの状況である。現時点で、このデータベースに登録された世界言語の総数は 5,752、その中で語順のデータが得られた言語の数は 1,566 である。

この数は世界言語の総数の約 27 パーセントに当たるけれども、世界言語の中でのその分布はけっして均等ではない。言語学者によるこれまでの調査

や研究が地域や語族によって偏りがある以上、それは当然とも言えるわけであるが、例えば、ヨーロッパの言語やウラル、アルタイ、カフカスなどアジアの主要な語族についてはほぼ 90 パーセント以上の言語についてデータが得られているのに、オーストロネシア、ニューギニア、オーストラリアの言語になると、20 パーセントから 10 パーセントという低率になる。ちなみに、オーストラリアの原住民語の数は、Wurm & Hattori (eds.) (1981) によると 537 とされ、また、人口約 3 百万のパプア・ニューギニアには、およそ 750 の言語が数えられるという状況である[*11]。

次に、諸言語の語順のタイプは、言語地理学でいう等語線などと同じように、地理的にかなり連続したそしておそらく通時的にも有意味な分布を示し、基本語順の各タイプはそれぞれ中心的な分布域を持ち、その周辺部や 2 つの違ったタイプの境界部にいわば「過渡地域」が現出する。

例えば、インド亜大陸は全体として、日本語とほぼ同じ首尾一貫した SOV 型の地域と見なすことができ、そういうところに全く突発的に VSO 型の言語が現れるという可能性はまず考えられない。インドの言語数は私のデータベースでは 200 余り、語順データの比率も 30 パーセント以下で多くの空白部を残しているが、しかしこれらの言語の語順のタイプはデータがなくてもほとんど予測できる。同じような状況はアフリカ中央部のバントゥー語圏でも見られる。ここでの語順データの比率はインド以下であるが、しかしこの地域の言語が首尾一貫した SVO 型に属することは、百パーセント近い確率で予測できるだろう。従って、こういう地域で語順のデータをやみくもに探索してもあまり意味がない。

語順に関して正確なデータが必要とされるのは、上述の「過渡地域」である。例えば、SOV 型のパプア諸語と SVO 型のメラネシア諸語が接触するニューギニアの海岸部や周辺の島嶼部、SOV 型のインドおよびアルタイ諸語と VSO 型のアラビア語との間で過渡地域を作るイラン語圏、SOV と VSO（ないし VOS）が複雑に入り混じるメソ・アメリカ、SOV のクシ語と VSO のセム語が長期にわたって接触したエチオピア、等々である。こういうところには、混合的な、あるいは不安定で変則的な語順のタイプが現出し、予断を許さないからである。

[*11] *Language atlas of the Pacific area*, The Australian National University.

しかし、このような地域は、世界言語の全体から見るとかなり限られている。従って、語順のデータに関するかぎり、これ以上に言語数だけを増やすことには、それほど大きなメリットはなさそうである。というわけで、ここ1、2年、このデータベースの中で語順のデータはそれほど増えてはいない。むしろ目下の関心は、これを世界言語のデータベースとしてもっと充実させることであるが、これがなかなかの難物である。

ちなみに、前述の *Ethnologue* の第12版が昨年 (1993年) 出版された (この本は大体4年おきに改訂版が出される)。これを見ると、世界言語の総数は 6,528 となっていて、私の利用した第10版に較べて2割ほど言語数が増えている。現在、この本に収められたデータは全部コンピュータで管理され、新しい情報によって絶えず更新されているという。現時点でおそらく最も詳細かつ網羅的と思われるこの世界言語のデータベースはまだ公開されてはいないけれども、これが印刷された書物でなくて電子化されたメディアで供給されるようになれば、大変有り難いと思うのは私だけではあるまい[*12]。

6.3　終わりに

ところで、私が語順のデータベースに取り組んでからこの7〜8年の間に、パソコンをめぐる状況は大きく様変わりした。すべての作業を1メガのフロッピーディスクでやり繰りしていたのは遠い昔の話になった。40メガのハードディスクを初めて取り付けたとき、パソコンの世界が途方もなく大きく拡がったように思ったのも過去のことである。今では200メガ、300メガが当たり前になった。私が使いなじんだ VM2 も、3年前に32ビット386機の RA21 にとって代わられ、1年前に CPU だけを取り替えて、一応486機並にスピードアップされた。データベースの大きさを少しでも減らそうとあれこれ苦労する必要もなくなり、データ処理や検索の手間取りにイライラすることもほとんどなくなった。

ただし、困ったことに、このようなハード面の性能の飛躍的な向上に伴い、それと競い合うかのように、市販のソフトがむやみやたらにいろいろな機能を盛りこんで、とてつもなく肥大し始めた。dBASE の日本語版も最近

[*12] 現在 (2015年)、*Ethnologue* はその最新版がネット上で公開され、誰でも自由にアクセスできる (http://www.ethnologue.com/)。

バージョン IV に変わったが、プログラムがバカでかくなったために、かなりの量のプロテクトメモリーを必要とし、特別の環境を作ってやらないと立ち上がらないし、立ち上がるまでに時間もかかる。いろいろ便利な機能も増えたけれども、立ち上げのこのわずらわしさは相当なマイナスである。というわけで、最近、この dBASE-IV は、特にデータを加工するとき以外はあまり使わなくなった。通常の利用は、これを普通のテキスト・ファイルに変換して、フリーソフトで出回っているテクスト処理用のいろいろ便利なツールを使って行っている。

　現在のデータは、dBASE のファイルだと本体だけで 2 メガほどであるが、これをテキストファイルにすると 500〜600 キロバイトと 4 分の 1 ほどになる。GREP 系の高速な検索ツールを使うとほとんど一瞬で検索できる。データの修正や書き込みも、VZ エディターのタグジャンプでこれまた一瞬で目的のレコードに飛んでくれる。検索したデータを適当なフォーマットで出力するには、SED や XTR などのテキスト整形ツールを使えばこれまた簡単、というわけで dBASE の出番はこのところますます少なくなった。また、最近一部で人気の高い AWK とか PEARL というやや高級なプログラムを使えば、私の作った程度のデータの処理や加工には dBASE など全く不要になると思われるけれども、残念ながら、まだこういうものを使いこなすまでには至っていない。

第 7 章

言語史にとっての 60 年

　これは編集部から筆者に課せられた題目であるが、本誌の企画の趣旨からすれば[*1]、「言語史にとっての 60 年」というよりむしろ「日本語史にとっての昭和 60 年」と題して、この分野のしかるべき専門家に執筆を仰ぐのが本筋で、国語史・国語学にはあまり縁のない筆者ごときが出る幕ではないようにも思われる。

　与えられた題目の趣旨は、どうやら、このように対象を特定化せずに、そもそも言語の歴史にとって 60 年という年月がどのような意味を持つかということを、もっと一般的な形で論じるというところにあるらしい。しかし、言語学の立場からこのような設問に正面きって答えることは、けっして容易なことではない。そこでやや回り道になるけれども、まず、これまでの歴史言語学で言語史または言語変化に関して、一般に時間や年代というものがどのような形で取り扱われてきたかを考えてみよう。

7.1　言語史における年代の問題

　人文、自然の領域を問わず、ものの歴史にはそれぞれの対象に応じて目安となる大体の時間の単位がある。例えば、人の生涯にとっては 10 年、民族の歴史にとっては百年、人類史や先史考古学では千年、生物の進化にとっては万年、天文史では億年というように。言語の場合、それを行使していわゆ

[*1] 昭和 60（1985）年を迎えての特別企画。

る言語生活を営む主体は個人であるが、ことばはもちろん個人の所有ではなく、個人が所属する社会集団の共有物である。そして同じ言語を共有するそのような社会集団は、多くの場合、「民族」と呼ばれるものと一致する。従って、言語の歴史は、何よりもまず、民族の歴史と深く関わっている。また一方、言語の使用が人類を他の生物から区別する最大の特徴だとすれば、言語史で問題になる時間的単位は、10 年というようなものでなく、民族史や人類史で目安となる百年とか千年を考える方がむしろ自然であろう。

　言語史の研究にとって、過去の文献記録の利用はほとんど不可欠と言ってよい。しかしこのような文献資料は、どの時代にも万遍なく残されているわけではない。直接の資料によって過去に起こった言語変化の跡を百年単位ほどの間隔でしかも大きな空白なしにたどることができれば、大いに恵まれているとしなければならない。仮にある時代の資料が時間的にもっと細密な観察を可能にするほどに豊富であっても、そのような短い時間幅での言語変化は文献上には、多くの場合、現れてこない。他方また、文献資料によって遡ることのできる言語史の年代幅にも、もちろん上限がある。日本語やまた英語、ドイツ語など西欧の多くの言語は、1,000 年から 1,500 年程度、現存する言語の中で最も長い歴史を有する中国語、インド・アーリア語、ギリシア語などでもせいぜいで 3 千年余りである。

　他に、現在では死滅して文献だけを残す言語を含めれば、メソポタミアで人類史上初めて文字を創始したシュメール人の言語、この文字を借用したセム系のアッカド語、最近シリアで膨大な粘土板文書が発見された同じくセム系のエブラ語、エジプト象形文字による古代エジプト語などが最古層で、その年代はいずれも紀元前 3 千年紀に遡る。従って、人類言語を総体として見た場合、文献でたどれる言語史にとっての最大年数は 5 千年ということになるだろう。

　言語の史的研究の分野は、このような文献言語史だけに限らない。例えば、19 世紀以来歴史言語学の主流をなしてきた比較言語学は、同系関係にある言語または方言を比較することによってそれらの祖語（または共通基語）の状態を理論的に再構成するという形で、文献のない時代の言語史を復元するための精密な方法を発達させた。

　しかし、この比較方法によって再建できるあるいは比較方法が適用できる言語史の範囲にも、もちろん限界がある。比較言語学が印欧語の領域で劇的

7.1　言語史における年代の問題

とまで言われる成功をおさめたのも、今から３千ないし２千年前の記録に現れた古い印欧諸言語、例えばギリシア語とサンスクリット語の間に見られる言語差とそれを生み出した時間的隔たりが、比較研究にとってまさにうってつけのものだったからである。この隔たりは、現代のロマンス諸語やスラヴ諸語、あるいはセム諸語の内部で見られるものよりは大きく、他方、現代の印欧諸言語、例えばフランス語、現代ギリシア語、現代ペルシア語、ヒンディー語などの間の違いに較べれば、はるかに小さい。前者の場合には、同系関係はあまりにも見えすいており、後者では、おぼろげな同系関係は推測しえても、比較の拠り所となるいわゆる対応の規則性は、ほとんど覆い隠されてしまっている。

ロマンス諸語が分化してから大体 1,500 年、スラヴ諸語が 1,000 年余り、他方、問題の印欧諸言語の共通時代は、およそ５〜６千年前と推定される。ということは、仮に同系関係にある言語同士でも、分かれてから５千年以上も経てば、外見的にはほとんど無縁な言語になってしまうし、逆に千年程度では、その類似は素人目にも歴然として、異なった言語というよりも同じ言語の方言的変種と見ても差し支えないということになる。

後にも述べるように、言語変化の速度があらゆる言語圏で同じとは限らないが、印欧諸言語の場合から類推的に判断するかぎり、比較言語学が取り扱える言語史の範囲も、やはり最大限で５〜６千年、そして比較方法がとりわけ威力を発揮するのは、分岐後２〜３千年前後の同系諸言語ということになるだろう。しかし比較言語学は、文献言語史と違って、直接資料のない時代の言語史の再建を主たる任務とするために、その方法がいかに厳密なものであっても、文献言語史ほど年代的に精密な研究は到底望めない。

それどころか、比較方法によって再建されるいわゆる「祖語形」というものには、全く日付がないのである。比較方法とは、同系諸言語間の言語差を共通の起源に還元することによって通時的な説明を与える方式にほかならず、その起源の年代的な深みは全く問わないし、またそのような問いに答える手段を持たない。比較言語学がそしてまた比較言語学に代表される伝統的な言語学が、言語変化や言語史を扱いながら、年代の問題に驚くほど無頓着であったのも、こういう方法論的な面に起因していると言えよう。

このように年代の問題に無関心な比較言語学に対して、この問題を最大の焦点として取り上げた新しい言語学の一分野が現れた。すなわち、1950 年

代から 60 年代の初めにかけて、アメリカの M. スウォデシュその他の学者によって提唱され、多くの論議を呼び起こしたその名も「言語年代学」と呼ばれるものがそれである。

　その主張するところをかいつまんで言えば、諸言語の語彙の最も基礎的な部分、例えば、身体名称、親族名称、基本数詞、代名詞、自然現象・天体名、ある種の基本動詞などは、他言語からの影響に対して最も抵抗が強く、安定度も高い。またそれらが言語の内部で徐々に変化し崩壊していく速度は、ちょうど自然界において放射性炭素（C14）の消失率が一定しているように、あらゆる時代のあらゆる言語にとって定常である。

　従って、同系関係にある２つの言語間のこのような基礎語彙の共有率が測定されれば、そこから逆に両言語が祖語から分岐してからの年数を計算することが可能である、ちょうど考古学者が、地下に埋もれた植物などの放射性炭素の残存率によって遺跡ないし遺物の年代を算定するように。この目的のために、スウォデシュは 100 語および 215 語からなる「基礎語彙」のリストを作成し、これに基づいて別の学者が、系統的関係の判明している主としてヨーロッパのいくつかの言語によって検証した結果、基礎語彙の残存率は、千年につき約 81％、そして問題の２言語の分岐後の年数は、次のような式によって算出されるとした。

$$T = log C \div 2 log R$$

〔R は定数とされる基礎語彙の残存率、C は２言語間の共有残存率、T が求められた年数（千年単位）である〕

　言語年代学のいかにもチャレンジングなこの主張は、しかし、確証のない２つの仮定を基盤としていた。すなわちひとつは、あらゆる時代とあらゆる地域の言語に普遍的に適用できる「基礎語彙」が存在するという仮定であり、もうひとつは、このような語彙の消失ないし残存率が恒常であるという仮定である。単に技術的な算定基準の問題だけでなく、この２つの基本的な想定自体が実はきわめて疑わしいことが、その後のいろいろな言語領域での実地研究によって判明したために、言語年代学は当初の期待に反して急速に衰微した。

　例えば印欧語の領域で、諸言語の「基礎語彙」残存量は、もし言語年代学の主張が正しければ、それぞれの言語の所属年代の古さに比例するはずなの

に、実際にはけっしてそうはなっていない。すなわち、印欧語の中で最も古いヒッタイト語について言えば、この言語の「基礎語彙」保有量は、驚くべきことに、それよりも3千年近く若いアルバニア語やアイルランド語と肩を並べて、諸言語中で最低の値を示している。同系言語間での基本的な語彙の共有率が、当該言語間の近親度を計る有力な指標になり得ることは確かである。しかしその近親性の距離は、常に一定の時間に還元されるとは限らない。言語を変化させる要因はけっして時間だけでなく、この点では「基礎語彙」といえども例外ではないのである。

　言語年代学はこのように誤った想定から出発したために、実りのないままに終わってしまったが、しかし、語彙の計量的研究を通じて言語間の距離や言語変化の年代幅を測定しようという基本的な発想自体が間違っていたわけではない。言語年代学の失敗によって、語彙統計論そのものに対する関心まで一時的にせよ失われたのは残念であった。また語彙は、従来、言語の中で最も変動しやすいまた最も非体系的な部分と見られ、その研究も言語学ではやや継子扱いにされてきた。

　確かに語彙は、「基礎的」と呼ばれるような部分はともかく、全体として見れば、音韻や文法体系に較べて、言語の最も外面的な成分、いわば身体の外側にまとう衣装であり、従ってまた、それぞれの言語というよりむしろ言語集団の置かれた時代や社会環境の影響を最も直接的に受けやすい部分だと言えよう。とすれば、まさにこのような語彙の変動を通じて、様々な時代における言語変化の速度や度合を客観的に測定することもできるはずである。これは、言語年代学とは逆に、語彙の消失率が言語によりまた時代によって異なるという我々の直観にも合致した想定に立っている。このような立場からの語彙研究は、部分的、個別的な形ではもちろんこれまでも行われてきたものであるが、方法論的に吟味された組織的な研究は、今後の言語史研究にとっての重要な課題である。

　この点で注目されるのは、最近のソ連で一部の言語学者によって試みられている新しい語彙統計論（あるいは計量語彙論）で、例えば、ある言語の総体的な語彙の変化を時代ごとに計量して、各時代の言語変化の度合を数量的に捉えようとするもので、そこでは100年、50年、25年というような年代幅の変化が取り扱われている。これで見ると、語彙の変化ないし置換率が言語によりまた時代によって著しく異なり、それがまたそれぞれの言語の時代

による変動の大きさを反映していることがはっきりと見てとれる。

例えば、11世紀から18世紀に至るロシア語において、語彙の置換率は17世紀と18世紀に急激に上昇し、それ以前の倍あるいはそれ以上の値を示している。この2世紀は、周知のように、近代ロシア語がそれまでの教会スラヴ語に代わってロシアの標準的な公用語・文章語として形成された重要な時期で、日本で言えば、江戸後期から明治時代にほぼ相当するであろう。一方、同じく11世紀以後の英語について見ると、ここでは語彙の置換は、12世紀から14世紀の3世紀に異常な高まりを見せ、それ以後は急速に低下している。例えば、13世紀を100とすれば15〜16世紀は20、17〜18世紀は5という置換率である。問題の3世紀は、言うまでもなく「ノルマン征服」に続く英語史上最も変動の激しかった時代で、この時期に、英語は語彙だけでなく言語構造の全般にわたってその様相を一変させている。

このような研究は、資料の取り扱いや数学的な処理の仕方に難しい問題がまだ残されているようであるが、もし日本語の場合にも組織的に適用されるならば、時代による日本語の変動の様子が、100年とか50年の幅でかなり的確に捉えられるかもしれない。

以上、これまでの言語学で年代の問題がどのような形で取り上げられてきたかを眺め渡してみたわけであるが、結局のところ、当面の問題である60年という年代幅が言語史的にどういう意味を持つかという問いに対して、期待されるような回答をそこから引き出すことはなかなか難しい。考えてみれば、このような設問自体、たまたま今年が昭和の満60年目を迎えて、これをひとつの時代の節目としようということで、60という数字にはそれ以上の意味はないのかもしれない。

今から20年ほど前に、明治百年ということが言われ、「明治は遠くなりにけり」というようなことばがしばしば聞かれた。明治ほどではないにしても、すでに60年を経過した昭和も、それ相応に歴史の厚みを持ち、しかも、それは稀に見る激動の時代だったとも言える。言語が何よりもまず社会的所産だとすれば、この時代の変動は、いろいろな形で我々のことばにも反映しているはずである。問題はそれをどう捉えるかであるが、現実の社会で生きている複雑きわまりない日常語の変化相を的確に把握するためには、伝統的な言語学の手法は、まだまだ未熟にすぎると言わなければならない。

7.2 言語変化にとっての 60 年

　近代言語学の確立者とされるソシュールは、周知のように、この複雑な言語現象に対処するために、「ラング」と「パロール」という二分法を用い、様々な場面における個々人の言語行使——つまり最も具体的なことばの姿——はパロールに属するとして、これを言語学の主たる研究対象から除外した（チョムスキーによる「言語能力 competence」〜「言語運用 performance」という二分法も、これとほぼ同じ立場である）。

　また一方ラングは、同時性の平面で捉えられる「共時態」と継起的な時間軸で捉えられる「通時態」に分割され、両者はその性格を全く異にし、従って、これを研究する共時言語学と通時言語学もまた、全く別の学問分野と見なされた。このような立場からは、一体、ここで問題となる 60 年とかあるいはそれより短期間でのことばの変化相は、どう扱われるのであろうか。そもそもそれはパロールに属するのか、それともラングに属するのか。共時態の問題であるのか、それとも通時言語学の研究対象であるのか。

　改めて考えてみると、言語および言語の歴史にとって、60 年という時間は微妙な意味を持っている。それはまず、言語使用者にとってその生涯の平均的な長さである。ということは、一個人の生涯にわたる言語経験の全体が大体 60 年ということで、この言語経験は、一体、通時現象なのかそれとも共時現象なのか。あるいは、そもそも言語形成期を過ぎた大人の言語（ラング）は、変化するのかしないのか。もし変化するとすれば、それはどのような形で行われるのか、といった問題が起こってくる。一方、これまでの言語学では、言語変化は主として世代から世代への伝承、つまり子供の言語習得の過程で起こると考えられてきた。

　この世代の点からいうと、1 世代は大体 30 年と見なされるから、60 年は、ちょうど 2 世代の長さに相当する。つまり、祖父母と孫が 2 世代を隔てることになり、従って、通常の言語集団は、老年層と年少層との共存という形で、60 年ほどの年代幅を常にその内部に含んでいる。ということは、どのような社会のどのような時期の「共時態」を取り出してみても、そこには必ず 60 年程度の時間差が介在しているわけで、結局のところ、ソシュールの言うような時間的関係を完全に捨象した「共時態」というものは、一種の

「虚構 fiction」にすぎないことになる。言語史にとっての 60 年という問題は、ソシュール的な言語学にとっては、解き難い難問とならざるをえないのである。

これまで言語の歴史的研究では、過去の文献記録によるものであれ同系言語間の比較によるものであれ、言語変化は常に完了したものとして眺められてきた。例えば、ラテン語の pater「父」とイタリア語の padre を、あるいはゴート語の fadar とサンスクリット語の pitar- をひき較べて、そこに見られる違いを通して過去に起こった変化を推定する。要するに言語変化とは、異なった 2 つの時点での言語形態間の差異という形で、間接的に捉えられたものでしかない。ある言語形態が実際に変わっていくその過程を直接観察することは不可能である、というのがこれまでの言語学の常識であった。ソシュールのいう共時態だけでなく、言語の通時相も、静止した状態間の静的な関係として捉えられていた。言語変化をこのように完了した姿で眺めるためには、当然時間的にもそれ相応の距離を置かなければならないわけである。

7.3　ことばのゆれ：進行途上の言語変化

しかし、これまでの言語学者が考えてきたように、言語変化をその進行途上において観察することは本当に不可能なのであろうか。言語学の研究対象がもしソシュールのいわゆる「ラング」だけに限られるならば、確かにそれは不可能である。変化は常に、人々の日常的な言語行使、つまり、「パロール」的な側面においてひき起こされるからである。

ところで、ことばのこのパロール的側面は、わが国では早くから「言語生活」と呼ばれて、現代語研究の重要な分野となってきたものであるが、1960 年代以降アメリカを中心に急速に発達し、日本でも最近隆盛の兆しを見せている社会言語学の領域で、このような進行中の言語変化、あるいはもっと一般的に、言語の"共時的な変化相"に対する本格的な取り組みが見られるようになった。言語史にとっての 60 年という問題も、言語学のこの新しい研究分野から適切な回答を期待できるかもしれない。

言語をそれが行使される社会的な場において考察するとき、歴史言語学の見地からとりわけ興味深いのは、「ことばのゆれ」と称される現象である。

これは、言語のいろいろな局面で様々な形をとって現れる。その中のあるものは使用者に全く意識されず、あるものは集団内の一部の成員から「ことばの乱れ」として非難の対象とされ、あるものは新しい流行としてあるいは好ましいことば使いとして模倣の対象となる。この「ゆれ」の中に蔵されているものこそ、まさに進行中の言語変化にほかならず、変化は、社会階層のときには上からときには下から、そして多くの場合、世代の下降方向で進んでいく。

我々の身近なところで今音変化に例をとれば、現代の東京語で、語中のガ行子音は年長層では鼻濁音の [ŋ] が、年少層では濁音の [g] の発音が優勢になっている。最近の興味深い調査によれば、東京語話者の最年長層、大体70代以上の老齢者では、[g] の発音はほとんどゼロ、それに対して最年少層（ここでは中学生）では、それがほぼ100％、一方、中間の壮年者すなわち40代では、[ŋ] / [g] の両者が相半ばしている。この調査結果は、問題の音変化が、まさにこの60年の間に、東京語の話しことばのレベルで進行したことを示すものにほかならない。

この例は、ひとつの言語変化が比較的短期間で順調に進行している比較的稀なケースで、もちろん、すべてがこのように単純な形で進むわけではない。[ŋ] から [g] への変化は、この音の弁別的機能には関わりのない、いわゆる音声レベルの現象で、音変化としてもそれほどの重要性があるわけでなく、従って、話者の意識にもほとんどのぼらない。

同じく東京語のいわゆる下町ことばでは、他の多くの地方でも見られるように、かなり早い時期に「シュ」と「シ」、「ジュ」と「ジ」の区別が失われた。しかしこの音変化は、現在の東京語で見ると、老年層でおよそ70〜60％、中年層で30〜20％というように、失われた区別が次第に復元されるという、通常の言語変化とは逆方向の形をとっている。ところが、戦後生まれの若い世代になると、再びこの変化が進行して上昇傾向を見せ始める。この「ゆれ」の現象が今後どのような形で決着するかを見極めるのは、現状では難しい。しかしいずれにしても、これは一度起こった音変化が外部的な要因——この場合は学校教育などによる標準語化——によって一時的に矯正された例として、大変興味深い。

この変化は、かつて日本語に起こった「ジ」〜「ヂ」の混同などと同じいわゆる「音素合流」で、語の意味識別に関わっている（例えば「主シュ」と「氏

シ」、「塾ジュク」と「軸ジク」の区別)。ただし、この音韻的区別はほとんど漢語の領域に限られ、しかもサ、ザ行にしか現れない。他はすべて「キュー」(例えば「旧、仇」)、「ニュー」(例えば「入、乳」)というような長い音節である。つまりこの音韻的対立は、日本語の音組織の中の最も弱い部分に属している。一度阻止されたこの変化が東京語の若い世代で再び現れ始めたことは、このいわば余分な音韻的対立の解消が一貫して日本語の音組織に根ざしていることを意味している。これと似たケースで、やはり下町ことばで起こった「ヒ」と「シ」の混同が、東京語のいわば共通語化によって、阻止された例がある。しかしこの場合には、上のような再発の兆しは見られない。

　「ことばのゆれ」の現象は、このように世代間の相違という形で観察されるだけでなく、現代のとりわけ都市型の社会では、身分や階層、居住地、出身地、性別、さらに同じ話者でも場面の違い等々によって、様々な現れ方をする。このような変化相の中で何がすでに起こった変化の残存か、何が今起こりつつある変化か、何がこれから起こる変化の前兆かなどを、正確に見極めることはもちろん容易ではない。言語現象に限らず、一般に物事は、動きが鎮まってからでないとその実相はなかなか掴めないからである。

　先に見た東京語の語中のガ行子音の変化にしても、現時点では、「東京語の話しことばで [ŋ] が [g] になった」というような過去形でこれを表すことはできない。この変化が始まったのは、おそらく現在の老齢者の年少時代、つまり昭和の初年と思われるが、それから 60 年を経た現在、[ŋ] を [g] とする発音は、若年層を中心に話者人口のおよそ半数に達しただけである。今後、この変化が外部的な干渉なしに順調に進行したとして、話者人口の全部ないし大多数が [g] と発音するようになるのは、現在の最年少者層が社会の最年長層に達する時期、すなわち、60 年先ということになるだろう。当事者たちにもほとんど意識されず、ことばの伝達機能にも全く支障をきたさずに、自然の成り行きに任せて進行したこのような変化でさえ、それが始まってから完了するまでには、大体 4 世代ほどの年月を要する。まして、音韻や文法組織の基本構造に関わるような変化では、4 世代どころか 4 世紀に及ぶものもけっして珍しくない。

　現代の日本語で着実に進行している動詞の受身・尊敬形(「書かれる」、「出られる」、「見られる」など)と区別された可能形(「書ける」、「出れる」、「見れる」など)の発達、すなわち受身表現と可能表現の機能・形式上の分離と

して定義づけられる語法上の変化は、東京語を中心に見れば、4段動詞ではすでに江戸時代に始まり、明治以後、これを標準語法として認めない国語教育にもかかわらず、他の動詞形にまで次第に拡がった。

　"ことばの乱れ"としていわゆる"識者"の非難をしばしば浴び、そのために話者たちにも「好ましくない」表現としてある程度意識されてはいるけれども、「着れる」、「見れる」というような可能形の実際の使用者は、最近の調査によれば、東京の話者のすでに半数ほどには達しているらしい。江戸の後期から現在までおよそ2世紀、明治から1世紀、公認の古い語法と形式・機能の明確化を目指す新語法との確執は、今後もまだ続くであろうから、日本語の動詞組織の中でこの語法上の変化が完了するまでには、なお1～2世紀はかかると見てよいだろう。

　以上、最近の日本語で観察される「ことばのゆれ」を通して、我々のことばが実際にどのような形で変わっていくかを垣間見たが、このわずかな例からも判るように、通常の言語変化すなわちことばの内部から起こる変化は、すでに述べたとおり相当に緩慢で、その実態を正確に掴むためには、やはり、百年程度の間隔が必要ということになる。結局のところ、言語史つまりことばの歴史を少なくとも言語学的に論ずる上で、60年という年限はどうやら短すぎる、というまことに平凡でしかも本誌の企画にはあまりふさわしくない結論にたどりついたようである。

　ただし、ことばの歴史を外側から捉えて、言語政策、言語教育、ことばと表記、ことばと風俗、ことばとそのメディア、地方語と中央語、母国語と外国語、等々の観点から眺めれば、昭和の60年間に日本語のたどった歴史には、限りなく多くの話題と興味深い現象が見出されるだろう。しかしそれを論ずるのは、もはや私の任ではない。

第 8 章

歴史言語学入門

　ご承知のように、近代の言語学は 19 世紀の初め頃、印欧諸言語を対象とした「比較文法」という形で誕生しました。ことばの源を探り、それらの歴史的背景や系統的関係を明らかにしようとする比較文法（または比較言語学）は、歴史言語学の中心的課題とされてきました。19 世紀のすぐれた言語理論家 H. パウル（1846～1921）は「言語の真に科学的な研究法は史的研究以外に有りえない」とまで明言していますが、これは、「通時言語学」に対する「共時言語学」の確立を主張したソシュール学説が現れるまで、多くの言語学者に共通する考えでした。

　このように、歴史言語学は近代言語学の最も伝統的な分野に属し、その基本的な原理や方法は、今から百年ほど前にほぼ確立され、幾多の分野で目覚ましい成果を挙げてきました。20 世紀の半ばを過ぎた頃から、言語学の主流を独占することはなくなりましたが、構造主義や構造主義以後の諸理論に刺激されて、新しい研究方法が開発され、それに伴って研究領域もますます拡がりつつあります。しかしここでは、現代の歴史言語学が直面している今日的な諸問題を取り扱うよりは、歴史言語学の古典的な原理や方法について、その要点だけをお話しすることにしましょう。

8.1　ことばの変化相

　ことばは、他のあらゆる社会的事象と同じように、時の流れの中で変化します。このようなことばの変化が歴史言語学の研究対象にほかなりません。

しかし、ことばの仕組みが通常の言語使用者に意識されないように、ことばの変化もまた、言語使用者はもちろんのこと言語の研究者にとっても、これを直接観察することは困難です。集団の中での伝達手段として使用されるかぎり、ことばは常に人々を拘束する規範であり、そこからの逸脱はきびしく規制されます。ことばは使用者の立場からすれば、むやみに変化してはならないものなのです。

　しかし、ことばの変化相は　様々な形で私たちのまわりに現れます。例えば、地域によることばの違いは多くの人の経験する事実ですし、また、同じことばが話されていると見なされる集団の内部でも、話し手の年齢や性別、職業や階層の違いがしばしば言語的な差異に結びつき、さらに同一の話し手でさえ、相手や場面に応じて違ったことばを使い分けることも珍しくありません。しかし、言語変化がとりわけはっきりとした形をとるのは、時代によることばの違いです。1世代の間ではほとんど目立たない変化も、百年、千年という年月を隔てるとき、それは誰の目にも歴然とします。例えば現代の日本語を、江戸時代とか奈良時代のそれと較べれば、紛れもない違いがそこに見られましょう。もちろん、このようなことばの時代差を観察するためには、過去の文献記録の存在が必要です。そして、このような古い文献資料に基づいてことばの変化を跡づけることが、歴史言語学の第一の任務と言ってよいでしょう。

　ところで、言語変化をその内部から眺めると、変化は音韻、文法、語彙など言語構造のあらゆる面にわたり、しかもそれらは複雑に関連しています。例えば、ラテン語の pater「父」という単語は、フランス語で père となっていますが、ここで起こった変化は、まず第一にこの語の発音つまり音形に関わっています。しかしこれとは別に、ラテン語にあった pater「父が」〜 patris「父の」〜 patri「父に」〜 patrem「父を」〜 patre「父から」というような「格変化」と呼ばれる複雑な形態法も、フランス語では失われました。また、ラテン語で Pater filiam amat「父が娘を愛する」に該当する文が、フランス語で Le père aime la fille のようになった背後には、ラテン語のいわゆる SOV（主語-目的語-動詞）という基本語順がフランス語で SVO 型に変わったとか、あるいはラテン語には無かった冠詞というものが出現したといった重要な統語法上の変化が介在しています。

　このような複雑な言語変化の仕組みは、今日の言語学でもまだ完全に解明

されているわけではありませんが、少なくともその一部、特にことばの表層に属する音韻レベルの変化については、19 世紀以来研究の歴史も古く、そこで確立されたいくつかの基本原理は、これまでの歴史言語学の重要な基盤とされてきました。以下、この音変化を中心に言語変化の在り方を探ってみましょう。

8.2 音変化とその規則性

　音変化も、これを直接観察することは困難ですが、過去の文献資料の表記法や地域間に見られる発音の違いを通じて観察され、また古い時期に固定化したいわゆる「歴史的綴り法」の場合には、実際の発音と表記とのズレという形で現れることもあります。例えば、現代英語の綴り法が基礎づけられたのは、14〜15 世紀の頃で、従って、この時期から近代英語に移行する時期に起こった「大母音推移」と呼ばれる一連の母音の変化は、この正書法には取り込まれていません。現代英語で/tejk/ が take, /mijt/が meet 、/wajf/が wife, /muwn/ が moon などと中期英語の発音のままで綴られるのもこのためです。

　ところで、英語の綴りと発音の間に認められるこのような違いは、よく注意して見ると、単語ごとにバラバラに現れるわけではけっしてありません。例えば、take を /tejk/ とする発音は、この語に限ったことでなく、make, sake, lake, safe, sale, same, save など数多くの語に共通し、また、wife を /wajf/ とする発音も、life, ripe, rice, mice, dice, vice 等々でひとしく見られます。つまり、この現象にはかなりの規則性が認められるわけです。

　同じことは、古い時期の文字表記と現代のそれとを比較すれば、もっとはっきりした形で観察できます。例えば、およそ 1 千年前の古英語（OE）と現代英語（MdE）の次のような一連の語の表記（および発音）を比較してください。

(a)　OE: āc, bāt, fā, gāt, hāl, hām, stān, rād, *etc.*
　　　MdE: oak, boat, foe, goat, whole, home, stone, road, *etc.*

(b)　OE: brūn, cū, hū, hūs, lūs, mūs, ūt, *etc.*
　　　MdE: brown, cow, how, house, louse, mouse, out, *etc.*

これで見るように、古英語の stān が現代英語で stone /stown/ と変わったその変化は、この単語だけではありません。同じく、古英語の mūs から現代英語の mouse /maws/ への変化も、同じ /ū/ という母音を持つ古英語の他の多くの語でも起こっています。従って、音変化は、単語ごとに個別に記述する必要がなく、個々の単語を構成する音的単位つまり「音素」の変化として表すことができるわけです。例えば、ここに見た変化は、OE stān > MdE stone などの代わりに、OE /ā/ > MdE /ow/ という形、あるいは OE hūs > MdE house などの代わりに、OE /ū/ > MdE /aw/ として表せるのです。

一言語の単語の数は、何千、何万という数にのぼります。もし音変化を単語ごとに記述するとしたら、非常に煩雑なものとなるでしょう。一方、単語を構成する音素の数は、どんな言語でも厳格に制限されていて、大体 2 桁の数、平均的には 30 前後です。さらに、これらの音素を構成する「弁別素性」となると、その数はもっと少なくなります。このようにきわめて少数の音素または素性の変化として表すことによって、音変化の記述は高度の一般化と簡潔化を達成することができました。

音変化の規則性という原理が確立されたのは、今からおよそ百年前、「青年文法学派」と呼ばれるドイツの若い言語学者たちの間でした。1878 年に刊行された『形態論研究』第 1 巻の序文の中で、H. オストホーフ (1847〜1907) と K. ブルークマン (1849〜1919) は、次のように述べています。

> すべての音変化は、それが機械的に行われるかぎり、例外のない法則によって遂行される。すなわち、音変化の方向はひとつの言語集団に属するすべての成員にとって、方言分岐が介入しないかぎり、常に同じであり、また、変化にさらされた音を同じ環境に含むところのすべての単語は、例外なしにその変化をこうむるのである。

例外のない「音法則」ということばをめぐって、その後多くの議論が巻き起こりました。しかし結果的に、この原則はその後の歴史言語学を真に科学的なものに高める上で非常に重要な役割を果たしました。というのは、これまでの歴史言語学にとって最も重要な比較方法やそれに基づく言語史の再建が、これによって初めて確固とした基盤を与えられたからです。

8.3 比較方法

　これまで見たように、言語変化は、通常、過去の文献記録を通じて観察されるわけですが、このような古い文字記録を持つ言語は、実際にはごく限られています。もし言語史の研究が過去の文献資料に頼るだけでしたら、その対象は非常に狭められ、学問的な興味も著しく減少するでしょう。しかし、言語変化は、前にも述べたように、もっと違った形でも観察されるのです。

　先に挙げた英語の stone に相当するドイツ語は Stein /ʃtajn/ です。ここで英語の /ow/ は /aj/ となって現れるわけですが、これもこの単語だけに限った現象ではありません。次の対応例をご覧ください.

> 英語: bone, goat, holy, home, oak, oath, whole, *etc.*
> 独語: Bein, Geiss, heilig, Heim, Eiche, Eid, Heil, *etc.*

　ここでも，両言語の間の第 1 音節の母音の異なりかたは規則的です。なぜかと言えば、英語とドイツ語は元もとゲルマン語という同じひとつの言語がブリテン島と大陸という離れた地域で別々の発達を遂げた言語であり、そして、それぞれの側で起こった音変化は、それが音変化であるかぎり、「例外のない法則」に従っているからです。従って、この現象は「英語の stone がドイツ語で Stein で現れる」というような個別的な形ではなく、「現代英語の /ow/ は現代ドイツ語の /aj/ に対応する」というもっと一般的な形で表すことができます。これが「音韻対応の法則」と呼ばれ、言語間の同系関係を立証する上で最も有力な決め手とされるものです。

　ひとつの言語が広い地域に拡散した結果いくつもの違った言語に分岐する現象は、例えば、古代ローマ帝国のラテン語から近代のロマンス諸語への発達などに典型的に見られるものです。このように起源を同じくする言語の群を、人間の親族関係にたとえて、「語族」、各言語を「同系（または姉妹）語」、源となった共通の言語を「祖語」と呼びます。ロマンス語に対するラテン語のように、同系諸言語の祖語が知られる場合はごく稀です。問題となる言語間の同系関係を確認し、失われたそれらの祖語について理論的に推定するのが「比較方法」です。失われた言語状態の復元を「再建 reconstruction」と

言います。この再建を可能にするのが同系言語間に現れる対応の規則性にほかなりません。19世紀の言語学者たちが「音法則」というような考えに到達したのも、同系関係が想定された印欧諸言語の間の音韻対応の驚くべき規則性だったのです。

　初期の比較文法の集大成者とも言えるA.シュライヒャー（1821～68）は、印欧諸言語の関係をちょうどひとつの幹から枝分かれした樹木のような形で表し、これを「系統樹 Stammbaum」と名づけました。ことばの変化には、このような分岐的発達という面が確かにあって、先のロマンス語のように、同一の言語が地理的な拡散や移動によって、相互間の接触を失い、互いに独立的な変化をたどった結果、多くの違った言語が生まれるという例は少なくありません。

　言語の同系関係はこのようにして成立するわけですが、この場合、同系言語間に見られる違いは分岐後の独立的変化に由来し、他方、共有されている特徴はそれらの共通時代つまり「祖語」から受け継いだものと見なされるわけです。これが言語発達の「系統樹モデル（または系統樹説）」と呼ばれるもので、比較方法とそれに基づく祖語の再建は、このモデルに依存していると言えるでしょう。

8.4　言語の収束的発達

　しかし言語の発達は、常にこのような分岐的な形をとるとは限りません。分かれた後の言語やあるいは系統を異にする言語でも、地理的に隣接し長期にわたって接触が続く場合には、一方から他方への「伝播」によって共通の特徴が発達することがあります。このような現象は、印欧諸言語でもしばしば見られ、シュライヒャーの弟子に当たるJ.シュミット（1843～1901）はこの点に着目して、言語変化のこのような伝播による拡散を、池の水面に投じられた石の作った波紋が次第に周辺へ拡がるさまにたとえています。

　これが言語変化の「波動説」と呼ばれるもので、シュライヒャーによってモデル化された分岐的発達とは違った言語変化のもうひとつの側面であるいわゆる「収束的発達 convergence」がこれに当たります。

　接触と伝播による共通特徴の発達は、限られた地域の方言間に見られるだけでなく、かなり広い地域の異なった言語間にも現れます。同系関係に

よらないこのような共通特徴によって結ばれる言語の群を、N. トゥルベツコイ（1890〜1938）は「言語連合 Sprachbund」と呼んで、「(言)語(家)族 Sprachfamilie」と区別しました。このような言語連合的な現象は、バルカン半島やインド亜大陸、あるいは北部ユーラシアなどいろいろな地域に見られ、さまざまな規模の「言語圏 linguistic area」がこうして形作られるわけですが、このような現象に対して、比較方法はもちろん適用できません。

言語特徴の地理的分布を通じてことばの変遷を跡づけるという研究は、従来、方言のレベルで言語（ないし方言）地理学が行ってきたものですが、系統を異にする言語間にまで拡がる特徴を対象とするマクロの言語地理学は、「地域言語学 areal linguistics」あるいは「類型地理論」と呼ばれ、最近の歴史言語学の重要な研究分野となっています。また、同系関係の言語間でも、分かれた後の接触によって新たな共通特徴を発達させることがしばしばあり（例えば、ロマンス諸語における冠詞の発達、複合時制の形成、格組織の廃棄など）、これが比較方法の単純な適用を困難にしています。いずれにしても、「分岐」と「収束」とは、言語発達の重要な２つの側面と言うことができるでしょう。

8.5　内的再建

最後に、比較方法と並んで歴史言語学のもうひとつの古典的な方法とされる「内的再建 internal reconstruction」について触れておきましょう。比較方法が同系言語間の比較によって記録前の言語変化を再構する方法だとすれば、内的再建は、１言語の内部的なデータだけを通じて失われた言語史を復元しようとするものです。

ここでも音変化に例をとれば、例えば日本語のハ行子音がもと /p/ であったと推定するのに、本土方言の /hana/「花」と琉球方言の /pana/ を引き合わせるのが比較方法ですが、内的再建は、現代日本語の中に現れる単純形式の /hana/ と複合形式の /-bana/（例えば「草花 kusa-bana」）のような /h/〜/b/、あるいは /ni-hon/「２本」と /ip-pon/「１本」のような /h/〜/p/ という音韻交替の現象に着目します。

音変化には、ある音(素)があらゆる環境で一様に起こる場合と特定の音環境だけで起こる場合があります。伝統的に、前者を「無条件変化」、後者を

「条件変化」と呼んでいます。このような条件変化は、しばしば、言語の形式面に「音韻交替」と呼ばれる変則的な現象を生み出します。これは過去に起こった言語変化の共時態における反映ですが、このような共時面に現れた様々な形の変則性を手掛りとして、古い言語状態を理論的に推定するのが内的再建というわけです。

比較方法で扱われる「音韻対応」とここで対象となる「音韻交替」とは、一方は言語間、他方は言語内というように現れる場は異なりますが、それを生み出したのはいずれも音変化であり、そして音変化であるかぎり規則的でなければなりません。このような変化の規則性を拠り所として失われた言語状態の復元を目指す点で、内的再建は比較方法と原理的には少しも変わりません。ただ、比較方法が同系関係にある複数の言語の存在を必要とするのに対して、内的再建は、どのような時期のどのような言語にも適用できることが大きな利点と言えるでしょう。

8.6 補足質問

1）「音法則」または「音韻対応の法則」についてもう少し具体的に説明してください。

印欧語の領域で最も早くから学者たちの注目を引いたこの種の現象は、ゲルマン語と他の諸言語との間の子音の現れ方の著しい違いでした。例えば、ラテン語と英語の同じ意味を持つ次の単語の語頭子音を比較してください。

  Lat.: pater, tres, cornu, duo, genos, frater, *etc.*
  Eng.: father, three, horn, two, kin, brother, *etc.*

これは、ヤーコプ・グリム（1751〜96）が「ゲルマン語の音韻推移」と名づけ、後に「グリムの法則」と呼ばれたものです。

しかし、当初グリムによって樹てられたこの「法則」にはいろいろな例外があって、長い間説明できなかったのですが、1860年代にまずH.G. グラースマン（1809〜77）が、ギリシア語とサンスクリット語に起こった気音の異化現象という条件変化を明らかにすることで、それらの例外の一部を説明し、次いで1870年代、K. ウェルネル（1846〜96）が古いゲルマン語のアクセントの位置によって引き起こされた語中摩擦音の有声化という条件変化に

よって、残された例外の説明に見事に成功しました。それぞれ「グラースマンの法則」、「ウェルネルの法則」として知られるものですが、特に後者は、「音法則に例外なし」という旗印を掲げた青年文法家たちの運動の引き金となったものです。

２）「言語連合」の実例を少し挙げてください。

　いくつかの言語が同じ地域で長期にわたって接触した結果、音韻や文法構造の面でいろいろな共通特徴を発達させた例として、早くからよく知られているのは、バルカンの諸言語です。ここには大きく見ればみな印欧語ですが、その内部で所属を異にする様々な言語、すなわちギリシア語、アルバニア語、ルーマニア語、ア・ルーマニア語、ブルガリア語、マケドニア語などが行われています。

　この地域は、長い間オスマン・トルコの支配下で他の西欧世界から隔離され、またそれ以前は１千年近くギリシア正教を奉ずるビザンティン帝国の支配下に置かれて、独特の言語圏を形成してきました。 ここで発達したいわゆる「バルカン的特徴」としては、例えば、不定詞の消失 (I want to eat の代わりに I want that I eat というような表現)、欲求動詞による未来形の作り換え、定冠詞の後置、特別な数詞表現などが挙げられます。

　また、トルコ語、蒙古語、ツングース諸語は、これらを纏めて一般に「アルタイ語族」と呼ばれています。これらの言語には、「膠着語」と呼ばれるような独特な文法構造や母音調和など著しい共通特徴が見られます。しかし、これらがはたして共通の祖語に遡る同系関係に基づくのか、それとも「言語連合」的な現象なのかについては、学者によって異論のあるところです。一般に、言語連合では、文法や音韻などの構造面や文化的な語彙に関して共通性が見られ、他方、同系言語間では、形態法の細目や基礎語彙の面に共通性が現れ、そこに音韻対応の現象が伴うわけです。

３）「内的再建」についてもう少し説明してください。

　内的再建が比較方法とは別個の方法としてはっきりと自覚されるようになったのは、比較的近年のことですが、この方法自体は、非常に早くから印欧語の領域でも適用されてきたものです。

例えば、先に触れたウェルネルが「グリムの法則」の例外（他の言語の無声閉鎖音に対応する摩擦音が語中の環境で時には無声、時には有声で現れるという現象——例えば、ゴート語 broθar〜faðar）の説明に成功したのも、古いゲルマン語の強変化動詞の活用組織の中に現れた子音のきわめて規則的な交替現象の存在に気付いたからです。この子音交替は、今でもドイツ語の zieh-en 〜 gezog-en, schneid-en 〜 ge-schnitt-en などの h 〜 g, d 〜 tt という形で残っていますし、また英語の be 動詞の過去形 was 〜 were に見られる s 〜 r の交替もその名残です。

　しかし、印欧語の領域でこれまでになされた内的再建の最も見事な適用例は、若年のソシュールによる印欧祖語の母音組織と、それに関連して後に「喉音 laryngeal」と呼ばれる失われたある未知の音素の理論的な再建がそれに当たるでしょう。ここで提示されたソシュールの理論は、その後半世紀経ってから、ヒッタイト語の側からの資料によって客観的に裏付けられたために、一躍学界の注目を集めたわけですが、これはある理論が後の新しい事実によって証明される、という人文系の学問では希有の出来事のひとつと言ってよいでしょう。

8.7　歴史言語学の手近な参考書

　古典的なものとしては、H. パウル（福本喜之助訳）『言語史の原理』講談社学術文庫 1976、A. メイエ（泉井久之助訳）『史的言語学における比較の方法』みすず書房 1977 がまず挙げられましょう。

　比較的最近の概説書としては、W.P. レーマン（松浪有訳）『歴史言語学序説』研究社 1962（ただしこの原書は 1973 年に改訂版が出ました）、U. ワインライヒ他（山口秀夫訳）『言語史要理』大修館書店 1982、池上二郎（編）『言語の変化』（講座言語 2）大修館書店 1980（これは日本の学者の手になるこの分野でのほとんど唯一のもの）などが手近なものです。また、19 世紀の言語学を概観したものでは、H. ペデルセン（伊東只正訳）『言語学史』（英語版の題名は *The Discovery of language: Linguistic science in the 19th century*）こびあん書房 1974 が古典的名著とされ、また風間喜代三『言語学の誕生：比較言語学小史』岩波新書 1978 も大変読みやすく、歴史・比較言語学へのすぐれた入門書と言えましょう。

8.7 歴史言語学の手近な参考書

　印欧語の分野では、高津春繁『比較言語学』、『印欧語比較文法』（いずれも岩波全書）が今なお標準的なものですが、残念ながら絶版です。他に、W. ロックウッド（永野芳郎訳）『比較言語学入門』大修館書店 1976 は、大変判りやすく書かれています。

第Ⅲ部

言語の構造と認知

第9章

数の文法化とその認知的基盤

9.1 数標示の種々相

　数の現象が端的に言語形式に反映するのは、いわゆる「数詞」であるが、ここで取り上げるのは、文法的に多少ともカテゴリー化された「数」である。典型的には、例えば英語の名詞で book に対する book-s、日本語の代名詞で「私」に対する「私たち」のような形で現れる。ここで、無標の形式は「単数」、-s または「たち」という接辞で標示された形式は「複数」と呼ばれる。また英語では、可算的なすべての名詞は、原則として、単数か複数かを常に明示的に標示しなければならない。

　しかし日本語では、単数・複数の区別は、「私」「君」「彼」などの代名詞では義務的であるが、普通名詞では、例えば「男」に対する「男たち」のように、複数形を作ることは可能であっても、必ずしも義務的ではない。また「たち」のような複数接辞は、原則として、人間名詞に限られ、「本」や「机」などの無生名詞では、このような複数形は作れない。つまり、英語と日本語とでは、数の現象が文法化されるその在り方に大きな違いがある。数は、本来、言語によって指示される外界の事物の在り方に関わっている。文法によるその形式化が言語によってこのように異なるということは、それぞれの言語使用者による外界の把握の仕方に重大な違いがあるのだろうか。

　ところで、日本語や英語では数の区別は単数と複数という形をとって現れるけれども、数のカテゴリーは必ずしもこの2つに限られるわけではない。数を厳格に文法化している英語、ドイツ語などのヨーロッパの主要な言語

は、ほとんどすべて単数・複数という2項的体系であるが、ヨーロッパ以外の地域に目を向けると、単数・複数のほかに「双数（または両数）dual」というカテゴリーを持つ言語も数多く見られる。

　例えば、アラビア語はその代表的な言語であるし、オーストラリア、ニューギニアを含めたオセアニアの諸言語やエスキモー語を含むアメリカの諸言語にも、双数を持つ言語はきわめて多い。元もと印欧語も、古くはセム語と同じように双数を持っていたが、この言語圏では、双数は一様に衰退の一途をたどり、現在、これを保持する言語は、ヨーロッパで最も保守的なリトアニア語とごく一部のスラヴ語方言だけである。双数の衰退と消滅は、印欧諸言語のひとつの大きな特徴と言ってよいかもしれない。

　双数というカテゴリーの存在理由は、人間をとりまく外界には2つが対（つい）をなす事物、つまり「対偶」が数多く存在するという事実に求められよう。例えば人体を見ても、手、足、目、耳などがそのような在り方をしていて、日本語でもそれに対して「両手」「両耳」というような表現手段を具えている。

　双数をまだ維持していた古い時期のギリシア語での用法を見ると、このような対偶物での使用が最も多い。また、印欧語の中の西トカラ語には、このような本来的な対偶を表すいわば「対（つい）数」と偶然的な2つの存在物を表す「両数」が区別されるという珍しい現象も見られる。いずれにしても、外界の事物を、数の観点から、一律にひとつ（＝単数）とそれ以上（＝複数）に2分割するだけが適切な区切り方とは言えない。すでにフンボルトが指摘したように[1]、双数は人類言語に広くそして深く根ざしたカテゴリーなのである。

　単数・双数・複数という3項的な数体系を持つ言語は世界に数多く見られるけれども、双数のほかに例えば「3数 trial」というカテゴリーを持つ言語となると、実例ははるかに少ない。またこのような体系が現れるのは、主に代名詞の場合で、あらゆる名詞類にこのカテゴリーが一貫してしかも義務的に適用されるというような言語の実例には、筆者はまだ出会っていない。

　代名詞だけに単数・双数・3数・複数という4項的体系が現れる例としては、例えばポリネシアのフィジー語が挙げられる。すなわち、フィジー語の

---

[1] Humboldt, W. von 1827, *Über den Dualis*.

例えば1人称の代名詞は、単数 au、双数 edaru、3数 edatou、複数 eda（単数以外の形は「包含形」）、3人称は、単数ゼロ、双数 erau、3数 eratou、複数 era となっている[*2]。

興味深いことに、ここで双数と3数は、それぞれ複数形に数詞の2（*aru）および3（*tolu）が接尾した形に由来するらしい。代名詞におけるこのような4項的体系は、パプア・ニューギニアの一部の言語にも見られる[*3]。また、代名詞以外の一部の名詞類にも同じ体系が現れる例として、オーストラリアのマンガライ語は、親族名詞の中の特別の血縁集団を表す名称だけが代名詞と同じく3数を持つと言われる[*4]。

この4項体系のひとつの変種として、3数の代わりに「少数 paucal」というカテゴリーを持つ体系も見られる。例えば、ポリネシアのハワイ語には、同じ複数でも「少し」とか「ちょっぴり」という意味合いのこのような少数が名詞の数の範疇として存在するという[*5]。また、ミクロネシアのモキル語の代名詞に現れる「近い複数」に対する「遠い複数 remote plural」は、発話の現場に居合わせない（非常に）多数の人を含めた複数を表すと言われるが、これも複数というカテゴリーの中に小さい複数と大きい複数を区別する4項体系のもうひとつの変種と見ることができよう[*6]。

ところで、人称代名詞の複数形（双数や3数も含めて）で注意すべきは、1人称である。例えば英語のIに対する we は、文法的には普通名詞の boy に対する boys と全く同じに扱われるけれども、厳密には、1人称の「私」が同じ発話の場面で同時に複数存在するわけではない。日本語で「私たち」というのは、ひとりの発話者、つまり「私」と発話者が自分の仲間ないし関係者と見なす他者を指している。問題は、この他者の中に聞き手が含まれるかどうかである。日本語の「私たち」や「僕ら」は、その点に関して曖昧であるが、例えば商人が顧客に向かって使う「私ども」とか「手前ども」という形は、明らかに聞き手を含んでいない。このように1人称の複数には、聞

[*2] 岩佐嘉親 1985『フィジー語入門』: 35f.
[*3] Foley, W.A. 1986, *The Papuan Languages of New Guinea*: 72f.
[*4] Merlan, F. 1982, *Mangarayi* (Lingua Descriptive Studies 4) : 85f.
[*5] Elbert, S.H. & M.K. Pukui 1978, *Hawaiian grammar*.
[*6] Albert, S.Y. 1976, *Mokilese reference grammar* : 89. なお、Foley, W.A. 1991, *The Yimas language of New Guinea*: 111f. によれば、パプア系イマス語にもこのような「少数」が見られるという。

き手を含むか含まないかで「包含形 inclusive」と「除外形 exclusive」という区別が必要である。印欧語、セム語、ウラル語などユーラシアの中心部の言語には、不思議なことに、現代語だけでなく最古の記録時代からこの区別が見られないけれども、世界言語の全体を見渡すと、1人称にこの区別を持つ言語の数はけっして少なくない。

　一方、名詞の場合の複数というカテゴリーも、厳密にはけっして等質ではない。特に重要なのは、事物の複数性を1つ2つと数えるような形で個別に捉えるか、あるいはむしろ集合物として全体的に捉えるかという違いである。この2つを区別して、前者を「配分（ないし個別）的複数」、後者を「集合（ないし総体）的複数」と呼ぶことがある。日本語の複数標示には、「我ら」「君ら」の「ら」、「男たち」の「たち」、「犬ども」「ガキども」の「ども」のような接辞と並んで、生産性はほとんどないけれども、ある限られた名詞で、「山々」「家々」「夜々」のような語幹のいわゆる「重複 reduplication」によって複数性を表すことがある。

　重複によって複数を表すのは、世界言語に広く見られる現象であるが、日本語の場合、このような重複形は通常の意味の複数というよりむしろ配分的複数の性格が強い。例えば、「日々」というのは、英語の days ではなく、day by day であり、「時々」は times というよりは sometimes、「ところどころ」も単に places の意味ではない。「山々」や「家々」も、ひとつひとつの山や家の連なりや重なりを表している。一方、仲間や集団を意味する名詞の「伴（とも）」に由来する複数接辞「ども」には、語源的にも、集合的意味があり、このためにそれが人間名詞に使われるとかなり卑称的な意味を帯びる。「私ども」が除外形として機能するのもこのためである。

　古代オリエントのシュメール語にも、接辞 (-ene) による複数と重複による複数が見られるが（例えば、lugal「王」に対して、lugal-ene と lugal-lugal）、ここでは日本語と違って、重複形が集合（ないし総体）複数として用いられる。一方、-ene による複数は人間名詞だけに限られ、無生および動物名詞には重複による集合複数しか現れない[*7]。

　確かに、人間が関わりを持つ事物の中には、たとえ可算的であっても、個物よりもむしろ集合物として扱われるものが少なくない。家畜や農産物など

[*7] Thomsen, M.-L. 1984, *The Sumerian language* : 59ff.

はその典型である。一般に、単数と複数とでは、単数名詞が無標、複数名詞が有標という関係に立つけれども、このような場合では、集合名詞の方が無標で、個別化された単数が有標という状況が現出する。このような特別に個別化された単数のことを「個別単数 singulative」、またそれに対応する複数を「個別複数 plurative」と呼ぶことがある。

例えば、現代アラビア語のカイロ方言では、レモン、オレンジ、馬鈴薯などは、最も無標な形、例えば、lamūn「レモン」は集合複数、それに接辞 -a (＝古典アラビア語の女性語尾 -at) が付いた lamūn-a は「一個のレモン」を意味する個別単数、その複数形 lamūnāt は、「数個のレモン」を意味する個別複数を表す。さらに一部の名詞、例えば šagar「樹木」には、個別複数の šgarāt と並んでアラビア語に特有の内部屈折複数 ášgār という形があって、こちらは「多種多様な樹木」を意味し、あたかもオーストロネシア諸語の「少複数」と「多複数」に類似した区別が見られる*8。

以上に概観した数体系の様々なタイプは、いずれも人間の数認知が何らかの形で言語形式に反映したものと言えるであろうが、このような数の言語化の最も根元的な姿は、ピジン・クレオールの代表と目されるニューギニアのトク・ピシン語の中に見出される。すなわち、トク・ピシン語の様々な変種の中には、これまでに見たいろいろなタイプの数体系が集約的な形で現れ、しかもその形態法と意味的基盤はきわめて透明である。

例えば、この言語に現れる最も複雑な代名詞の体系は、次表のような単数・双数・3数・複数の4項体系として表される*9。

	単数	双数	3数	複数
1人称	mi	mitupela	mitripela	mipela（除外形）
		yumitupela	yumitripela	yumi（包含形）
2人称	yu	yutupela	yutripela	yupela
3人称	em	(em)tupela	(em)tripela	(em)ol

表9.1 トク・ピシン語の人称代名詞

---

*8 Mitchell, T.F. 1962, *Colloquial Arabic* : 42f.
*9 Wurm S.A. & P. Mühlhäusler 1985, *Handbook of Tok Pisin* : 343f.

ちなみに、mi, yu, em はそれぞれ英語の me, you, him に、pela は fellow に、同じく tu, tri は two, three に由来する。この4項体系のほかに、3数を欠く単・双・複という3項体系、さらに双数を欠いた2項体系ももちろん存在する。双数、3数は、形態的にも複数より有標であり、複数形を基盤として作られ、その発生源は数詞の2と3である。

　一方、名詞の数標示の体系は、代名詞よりも簡単で、また無生名詞での数の標示は義務的ではない。すなわち、名詞の通常の数標示は、単数 man「男」に対して複数 ol man であるが、この ol は英語の all で、その意味的基盤を集合ないし総体複数に持っている。一方、もっと個別化された数標示は、例えば、wanpela man（個別単数）、tupela man（個別双数）、sampela man（個別複数）という形で現れ、この sam はもちろん英語の some である。また、この数標示の系列には planti man という表現が加わることもあり、仮にこれが体系として組み込まれれば、sampela と planti（＜英語 plenty）の対立は、オーストロネシア諸語に見られる「少複数」と「多複数」というカテゴリーの発生につながるであろう。

9.2　数に関する普遍性

　以上に見たように、言語間における数標示の現れ方は種々様々であるが、その多様性の背後には、かなりはっきりとした一般的諸原則あるいは「普遍性」と言うべきものが存在する。

　数に関するそのような普遍性としてこれまでよく知られているのは、数のカテゴリー間に認められる含意関係で、それは例えば、「もしある言語に3数があれば、その言語には必ず双数があり、同じく、双数があれば必ず複数がある」というような形で述べられる。これは、文法的カテゴリーの間に存在する階層性（あるいは有標性の序列）の例として、しばしば引き合いに出されるものである。

　しかし、人間の数認知の在り方と関連してもっと興味深いのは、数が文法化される際の名詞句の側から見た階層性、つまり数標示に関する名詞句の「接近可能性 accessibility」である。

　冒頭で述べたように、英語では単数・複数の区別が代名詞を含めてあらゆる名詞類に義務的に現れるのに対して、日本語では代名詞を除いて、複数標

示は随意的で、それも原則として有生名詞に限られる。同じく中国語でも、wǒ「私」に対する wǒ-men「私たち」のように、代名詞では複数接辞 -men の使用は義務的であるが、名詞では人間名詞に限って随意に用いられるにすぎない。一方、ドラヴィダ系のタミル語やカンナダ語では、複数の標示は代名詞と人間名詞では義務的、それ以外では随意である。また、先に挙げたトク・ピシン語のある変種では、3数の標示は代名詞に限られ、また双数は代名詞と人間名詞に限られる。

このように、数標示が現れる名詞句の範囲は言語によって様々であるが、そこにはある一貫した階層的序列が支配している。すなわち、諸言語で数標示が現れるのは、概略的に、代名詞 → 有生名詞 → 無生名詞という順序になり、さらにそれぞれの内部は、代名詞ならば、1・2人称代名詞 → 3人称代名詞 → その他の指示代名詞、有生名詞では、親族名称 → その他の人間名詞 → 動物名詞というような序列をなしている。

この階層性は、例えば「もしある言語が無生名詞で複数を義務的に標示すれば、必ず有生名詞でもそれが義務的であり、同じく、ある言語が動物名詞で複数を標示すれば、必ず人間名詞でもそれを標示する」というような「含意的普遍性 implicational universal」の形で表される。

名詞句のこの階層は、実は、数標示だけでなく、いろいろな文法現象とも関連していて、例えば、諸言語で主格・対格の格標示が現れるのもこれとほぼ同じ順序を示し、これまでしばしば「有生性の階層」と呼ばれてきた。しかし、この階層は厳密には有生性だけでなく、ほかの意味的ないし語用論的要因が絡んでいる。特に、代名詞が通常名詞よりも優先されるのは、発話の場面への関与度、あるいは発話の当事者にとっての関心度というものが関わり、また、名詞の中で有生、特に人間名詞、中でも親族名詞が優位に置かれるのは、認知における目立ちやすさや親密度といった要因が関連している。人間の言語で数の文法化を支配している中心的な原理は、おそらくこのような語用論的ないし認知的な方略と見てよいだろう。

最後に、数の文法化に関して指摘しておきたいのは、「数標示」と名詞のいわゆる「類別」との関係である。名詞の意味特性に基づく類別に関して、諸言語におけるその現れ方を見ると、ひとつは、名詞の側でそのような類別を持つ言語、もうひとつは、ものを数えるときの数詞にそれが現れる言語という2つのタイプに大別できる。ここで前者を「名詞類別型」、後者を「数

詞類別型」と呼ぶならば、名詞類別型は、ユーラシアでは印欧語、セム語、アフリカの大部分の言語、オーストラリアやパプア・ニューギニアの諸言語の一部に見られ、一方数詞類別型は、日本語、中国語、その他チベット・ビルマ諸語、オーストロアジア諸語を含む東アジアの諸言語にとりわけ顕著である。名詞類別型では、類は一定数の閉じた体系を作り、あらゆる名詞に義務的に適用され、その意味的基盤はしばしば不透明である。それに対して数詞類別型では、類別詞（ないし助数詞）は閉じた体系を作らず、その意味的基盤は透明で、自立名詞との間に明確な境界が存在しない。

　名詞の類別に関するこの２つのタイプは、実は、数標示の体系と密接に関係していて、それは次のような含意的普遍性の形で述べることができる。すなわち、

　　　もしある言語が名詞類別型に属するならば、必ず名詞に義務的な数標示があり、逆に、もしある言語が数詞類別型に属するならば、その言語は名詞の義務的な数標示を欠いている。

　この普遍性は、ここで初めて提起されたものであり、またこれをどのように説明するかも今後の課題である。ここでは差し当たって、名詞類別型言語における数標示は、しばしば名詞の類標示と表裏一体をなし、かつ、「文法的一致」という形で文の他の構成素との依存関係を明示するという役割を担う、という点だけを指摘しておこう。

　このタイプの言語は、名詞の数量を示す数詞や形容詞が現れても名詞の数標示を省くことができない。数は同時に統語機能をも担っているからである。一方、数詞類別型言語では、数の標示は本来の指示的機能にとどまり、従って、個別的、具体的であり、統語機能とは結びつかない。名詞における数標示の義務化は、このような数の「統語化」と密接に関係しているかもしれない。

第 10 章

言語研究と「意味」

10.1 はじめに

　言語にとって第一の機能は、伝達である。伝達されるその内容が意味であり、それを伝える媒体が音声である。意味と音声という全く違った2つの世界を関連づけるその仕組みが言語にほかならない。

　人間の言語は、しかし、音声が直接意味を担うという方式にはなっていない。人間が産出できる音声は、その種類も組み合わせもごく限られており、一方、言語によって伝えられるべき意味の世界は、人間とそれを取り囲む外界と同じように、無限に多様である。限られた音声によって無限の意味を表出するその仕組みの根幹が、言語のいわゆる「二重分節」あるいは「言語記号の恣意性」と呼ばれるものである。つまり、一方は、音素・音節・音節結合というような単位によって音の世界を分割し、他方は、形態素・語・文というような単位によって意味の世界を分節する。両者は、それぞれ独立した構成原理に基づくという意味で"二重構造"をなし、両者の割り振り方に必然性がないという意味で"恣意的"である。

　これまでの言語研究の中で、音声に較べて、意味の側面は研究が遅れているとしばしば言われてきた。音声学、音韻論は言語学の中に確固とした地歩を築いているのに、意義学ないし意味論は、研究の歴史も浅く、明確な方法論もまだ確立されていない。これは、意味の問題が言語研究にとって重視するに足りないからではけっしてなくて、言語における意味現象があまりにも複雑かつ多様なために、言語学者には容易に手が出せないという面があった

からである。

　一方、言語音を構成する音節や音素、特にその最も基本的な単位とされる音素の数は、どんな言語でも厳格に制限されていて、おそらく2桁の数を超えることはない。一方、意味面での基本的単位とされる語（ないし単語）には、このような制限がなく、その数は数千から数万にまで及び、さらに、語を組み合わせた文という単位になると、その数はほとんど無限である。言語音とそれによって表される意味とでは、その複雑さは文字通り桁違いなのである。

　近代の言語学の歴史の中で、言語音を対象とする音声学は、すでに19世紀末までに十分な成熟を遂げ、またそれに続く20世紀前半の構造主義言語学の展開の中で、音韻論は厳密なその方法と明確な理論によってあらゆる言語研究の模範とされた。それにひきかえ、意味の研究に言語学者が正面から取り組み始めたのは、ようやく19世紀の末葉、しかもそれから20世紀の半ば頃まで、学者の関心はもっぱら語の意味変化の問題に向けられていた。意味に対するこのような歴史的・通時的な観点は、ヘルマン・パウルの『言語史原理』（初版1880）や、意味研究に初めて「意味論 sémantique」という名称を採用したミシェル・ブレアルの『意味論の試み』[*1]などに典型的に現れている。

10.2　構造主義と意味研究

　意味論の分野における明確な共時的観点は、20世紀の半ば頃、ヨーロッパの構造主義言語学の風土とその影響のもとにようやく確立され、ウルマンの『意味論の原理』[*2]や、ライズィ（鈴木孝夫訳）の『意味と構造』[*3]などの注目すべき著作を生み出したが、その研究はまだ模索の域にとどまり、言語学の中で主要な役割を演ずるにはほど遠かった。

　意味研究のこのような不振の原因のひとつとして見逃せないのは、当時次第に影響力を強めてきたアメリカのいわゆる「ブルームフィールド学派」の

[*1] Bréal, M. 1897, *Essai de sémantique: science des significations*, Paris.
[*2] Ullmann, S. 1951, *The principles of semantics*, Glasgow.
[*3] Leisi, E. 1953, *Der Wortinhalt: seine Struktur im Deutschen und Englischen*, Heidelberg.

影響である。当時アメリカで隆盛を誇った行動主義を理論的な支えとし、言語分析への主観や内省の介入を極力避けようとするこの学派のいわゆる「機械主義ないし物理主義 physicalism」と呼ばれる立場は、その必然の成り行きとして、古くから人間の「こころ」の反映と見られてきた言語の意味現象を、言語学の研究対象から排除するという方向へ進んでいったからである。

　言語からその心的な側面を取り除いたとき、ことばの意味として残されるのは、発話者が置かれた状況とその発話によって生じた聞き手の反応、つまり発話というできごとを取り囲む外的世界の総体というようなことになる。それはすなわち物の世界、森羅万象そのものであり、もはや言語学者の研究対象とはされない。「水」という語の正確な意味、すなわち H_2O というような定義は化学者に任せるべきであり、「愛」や「憎しみ」の語義は、将来の心理学者が与えてくれるだろうというわけである。

　ソシュールにとって、言語記号は「記号表現（シニフィアン）」と「記号内容（シニフィエ）」の連合であり、記号内容すなわち意味は、言語記号に本来的に具わった不可欠の成分であった。しかしブルームフィールドによれば、形態素、語、文などに相当する「言語形式」は、それ自体としては意味を持たず、言語形式によって表される意味は、もっぱら言語外の世界との結びつきによって成立すると見られた。言語の意味を「心的表象」とか「概念」に結びつける考えは、ブルームフィールドによれば科学以前の迷信に等しかったのである。

　このように意味を発話の状況ないし外界の指示物と同一視する見方は、意味のいわゆる「外在説 extensionalism」と呼ばれるもので、何もこの学派に始まったわけではない。問題は、機械主義、物理主義を標榜したこの学派のかたくなな客観主義が、このような外在説を極端な形で押し進めることによって、言語研究から意味を追放しようとした点にある。

　意味を排除した言語分析がどのような形をとるかは、ブルームフィールドよりもむしろその後継者たち、例えば、B. ブロックや Z. ハリスなどの研究に典型的に現れている。そこで言語分析の中心的課題は、音レベルの基本単位とされる音素の抽出から始まって、音素の連続体として表される形態素その他の形式レベルの諸単位の認定とその分類であるが、その際唯一の拠り所とされたのは、問題となる諸形式の「分布 distribution」であった。分析に際して意味に頼ることはタブーとされた。言語の世界で意味は、あたかも不

可触な"汚い"ものであるかのように。

　後期ブルームフィールド学派のいわば盲目的な分布至上主義は、言語研究を不毛な形式主義に追い込み、その弊害は 1950 年前後の頃から次第にあらわとなった。この点で特に注目されるのは、ちょうどこの頃、ミシガン大学の交換教授としてアメリカに滞在した服部四郎が 1952 年に帰国後直ちに、「意味に関する一考察」と題する論考[*4]によって、言語学における意味研究の必要性を強調したことである。服部は、その後意味の問題を取り扱った一連の論文によって、独自の「意義素」論を確立し、その後の日本における意味研究の基盤を据えた。服部意義素論は、その後国広哲弥の「構造的意味論」に継承され、この線に沿った日本の意味研究は、1960 年代から 70 年代前半にかけて最も盛んとなった。

　服部四郎の意義素論は、言語の意味現象を然るべき研究対象として言語学の中に位置づけるために言語学者はどのようなアプローチをとるべきかという問いに対して、当時の言語学的状況の中で出されたひとつの模範解答と言えるかもしれない。

　服部によれば、意味現象は大きく分けて、発話の「意味」と文の「意義」とに区別される。発話は 1 回ごとに異なる「できごと」であるが、文は発話の中の社会慣習的に定まった型として抽出された言語形式である。発話の意味は、発話時における発話者の直接経験と呼ばれるものの中で発話者が当該の発話によって表出しようとした部分であり、一方、意義は社会慣習的な特徴として言語形式に具わった内容的側面である。文の意義に対して、同じく言語形式としての単語の内容面が意義素である。文の意義は、従って、文を構成するそれぞれの単語の意義素とそれらの構造型によって決定される。意義素は、ちょうど音素における弁別特徴のように、究極的な意味成分と見られる意義特徴からなり、それらはさらに、語義的特徴、文法的特徴、文体的特徴などに分類された。

　意味に対する服部のアプローチは、ブルームフィールド学派のそれと 2 つの点で大きく異なっている。ひとつは、発話の意味を場面というような外部状況としてでなく発話者の表現意図という心的現象として捉え、いわゆるメンタリストの立場を明確に打ち出している点である。もうひとつは、言語形

[*4] 『言語研究』22/23, 1953 所収。

式をソシュールの言語記号と同じように、表現と内容という両面からなるとし、意味を言語の不可分の側面として捉えている点である。

　これは、記号体系としての言語を表現面（expression plane）と内容面（content plane）に分け、両者を全く並行的に取り扱おうとしたイェルムスレフの立場にきわめて近い。イェルムスレフは、表現面の基本単位（つまり音素）を ceneme、内容面の基本単位を plereme と称したが、服部の意義素の概念はこの plereme に近いと言えよう。イェルムスレフによれば、表現面の実質（つまり音声）を扱うのは音声学、表現面の形式を扱うのは cemenatics（通常の用語で音素論）であり、前者は狭義の言語学には属さないとされた。同じ論法を内容面に適用すれば、内容面の実質（つまり服部の発話の意味）を扱うのが「意味学 semantics」、内容面の形式を扱うのが plerematics（服部用語で意義素論）　ということになり、意味学は、音声学同様、言語学の対象外ということになる。

　服部による発話と文、それに対応して意味と意義の区別は、イェルムスレフによる実質と形式の峻別と同じように、結局は、ソシュールのパロールとラングの区別に通ずるもので、今世紀の構造主義言語学を性格づけるひとつの重要な特徴である。このような区別を設けることによって、初めて言語および言語学は、その自律性を確保できるしまたしなければならないとされた。ここで自律性とは、言語学以外の科学に依存しないという意味である。服部意義素論は、共時的・記述的な枠組みの中で、このような自律性を持った意味研究を言語学の重要な一分野として確立しようという先駆的な試みであった。

　服部の意義素論を含めて、"構造的意味論" と呼ばれたこの時期の意味研究に共通する特徴は、意味現象の分析に音韻論の概念や方法を適用し、音韻論をモデルとして意味論の構築を目指したという点にある。少なくとも 20 世紀の半ば頃まで、大方の見るところ、言語学の中で最も高い水準に達した分野は音韻論であった。言語の構造と体系性は、音韻面で最も典型的に捉えられるとされた。言語が記号の体系であるならば、当然の成り行きとして、同じような体系性が言語の意味面、より具体的には語彙の領域においても捉えられるはずであるという見通しが出てくるであろう。こうして、'意味の構造' と '語彙の体系性' は、当時の意味論者のキーワードとなり、スローガンとなったのである。

意味現象へのこのような構造的アプローチの具体化として、2つの方策が有力視された。ひとつは、ドイツの言語学者トリアー[*5]の流れを汲む「意味分野」（ないし「意味の場」< semantic field, Wortfeld >）に基づく語彙の構造的把握の試みであり、例えば、ライオンズの『構造的意味論』[*6]にその典型的な適用例が見られる。トリアーによれば、語彙はそれぞれの意味分野において緊密なネットワークを作り、語の意味は同じ分野の中の他の語との関係によってのみ決定されるとされた。これはまさに、言語記号の価値は体系内の他の記号との対立関係によって定まる、というソシュールのテーゼそのものと言ってよい。

　意味分野モデルは、それまで構造的分析が最も困難と見られてきた語彙の領域を、様々な意味分野に細分することによって、意味の体系性とさらには意味変化の構造的要因を明らかにしようとするものであるが、このアプローチの最大の難点は、語彙のあらゆる部分が必ずしもこのように截然とした意味分野に分割できるわけではなく、また仮にそのような分野が確立されたとしても、そこに見られる'語彙の体系'はけっして音素のような閉じた体系を作ってはいないという点にある。語彙は全体としてはもちろん、その部分においても'開いた集合'であり、その周辺部は常にぼやけて、明確な境界を欠いているからである。

　意味に対するもうひとつの構造的アプローチは、意味の「成分分析 componential analysis」と呼ばれる。これは、すでに服部意義素論にも見られたものであるが、ちょうど音素が言語音の究極的成分である弁別素性に分割され、その束として表されるように、語の意味もその究極的な成分である「意味素性 semantic feature」（服部の意義特徴）に分解され、従って、意味ないし意義素の正確な定義は、そのような素性の束ないしマトリックスとして表示できるという想定に立っている。

　このような成分分析は、初め人類学者によって親族名称の記述の中で試みられたが、後に通常語彙の分野にも適用され、特に1960年代のアメリカの言語学で隆盛を見た。ちなみに、後に述べる生成文法のいわゆる"標準理

[*5] Trier, J. 1931, *Der deutsche Wortschatz im Sinnbezirk des Verstandes: Die Geschichte eines sprachlichen Feldes*, Heidelberg.

[*6] Lyons, J. 1963, *Structural semantics*, Oxford.

論"で採用された意味論*7も、語義の表示はもっぱらこの方式を採用し、ここにも意味論と音韻論の間に並行的な関係を見出そうとする姿勢がはっきりと打ち出されていた。

しかしながら、音素の成分としての弁別素性と意味の成分としての意味素性とでは、その実態に大きな違いがある。まず弁別素性は、学説による細部の違いはあるにしても、厳密に音響・調音的観点から定義づけられ、しかも普遍音韻論的な意味で、その種類と数が一定し、個別言語のすべての音素はこれらの弁別素性によって一義的に表示できると見なされてきた。

しかし、意味素性は、少なくともこれまでの研究で見るかぎり、それを認定するための厳密に客観的な基準が欠け、従ってまたその種類と数に関して全く制限がなく、分析者のアド・ホックな解釈に左右される危険が常にひそんでいる。しかも、もっと始末の悪いことに、日常語の語彙の中心的、基本的な部分、すなわち人間にとって身近な外界の事象を表す語の多く、例えば「山」、「川」、「空」、「雲」、「手」、「足」、「目」、「耳」、「赤」、「青」、「右」、「左」などは、そのような成分分析を全く受けつけないように見える。

成分分析は、意味分野説と同じように、意味領域が比較的局限された一部の語彙に適用されるか、あるいは限られた類義語の間で問題となる示差特徴を表示する便宜的な手段としてならば、それなりの有効性を発揮できるけれども、語彙の全般にわたって同じ原理を押し進めるのは所詮無理であろう。これは結局のところ、古典的な音韻論をモデルとした"構造的意味論"のアプローチそのものの限界を示していると言わなければならない。

1960年代まで、言語学の枠組みの中で進められた意味論は、様々な立場を越えて、いずれも語ないし語彙レベルを中心としたものだった。つまり、意味論は語彙論と隣接し、両者の間に明確な境界は存在しなかった。両者の違いは、意味論が言語学の研究分野として比較的新しく登場したのに対して、語彙論 (lexicology) は辞書学 (lexicography) と共に古くから言語研究の中で独自の位置を占め、理論的というよりもむしろ辞書編纂というような実用的な目的のために役立てられてきたという点にある。意味論は、このような伝統的かつ実践的な意味記述の手法としての語彙論や辞書学に対して、

[*7] 例えば、Katz, J. & J.Fodor 1963, 'The structure of semantic theory', *Language* 39.

その理論的な基盤と明確な方法論を提供するという任務を担っていたわけである。

ちなみに、意味論と語彙論のこの密な関係は、意味論をめぐる現代言語学のあまりにも多様かつ混沌とした状況から見れば、"古き良き時代"の出来事としか言いようがないものであるが、不思議なことに、わが国語学の世界ではこの平穏無事な状態が未だに続いているかのようである。例えば『国語学』の最近号（175, 1993）の「特集─意味論の研究」を参照されたい。

10.3　統語論と意味論

1960年代以降、意味論は「変形生成文法」と呼ばれた言語学の新しいパラダイムの中で、これまでとは違った展開を見せる。後期ブルームフィールド学派を代表するハリスの弟子として出発したチョムスキーが当初構想した文法理論[*8]は、意味を排除することによって言語形式および言語研究の自律性を確保するというアメリカ構造言語学の伝統を継承していた。従ってその統語論（＝文法）には当然のことながら、意味論が欠けていた。文の生成と「適格性 well-formedness」の判断は、意味への言及を必要としないとされたのである。意味とは独立した文法の自律性は、その後現在に至るまでチョムスキーの一貫したテーゼであるが、その最も強い形の主張は、1957年の著書の中で、

> Colorless green ideas sleep furiously.

という有名な例文によって示された逆説とも見えるその解釈に現れている。すなわち、この文は意味論的には完全に無意味であるが、文法的には完全に適格である。従って、統語論は意味とは独立に成立し得るというのである。

しかし、この状況は1965年の『文法理論の諸相』で提示されたいわゆる"標準理論"の中で変化を見せる。ここに示された文法の枠組みは、周知のように、変形規則を介して深層構造と表層構造が対峙するという形の統語部門を中心に、その解釈部門として意味論と音韻論が付属する。すなわち、深層構造は意味解釈へのインプットとなって、文の「読み」を与えられ、一方

[*8] Chomsky, N. 1957, *Syntactic structures*, The Hague.

10.3 統語論と意味論

表層構造は、音韻部門へのインプットとなり、音韻規則を介して音声表示を与えられる。文の意味情報はすべて深層構造に具わり、変形は意味を変えないとされた。こうして意味論は、音韻論と並んで文法の中に組み込まれ、そこに然るべき位置を与えられることになったが、しかし、その役割はあくまでも補助的であり、中心に据えられた統語論の自律性と優位性はいささかも動かなかった。

見たところいかにも整然としたこの理論にも、しかし、いろいろな困難が含まれ、それはとりわけ意味の問題をめぐって顕在化した。第1に、文の意味がすべて深層構造によって決まるとすれば、深層構造の代わりにむしろ意味表示そのものを変形の始発点に据えるべきではないか。統語論は意味から出発し、変形操作によって表層構造に達するという形にすれば、統語論の自律のレベルとしての深層構造は不要になるという主張がそれである。これはちょうど、表層構造から音韻規則によって音声表示が得られるならば、自律的な音素のレベルは不要だという主張に通ずるであろう。第2は、文の意味は必ずしも深層構造だけで決まるとは限らない。例えば、焦点と前提というような文の情報的意味は強勢やプロミネンスという音韻現象が関与し、否定や数量詞の作用域は表層構造の語順に左右される。とすれば、変形は意味を変えないというテーゼは成り立たなくなる。

周知のように、第1の立場を押し進めたのは"生成意味論者"である。彼らの構想した枠組みの中で、統語論はむしろ意味論に従属し、従って、その自律性は失われる。意味構造とそれに加えられる変形（すなわち統語規則）によって文が生成されると見られたからである。意味を基盤として統語論を構築しようというこうした生成意味論者の野心的な企ては、その当初の形としては、完全に失敗したかのように見えた。しかし、その原因は、生成意味論の基本的なアプローチとその理論的な前提そのものにあったというよりも、むしろ当時の意味論が文の意味を明示的に表示するにはあまりにも未熟過ぎたという点に求められるであろう。

第2の立場は、その後チョムスキー自身の採用するところとなり、ここから標準理論は"拡大標準理論"と呼ばれるものに修正された。すなわち、文の意味のある部分は深層構造で、別の部分は表層構造で決定されるというのがその主旨である。しかし、深層構造で与えられる意味と表層構造で規定される意味がどのように異なり、また両者がどのような関係にあるかという点

は、依然として未解決であり、文法における意味論の位置づけはかえって不鮮明になった。

　意味論を文法理論の中に取り込むことによって、ブルームフィールド学派の偏狭な機械主義を打ち破ったのは確かにチョムスキーの功績であるが、意味論はしかし、チョムスキーの理論にとっていわばパンドラの箱であった。

　1960年代の半ば、意味論はようやく語彙レベルで形を整え始めたばかりであり、統語論に対応する意味論がどのようなものになるか、全く明確な見通しは得られなかった。このような未熟児同然の意味論を統語論の解釈部門というような形でそれに従属させておいても、特に支障は生じなかった。逆に言えば、統語論は意味論をおのれの意のままに利用し、しかも自らの優位と自律性をいささかも脅かされることはなかったのである。しかし、意味の問題は、これまで多くの言語学者が一様に認めてきたように、一筋縄でいくものではない。統語論の片隅の小さな檻の中に閉じこめておけるような代物ではなかったのである。

　1970年代以降、生成意味論や機能主義と呼ばれる学派の意味現象に対する積極的な取り組み、さらに認知心理学、人工知能、論理学、哲学など関連領域での研究が刺激となって、意味論の地平は一気に拡がり、60年代の語彙を中心とした構造的意味論や、またそれの統語論への適用である解釈意味論の域をはるかに越えてしまった。パンドラの箱の蓋を開けてみると、思いもかけない異形の生き物が次々に顔を出してきたというわけである。

　まず、意味研究を大きく押し拡げたのは、「語用論 pragmatics」と呼ばれる新分野の出現である。これまで言語のいわば周辺領域として正統の言語学者からはやや疑わしい目を向けられてきた言語の実際的側面が言語研究の重要なテーマとして浮かび上がってきた。

　かつてソシュールが「パロール」と呼び、イェルムスレフが「意味の実質」と名づけ、服部が「発話の意味」と呼び、チョムスキーが「言語運用」と名づけて、言語学本来の研究対象から遠ざけようとしてきた領域、つまり言語を行使する人間の伝達ないし発話行為が、具体の姿そのままに研究の俎上に載せられるようになったのである。言語使用と場面の問題は、まさにその複雑多様さのゆえに、言語学者には近づき難いと見られてきた。また周知のように、この領域の研究に先鞭をつけたのは、言語学者ではなく、オックス

フォードの「日常言語学派」と呼ばれる哲学者たちであった。

現在、語用論をめぐる状況はめまぐるしいばかりに流動的で、その帰趨を見きわめることは難しい。そもそも語用論と意味論との境界がどこに引かれ、また両者がどのような関係に立つかについても、明確な解答を与えることはできない。けれども、語用論が今後の意味現象の解明にとって重要な鍵を握っていることは確かであろう。

例えば、「新情報」と「既知情報」、「焦点」と「前提」、「題目」と「評言」などと呼ばれる文の情報構造は、話者の表現意図と談話のコンテクストを考慮に入れなければ説明できないし、また発話者の表現意図の伝達というものも、発話の当事者間に何らかの了解の方式、「談話ないし会話のストラテジー」というようなものが存在しなければ成り立ちえないであろう。今や意味論は、語彙のレベルを抜けて文のレベルに達し、さらに談話やテクストまでもその視野に収めなければならないという状況に至ったのである。

最近の意味論の展開にとってもうひとつの重要な局面は、言語と認知の関わり、文法を含めた言語の意味現象の認知的基盤、つまり言語の背後に隠された人間の「こころの働き」そのものの解明を目指すいかにも大胆なアプローチである。すなわち、「認知言語学」、「認知文法」、「認知意味論」等々の名で呼ばれるようになった言語研究のいわば"新しい波"がそれである。

この動きの推進力となったのは、かつて生成意味論の企てによってチョムスキーに反旗をひるがえした人々であるが、文法の意味論的基礎づけという一旦は挫折したかに見えた企ては、今度は、"メタファー"、"プロトタイプ"、"イメージとスキーマ"、"フレーム"、"図（figure）と地（ground）"等々の新しい道具立てを具えて、言語学のいわば表舞台に姿を現した。

またこれと関連して、「メンタル・スペース」、「関連性 relevance」の理論、そして我々に身近なところでも、「情報の縄張り」や「談話管理」理論など、意味現象に対する様々な取り組みが注目を浴びている。

これまでブラックボックスと見られてきた言語の認知的側面に光を当てようとするこれらの試みには、もちろん様々な立場、様々な流派が関わっている。しかし、そのすべてに共通して見られるのは、生成文法の拠り所とされてきた統語論の自律性と過度の形式主義に対する強い疑問と拒絶の姿勢である。

ひとたび文法理論の中に招き入れられた意味論は、1980年代以降、一方では語用論、他方では認知論と手を結びながら、あたかも檻から放たれた虎のごとき勢いとなって、生成理論の基盤を脅かしている。"標準理論"、"拡大標準理論"、"修正拡大理論"と衣替えしながら、肥大する意味論の問題に対処してきたチョムスキーの最近のいわゆる「GB理論」には、かつての深層構造もまたそれに対応する意味論も姿を消した。そこで扱われる意味現象は、いわゆる論理形式（LF）の範囲内の、否定や数量詞の作用域、代名詞の同一指示や照応関係といった純粋に統語論と結びついた現象だけで、意味現象の全般から見れば全くの周辺部分にすぎない。

　チョムスキーの見るところ、意味論はどうやら文法とは別個の学問領域、例えば認知科学に所属し、文法家の直接関知しない部門ということになったようである。最近のチョムスキーの意味論に対するこのような姿勢は、かつて意味を排除して文法の自律性を主張した1957年の彼自身の出発点に再び戻った観がある。チョムスキーにとって、統語論の自律性を失うことは、これまでに構築した理論的枠組みがすべて崩れ去ることを意味するであろう。急速に成長した意味論といういわば鬼子をその"普遍文法"から追放したのも、やむを得ない成り行きだったかもしれない。

　しかし、現代の言語学はもはや、おのれの学としての自律性やおのれだけに独占的な研究領域の確立に腐心するというような段階ではない。むしろ様々な関連領域を積極的に取り込み、いろいろな隣接科学と手を結びながら、人間そのものと同じくらい複雑多様な言語現象をいわばまるごとその射程内に収めるに十分なだけすでに成熟したと見てよいだろう。ここ20年足らずの間に急速に拡大し多様化した意味論は、まさに現代言語学のそのような成熟度を示す恰好のバロメータと言ってよいかもしれない。

第 11 章

言語現象における中心と周辺

11.1 言語の構造と不均衡性

　古典的な構造言語学にとって最大の課題は、言語を、全体的にせよ部分的にせよ、ひとつの構造として捉えることであった。構造とは、簡単に言えば、ある定まった数の要素とそれらの間の関係から成り立っている。構造内の要素は、一定の規準によって互いに明確に区別され、その意味で「離散的 discrete」であり、それらの数が一定しているという意味で閉じた体系を形作る。

　言語のこのような構造は、とりわけ言語の音韻面に顕著な形で現れると見られた。例えば、トルコ語には8つの母音（i ɯ ü e a o ö）があるが、これらは、調音的には、口の開きの「広・狭」、舌の位置の「前・後」、唇の形の「円・非円」という3つの識別特徴によって明確に区別され、次表で見るように、全体が均整な相関関係によって結ばれている。

	非円唇		円唇	
前舌	i	e	ü	ö
後舌	ɯ	a	u	o
	狭	広	狭	広

表 11.1　トルコ語の母音組織

　その構造は、しばしば、3つの特徴がそれぞれ相対立する平面を持った3

次元の立方体によって表されるが、そこでは、これらの母音のどれかひとつが欠けるか移動しても、全体の均衡が失われてしまうというまさに一個の構造体としての趣を呈している。

しかし、言語音の分析家たちが早くから気付いていたように、諸言語の音韻は常にこのような緊密かつ均整な構造を作っているわけではない。すべての音素が同等の資格で構造の中に組み込まれているとは限らず、また相関関係を作るネットワークの中の然るべき位置を占める音素が欠けているという体系も少なくない。さらに厄介なケースとして、音韻構造の支え手ともいうべき音素の認定そのものが困難ないし不確定ということもしばしば起こる。

例えば、日本語の子音の中で、閉鎖音は、/p t k/ /b d g/ というように調音位置と声の有・無という2つの識別特徴によって比較的緊密な相関関係を作っているが、ハ行子音はこのような相関関係の埒外に孤立し、音声的にも、後続母音の違いによって、[ç] [ɸ] [h] [x] など様々な変異を見せる。一方、鼻子音は閉鎖子音 /b d g/ に対応し、音節 CV の C の位置で [m] [n] [ŋ] の3種類が現れ、外見上はいかにも均整な相関関係を作っているように見えるけれども、3番目の [ŋ] は [g] とほとんど相補分布をなし、自立的な弁別機能を担っていない。

また、夕行子音の「チ」と「ツ」の位置には、他の位置の [t] と音声的にはっきり違った破擦音 [tʃ] [ts] が現れる。これを [t] とは別個の音素、例えば /c/ と認めるか否かについても、学者の意見は一致しない。またそれを自立の音素と認めたとしても、体系内でのその位置づけはきわめて不安定で、構造の均整性とはほど遠い。

このように見てくると、前述のトルコ語の母音体系の幾何学的な均整性は、言語の実相というよりもむしろ言語学者によって押しつけられた仮構物ではないかという疑いも生じるであろう。

言語の音組織の中に認められるこのような構造的なゆるみ、不均衡性、単位の不確定性といった性格は、音韻よりもはるかにその構成が複雑と見られる文法や意味のレベルでは、もっと顕著な形をとって現れる。例えば、語や文の意味の曖昧性、文法規則につきまとう例外現象、文法的カテゴリーと論理的カテゴリーの不一致、同音異義語や同義語の存在、等々がそれである。

この種の曖昧性や不規則性は、ギリシア・ローマ時代における「規則論者

analogist」と「変則論者 anomalist」との論争以来、文法家や哲学者だけでなく、通常の言語使用者の立場からも幾度となく取り上げられてきた。それらはしばしば、哲学者や論理学者の目には自然言語の免れ難い欠陥と映り、人間の知性の具としてもっと相応しい人工語、一点の曖昧性も許容しない「普遍言語 lingua universalis」の構築が試みられたこともあった。

このように、言語現象には、構造主義者の主張を待つまでもなく、一面では確かに規則性と構造依存性が見られるけれども、上に指摘したような曖昧性と不均衡性という側面もけっして無視するわけにはいかない。20世紀の20年代以降、ヨーロッパ構造主義の拠点となったプラーグ学派の言語学者たちの間では、言語のこのような両面性を正確に見据えて、言語現象に対する多面的かつ柔軟なアプローチが早くから試みられていた。ひと口に言語の曖昧性と呼ばれるような側面は、学者によって様々な名称で扱われたが、(例えば、「言語の潜在性」、「言語記号の非均整的二面性」、「余剰性」など)、とりわけ重要なキーワードとなったのが、言語体系における「中心 center」と「周辺 periphery」という概念である。

第二次大戦後、再び活動を開始したこの学派の機関誌 *Travaux de Linguistique de Prague* の第2号（1966年刊）が、「言語体系の中心と周辺の問題 Les problèmes du centre et de la periphérie du système de la langue」というまさにこのテーマを掲げた特集となっているのは特筆に値しよう。

ここに寄稿した論者たちに共通する立場は、言語現象に見られる曖昧性、不確定性、不均衡性を直ちに言語の構造的欠陥としてネガティブに捉えるのではなく、むしろ言語体系に本来的に具わった特性、言語がその多面的な機能を円滑に果たすために不可欠な構造的特性と見なしている点である。

その論点を要約すれば、言語の体系は、全体的にも部分的にも、けっして閉じた体系ではなく、また体系内の諸要素が常に明確に画定されているとは限らない。体系にはその「中心」と「周辺」があり、中心では要素の画定とそれらの作る関係、つまり構造化の原理は比較的明確であるのに対して、周辺ではそのような関係がぼやけて、不確定性が増大する。中心の諸要素は緊密に構造化され、カテゴリー的な識別はいわばステレオタイプ化ないし自動化され、従って安定性が高い。逆に周辺では、諸要素の構造化がゆるいために、コンテクスト依存性が高く、また不安定である。

このような言語の中心と周辺という区別は、言語の体系的つまりパラディグマティックな領域だけでなく、統合的つまりシンタグマティックな次元でももちろん問題となる。すなわち、発話の連鎖における単位の分割がそれである。例えば、音連鎖における音素への分割や音節の境界の問題、文法レベルでの単語、接辞、自立語、付属語、複合語、派生語などの区分の問題である。この種の作業に伴う困難は、例えば、日本語のように語を分かち書きしない言語で単語をどのように分割するか、というような身近な事例を考えても直ちに気付かれるであろう。

実際、「単語 word」、「接語 clitic」、「接辞 affix」という形態上の重要な区別は、常に明確に行われるとは限らず、どちらともつかないボーダーライン的ケースは、日本語に限らずどんな言語にも存在する。このいわば「ぼやけた」（最近流行のことばを使えば「ファジー」な）境界領域が言語現象の周辺にほかならない。言語のいわゆる「構造」は、厳格に区画され限定された要素からなる固定した動きのとれない均衡状態というようなものではなく、その中心部においては比較的緊密な構造化を有しながらも、周辺部では不確定な要因を多分に蔵している。このような両面性によって、言語はあらゆる言語使用者のあらゆる使用目的に適応できるような柔軟性、いわば伸縮自在な弾力性を確保しているのである。

11.2 共時態と通時態

プラーグ学派の言語学者たちによって提唱された言語体系の中心と周辺の理論は、その後間もなくこの国を見舞った不幸な政治的状況のために、必ずしも十分な展開を遂げたとは言えない。しかし、この見方が複雑な言語現象の解明にとって重要な鍵を握っていることは、最近の言語学の流れの中でますます明らかとなってきた。

まず第一に、この理論は、言語体系とその変化、あるいは、言語の共時態と通時態の関係というソシュール以来の難問に有力な解答を与えてくれるであろう。

『一般言語学講義』によって示されたソシュール学説によれば、純粋に共時的な辞項間の関係によって成り立つ共時態は、個別の辞項間の通時的な関係つまり言語変化とは全く無縁とされた。とすれば、言語変化は、一体共時

態のどこで発生し、またどのようにして別の共時態の中に組み込まれるのか。あるいは、そもそも言語はなぜ変化するのか。ソシュール学説にとって最大の難問ともいうべき共時態と通時態のこのような二律背反だけでなく、同じような困難を抱えるあの「ラング」と「パロール」の区別という問題も、結局は、言語体系を完全な均衡と自立性を保つ静止した構造として捉えようとするあまりにも一面的なアプローチの必然的な帰結と言わなければならない。

通時現象とされる言語変化は、実は、「共時的なゆれ」という形で言語の共時態の中に常に内蔵されている。これは最近の社会言語学的研究によってますます明らかとなった事実であるが、この共時的なゆれと見られるものが、まさに言語の周辺現象のひとつの顕現にほかならない。言語変化のプロセスは、周辺部におけるこのようなゆれ、つまり潜在的な変化相が周辺から中心へと移行するか、あるいは逆に、中心現象が周辺現象へと転化するという形で行われるものと見られる。

言語現象における中心と周辺の違いの重要な決め手のひとつは、すでに述べたコンテクスト依存度である。周辺現象はコンテクストへの依存度が高く、中心現象はそれが低い。

例えば言語音の領域で、音変化は多くの場合、自立の音素それ自体というよりもある音素の限られた環境で、いわゆる subphonemic な形で現れ、これがやがて音素の体系的、構造的事実として組み込まれるという形をとる。先に触れた日本語のガ行子音における [g] と [ŋ] の間の動揺は、ほとんどコンテクストに依存した subphonemic な現象にとどまり、タ行における破擦音 [ts] の出現は、コンテクストに依存した subphonemic な現象と自立的な音素現象とのボーダーラインにある。

また、ハ行子音の「フ」の位置に現れる [ɸ] は、日本語の通常の語彙の中では純粋に音環境に依存しているが、「フィルム」「フィリピン」「ファン」などの外来語ではその条件が変わりつつある。しかし現在の日本語の音体系の全体から見れば、外来語というコンテクストに依存した周辺現象であることに変わりはない。一方、いわゆる「4つ仮名」、すなわちダ行音の「ヂ」「ヅ」とザ行音の「ジ」「ズ」の合流という日本語で広範に起こった音変化は、本来自立的な音韻対立をなしていた現象が、例えば、[dz]/[dẑ] は語頭、[z]/[ẑ] は語中というような純粋にコンテクスト依存的な現象に転化する、つまり中心

から周辺への移行という形で起こっている。

同様な例は他にいくらでも挙げられるだろうが、ともかく、言語変化がこのような体系の周辺部における共時的なゆれの現象を通して実現されるとすれば、共時態と通時態の二律背反という古典的構造言語学の難問はほとんど解消すると言ってよいだろう。すなわち、言語体系の周辺領域が共時態と通時態のいわばインターフェイスの役割を果たし、これを媒介として、共時態はダイナミックな弾力性を確保し、また通時態は言語体系の構造的側面と不可分に結びつくと見られるからである。

11.3 言語の多様性と普遍性

次に、言語体系の中心と周辺という見方は、言語間のヴァリエーションとそれに課せられた制約、換言すれば、言語の多様性と普遍性の解明を目指す言語類型論の分野でも、重要な意味を担っている。

かつて構造言語学者たちの主張によれば、言語体系はそれぞれの言語に固有なもので、言語外の現実をどのように分割し構造化するかは言語によってけっして同じではない。言語の構造化の原理はある意味で恣意的であり、それらの構造的特徴が言語間でどのような違いを見せるかは、全く予見できない。例えば、ある言語にどのような母音がどれだけ現れるか、また一般に、母音の体系が言語間でどれだけの変異を持ち得るかについては、誰も予測できないとされた。

しかし、言語の中心と周辺という立場から見ると、一般に、中心領域に属する要素は、一言語の内部だけでなく言語間でも出現の頻度が高く、従ってまた機能負担量が高いのに対して、周辺的要素は出現頻度も機能負担量も低いという傾向がある。同じく、一言語の共時態の中で中心的要素は安定度が高く、周辺的要素は不安定でゆれが大きいわけであるが、これを言語間で見ると、中心に較べて周辺的な要素ほどヴァリエーションの幅が大きくなるという傾向が見られる。

このように、一言語の体系内で捉えられる中心と周辺という現象は、類型論の視点から眺めると、言語の構造的特性またはカテゴリーの間の階層的序列、構造化における選択の優先順位という形をとって現れるのである。

例えば、先に見たトルコ語の母音体系の中で、それを構成する8つの母音

がそれぞれ全く対等な資格で配置されているのかそれとも何らかの序列に従っているのかは、トルコ語だけを見ていたのでは判別できない。しかし、世界諸言語における多種多様な母音体系を幅広く比較検討すれば、そこに現れる母音の数と種類が言語によって全く恣意的に選択されているわけでないことが一目瞭然となる。すなわち、諸言語で最も多く現れるのは、5母音の体系であり、諸言語の母音体系はこの5母音を頂点として、数の増大する方向と減少する方向へ、前者ではゆるやかな後者では急激な傾斜となって下降する。

母音の最少体系はどうやら3母音であり、その構成母音は /a i u/、そしてこの3母音はあらゆる言語の母音体系の中に出現する。5母音の体系は、通常、この3母音に /e, o/ が加わることによって構成され、トルコ語に見られる前舌・円唇の /ü, ö/ あるいは後舌・非円唇（ないし中舌の）/ï/ などは、5母音よりも数の多い体系において初めて出現する。/e, o/ における広・狭（または張り・弛み）の区別も同様である。しかもこの種の母音は、それを持つ多くの言語でコンテクスト依存度が高く、出現する環境が限られる。「母音調和」と呼ばれる現象は、そのようなコンテクスト依存の典型的ケースと見ることができよう。要するに、諸言語の母音体系の中に現れる母音には一定の階層性があって、その核心を占めるものと周辺に加えられるものとの間には、諸言語を通じて不変な序列が存在する。

同じことは、文法領域の例えば格組織についても言えるだろう。動詞の意味役割を名詞の側で表示する形態的手段としての格の体系は、例えばアラビア語では3格、フィンランド語では15格というように様々な現れ方をするけれども、これらの格の中にも一定の階層的序列があって、体系の核を構成するものとそうでないものとの間にかなり明確な違いがある。これは格体系の言語間でのヴァリエーションやそれらの通時的な変化を観察すれば、おのずから明らかである。

例えば、印欧諸語ではサンスクリット語に見られるような7ないし8格を持つ古い体系が衰退して、格体系が次第に縮小するという変化が多くの言語で起こったが、そのような変化の過程で失われていく格には一定の順序があって、けっしてランダムではない。すなわち、最も早く失われるのは、具格、所格、奪格というような動詞の「結合価 valency」から見て周辺的な役割を担う格である。それに対して動詞の結合価と最も直接的に結びついた格、

すなわち、主格、対格、そしてこれらの役割を名詞との関係に変換する「連体格」（または属格）の３つは、格体系の中で最後まで残る格である。従って、少なくとも対格型の言語の格体系の中では、この３つの格が、ちょうど母音の中の /a i u/ と同じように、体系の最も中心に位置していると見なすことができる。

言語構造の様々なレベルで捉えられるこのような階層性は、周知のように、最近の言語類型論と普遍性の研究にとって重要な研究課題であるが、すでに多くの領域で豊かな成果が挙げられている。

11.4　言語と認知

最後に、言語体系の中心と周辺の理論は、近年の認知心理学や機能文法の研究者の側からも有力な支持が得られるだろう。特に、最近の認知心理学の証言によれば、人間による外界の把握の仕方、本来連続的な現実世界を分割し、概念化し、カテゴリー化する人間の認知作用は、けっして古典的論理学で言われる厳格な範疇、必要にして十分な規準によってあれかこれかが明確に区別され、あれでもありこれでもあるという第３の可能性を排除するという原理（いわゆる「排中律 exclusio medii tertii」）には従っていない。

むしろ日常的レベルでのカテゴリーは、その中心的なメンバーでは特徴づけが明確であるけれども、周辺部ではその区別が次第にぼやけ、別のカテゴリーの周辺部と連続した境界領域を作っていて、この領域が各々のカテゴリーのいわば緩衝帯となっている。このようなカテゴリーには、すべてのメンバーが同じ資格で所属しているわけでなく、一部のものはそのカテゴリーを性格づけるすべての特徴を具えて別のカテゴリーと際立った対照をなすけれども、他のものはそれらの特徴の一部しか持たず、別のカテゴリーに属する特徴も併せ持っている。

あるカテゴリーの特徴を完全に具えたメンバーは、一般に、そのカテゴリーの「プロトタイプ」と呼ばれるが、人間のカテゴリー化は、どうやらこのようなプロトタイプによって行われ、アリストテレス論理学の「範疇」とは性格を異にしているようである。つまり、カテゴリーへの所属は、あれかこれかの二者択一というよりも、どの程度かという度合の問題となってくる。

例えば、我々の日常的経験世界で、鳥と呼ばれる生物の類は、羽毛で覆わ

れ、翼を有し、2本足で、空を飛ぶ、というような特徴で性格づけられる。実際、我々に身近な多くの鳥、例えばスズメやカラスはこれらの特徴をすべて具えているが、一方ペンギンには、空を飛ぶという特徴が欠けるだけでなく、水中を泳ぐというような魚類の特徴が見られる。スズメには鳥の特性が百パーセント具わっているけれども、ペンギンはせいぜい60パーセント、つまり、鳥の中の非典型的、周辺的メンバーということになる。

　人間の認知の働きが、このようないわば臨機応変の処理を含んだ柔軟な方略に基づくものとすれば、当然言語にもそれが反映しているものと見なければならない。言語現象に対するこのようなプロトタイプ的アプローチは、最近の言語類型論や機能主義と呼ばれる文法研究の中で次第に注目を集め、文法の様々な領域、例えば、品詞の分類、他動詞構文、ヴォイス現象、格標示などに関して、いくつかの興味深い成果が挙げられている。それらの具体的なテーマは本誌[*1]に収められた諸論文でも取り扱われるであろうが、言語現象へのこのようなアプローチは、プラーグ学派によって提唱された言語の中心・周辺理論のひとつの新しいそして実り豊かな適用と言ってよいだろう。

[*1] 『国文学 解釈と鑑賞』58-1, 1993。

第 12 章

能格性に関する若干の普遍特性

シンポジウム「能格性をめぐって」を締めくくるために

はじめに

　司会を務めた筆者が小泉編集委員長から課せられたテーマは、シンポジウムの全体的なまとめというようなものであったが、それぞれ専門の領域から取り上げられた能格現象の複雑な局面と各報告者の多岐にわたる論点、またシンポジウム後半のフロアとの討論の内容を限られた紙数の中で正確にまとめることはけっして容易でない[*1]。また能格性に関わる諸問題の総括的な議論は、柴谷氏の報告にも詳しいので、ここでは、シンポジウムの折に用意されたが時間の都合で取り上げられなかった筆者の「**要約 synopsis**」に基づき、特にそこで提案された能格性に関する 'Tentative Universals' なるものを中心に若干の考察を加えて、司会者としての責めをふさぎたい。

　なお、本稿の執筆に際して筆者が参照したのは、シンポジウムでの各報告者のハンドアウトとシンポジウムの録音で、本誌(『言語研究』90, 1986) に寄稿された論文ではないことを念のため申し添えておこう。

[*1] 第 92 回言語学会大会 (1986 年、筑波大学) で行われた公開シンポジウム「能格性をめぐって」。このシンポジウムの報告者は以下の 4 氏であった：柴谷方良「能格性をめぐる諸問題」、宮岡伯人「エスキモー語の能格性」、長野泰彦「チベット・ビルマ系諸語における能格現象をめぐって」、角田太作「能格言語と対格言語のトピック性」。

12.1 能格性の定義

　能格と呼ばれる現象は、従来、何よりもまず名詞の格標示の在り方として捉えられてきた。すなわち、他動詞の２つの項である「動作者 A(gent)」と「被動者 P(atient)」のどちらが自動詞の通常無標項として現れる「主語 S(ubject)」と同じに扱われるかという問題である。A を S と同じに扱い、別に P を有標項（対格）として標示する方式を「対格型」、それに対して、P を S と同じに扱い、別に A を有標項（能格）として標示する方式を「能格型」と呼ぶわけである。この２つは、従って、一般的には次のような形で表せるだろう。

$$\text{対格型：S}=\text{A}\neq\text{P}$$
$$\text{能格型：S}=\text{P}\neq\text{A}$$

　他動詞の２つの項の取り扱いに関するこの違いは、しかし、単に名詞(句)の格標示にとどまらず、他の様々な文法現象として顕現し、諸言語の全般的な構造を特徴づけている。シンポジウムの題名として「能格」ではなく「能格性」を選んだ理由もここにある。上の定義から明らかなように、能格性と対格性は相対立する対称的な概念である。一方は他方を含意し、また、一方の問題は、裏を返せば、他方の問題でもある。

　なお、格標示の面だけから見れば、問題となる３つの項の扱い方としては、他に、

$$\text{S}=\text{A}=\text{P}: \text{中立型}$$
$$\text{S}\neq\text{A}\neq\text{P}: \text{３項型}$$
$$\text{S}\neq\text{A}=\text{P}: \text{逆２項型}$$

という３つの型が可能である。しかし、この種の型は、形態論の表層に属する局部現象として現れても、これを文法の構成原理として組織的に利用する言語は、管見のかぎり、存在しない。

　ところで、能格性の議論において、しばしば、他動詞／自動詞の区別や「自動詞の主語」S という概念は、自明のごとくに扱われることがあるが、ここに問題がないわけではない。例えば S は、意味(論)的には、けっして等質

的な項とは言えないからである。というのは、能格的と呼ばれている言語も含めてある一部の言語で、自動詞の主語Sの一部はPと、(比較的少数の)別の一部はAと同じに扱われるという現象が見られる。すなわち、

$$S_1=P\neq A:\text{受動格 (無標)}$$
$$S_2=A\neq P:\text{能動格 (有標)}$$

というような形で表される方式である。

例えば、「皿が割れる」という文の「皿が」と「男が泳ぐ」という文の「男が」という2つの名詞句は、日本語ではどちらもS(=主格)として扱われるが、両者の動詞に対する意味機能(semantic role)は、全く異なる。前者は動作の受け手として、他動詞のPに相通じ、後者は意志を持った行為者として他動詞のAと共通する。自〜他の区別よりも、ある動作に意図的な行為者が介在するかしないかというような純粋に意味的な観点から動詞を(例えば「行為動詞」と「状態動詞」に)区別する言語が存在しても、けっして不思議ではない。

この種の現象は「自動詞の分裂 split intransitivity」とも呼ばれ[*2]、いわゆる「動格(または活格)型 active type」とされる言語は、このような現象を呈する言語である。文法的関係としての「主語」という概念は、当然のことながら、このような言語には適用できない。この現象が能格性／対格性とどう関わり、また言語タイプとしてどう位置づけられるかは難しい問題で、ここでは深く立ち入らない。いずれにしても、「自動詞」、「他動詞」、あるいはS, A, Pというような概念は、ある程度便宜的な分類概念であることを忘れてはならない。

12.2　能格性の顕現

すでに述べたように、能格性は諸言語の様々な領域に様々な形で現れるが、概略的に、形態論、統語論、談話構造の3つのレベルに区別できよう。

形態論的現象としては、まず第一に名詞の格標示であるが、この他に、動詞の側での人称標示、いわゆる「一致 agreement」の形式として現れること

[*2] cf. Merlan 1985.

もある。すなわち、自動詞における S の標示が他動詞における A と P のどちらの表示形式と同じになるかという問題である。S の標示が A 標示と同じ（S＝A）ならば対格型、P 標示と同じ（S＝P）ならば能格型である。多くの場合、格標示と人称標示は随伴するが、能格性が格標示のみで人称標示を欠き（かなりのオーストラリア諸語、ポリネシア諸語）、あるいは逆に、人称標示のみで格標示を欠く場合（マヤ諸語）もあり、事情は対格性に関してもほぼ同じである。名詞と動詞の側での格標示の複雑ではあるがしかし整然とした呼応関係は、ユピック・エスキモー語に関する宮岡氏の報告の中で見事に提示された。

統語現象としての能格性／対格性とは何かは、異論の多いまた困難な問題である。原理的には、様々な統語的プロセス（同一名詞句削除、再帰化、関係節化、等々）を制御する中枢的な役割――いわゆる文法的主語ないし 'syntactic pivot'――の振り当て（自動詞構文では通常 S）に関して、S＝A 方式がとられるかそれとも S＝P 方式かという形で理解されよう。前者ならば対格統語法、後者ならば能格統語法である。統語法における一貫した S＝P≠A 方式は、Dixon (1972) によって詳細に提示されたオーストラリアのジルバル語の中に初めて明確な形で姿を現し、以来、この問題は能格研究の重要な論点のひとつとなっており、これはまた、我々のシンポジウムでの問題点のひとつでもあった。ただし、この分野には未解明の部分が多く残されている。

談話レベルにおける能格性は、一層異論のある問題と言えようが、もしこのようなものが考えられるとすれば、談話構造を支配する「トピック」の選択に関して、A よりも P が優先される、すなわち、

$$T \rightarrow S=P \neq A$$

という形でこれを理解してよいだろう。

「トピック」の定義の問題は、「主語」のそれと並んでまたそれと関連して複雑であるが、これはさて措き、能格とトピック性の問題を正面から取り上げた角田氏の報告は、これについてひとつのはっきりとした見解を提示したものとして注目されよう。

12.3 能格性と対格性の共存

上述のように、能格性の現れ方は様々であるが、言語構造のあらゆるレベルで能格性の原理が一貫して具現されているような言語はおそらく存在しない。能格性と対格性は、程度の違いはあれ、どのような言語にも混在していると見なければならない。この混在ないし共存の現象は、これまで主として能格言語の側から「能格性の分裂 split ergativity」という形で捉えられ、この分裂の在り方に関していくつかの規則性が明らかにされてきた。これは最近の能格研究の注目すべき成果である。以下この現象をめぐって、そこからどのような普遍的原則が介在するかを眺めてみよう。

12.3.1 名詞の格標示と動詞の一致（人称標示）

まず形態論の領域で格標示の在り方から見ると、能格／対格の分裂は、名詞における能格的標示と動詞の側での対格的一致という形で現れることがある。例えば、パプア・ニューギニアのエンガ語、オーストラリアのピリ語、カルカトゥング語など[*3]。ところが、これと逆に、動詞の側で能格的一致を示しながら名詞の格標示が対格的というケースは、全く見出されない。すなわち、格標示と一致の在り方について諸言語の現れ方は、次表のようになる。

格標示	一　致	例　証
能格型	能格型	＋
能格型	対格型	＋
対格型	能格型	／
対格型	対格型	＋

表 12.1　名詞の格標示と動詞の一致

［ただし、能格型、対格型を問わず、形態論的に名詞の側で格標示を欠く言語、動詞の側で人称標示を欠く言語、双方で標示を欠く言語（つまり能格

[*3] cf. Li & Lang 1979, Blake 1976, 1979.

／対格型と中立型の共存する言語）は数多く見出される。］

以上のことから、次のような「含意的普遍性 implicational universal」が導かれるだろう。

> **普遍性1**：もしある言語が動詞の側で能格的一致を示すならば、その名詞の格標示（それが存在する場合）は必ず能格的である。また逆に、もしある言語が名詞の側で対格型格標示を示すならば、その動詞の一致（それが存在する場合）は必ず対格的である。

この普遍性は、能格性に関しては、名詞の格標示が動詞の一致に優先し、逆に、対格性に関しては、動詞における一致が名詞の格標示に優先することを示している。換言すれば、能格性は相対的に名詞の側で無標、動詞の側で有標となり、対格性はその逆である。

12.3.2 能格性と動詞のテンス・アスペクト

能格性の分裂が動詞のテンス、アスペクトあるいはムードによって引き起こされることは、グルジア語などのカフカス諸語やインド・イラン諸語その他によって早くから知られていた。これは、一般に次表のような形で現れる。

	テンス	アスペクト	ムード	
能格構文	過去	完了／結果相	現実相	(1)
対格構文	非過去	未完了／進行相	非現実相	(2)

表 12.2　能格性とテンス・アスペクト

動詞における（1）の諸特性を仮に「完了行為 action completed」、（2）の諸特性を「不完了行為 action not completed」と総称すれば、この現象は次のような普遍性として表せるだろう。

> **普遍性2**：もしある言語が「不完了行為」の動詞形態で能格構文を示すならば、「完了行為」の動詞形態でも必ず能格構文をとる。また逆

に、ある言語が「完了行為」の動詞形態で対格構文を示すならば、「不完了行為」の動詞形態でも必ず対格構文をとる。

　この普遍性は、動詞の在り方に関して「不完了行為」では対格性が無標、逆に「完了行為」では能格性が無標となることを示している。ちなみに、ここで能格を「受動形」、対格を「能動形」に置き換えても、この普遍性はほぼ妥当する。例えば、「もしある言語が不完了行為の動詞形態で受動形（例えば受動分詞）を持つならば、完了行為の動詞形態でも必ず受動形を持つ。また逆に、ある言語が完了行為の動詞形態で能動形を持つならば、不完了行為の動詞形態でも必ず能動形を持つ」というように。つまり、受動性（および能格性）は、相対的に、完了行為と結びつけば無標、不完了行為と結びつけば有標ということになる。これは、能格／対格性と受動／能動性との間の注目すべき対応のひとつと言えよう。

12.3.3　格標示と名詞の意味階層

　能格の分裂のもうひとつのよく知られたケースは、名詞（句）の意味によって引き起こされるもので、とりわけ、オーストラリアの諸言語に多くの例が見られる。その意味素性はおそらく「有生性 animacy」ないし「動作者性 agentivity」と定義づけられるだろう。またこの素性は、語用論的には、「話者にとっての関心度の高さ empathy」あるいは「目立ちやすさ cognitive salience」と結びついている。名詞（句）におけるこの意味的階層と能格／対格標示の相関性は、Silverstein (1976) によって見事に提示された。'Silverstein's hierarchy' と呼ばれるこの名詞句階層は、概略的に、

人称代名詞　→　人間名詞　→　動物名詞　→　無生名詞

というような形をとる。そしてこの階層性に関する能格／対格の現れ方は、次のような普遍性として表せるだろう。

　　普遍性 3：もしある言語が有生性階層の高い名詞句で能格標示を持つならば、それより低い名詞句は必ず能格を標示する。また逆に、ある言語が有生性階層の低い名詞句で対格標示を持つならば、それより高い名詞句は必ず対格を標示する。

この普遍性は、問題の階層の高い位置では、相対的に、対格型が無標、低い位置では能格型が無標であることを示している。なお、この階層性は、談話レベルにおける名詞句のトピック性の高さと密接に結びついている。従って、上の普遍性は、対格標示を「トピック化 topicalization」と置き換えても、十分妥当することが知られよう。

12.3.4 格標示と動詞の意味

能格／対格標示はまた、動詞の意味と結びついてある一定の変異を示すことがある。この現象は、シンポジウムにおいてチベット諸語に関する長野氏の報告の中でも取り上げられた。この場合の動詞の意味素性は「他動詞性 transitivity」（ないしは「意志性 volitionality」）として捉えられよう。

この現象も、ときに、能格の分裂と結びつけられることがあるが、能格と対格の対立という形で現れる分裂とはやや性格を異にする。これはむしろ諸言語で能格／対格性が顕現する他動詞構文の現れ方に関する言語間の変異現象と見るべきだろう。例えば、知覚動詞や情意動詞がどのような構文をとるかは、言語によって異なり、そしてこの違いは、類型論的に重要である。Hopper-Thompson (1980) や Tsunoda (1985) 等によって提案された他動詞性に関する動詞階層について、ここで関連する普遍性を樹立するとすれば、次のようになるだろう。

普遍性 4：もしある言語が動詞階層の相対的に低い位置で他動詞構文を示すならば、それより高い位置の動詞も必ず他動詞構文をとる。

言うまでもなく、この他動詞構文において、能格型言語は能格—絶対格の格標示を、対格型言語は（もし名詞に形態的格があれば）主格—対格の格標示を提示する。他動詞構文の範囲がどこまで及ぶかは言語によって異なる。一般に、統語法における対格性原理が強い言語ほど、この範囲は広くなるようである。

ついでながら、この普遍性は、例えば日本語の「太郎に英語がわかる」（あるいは「私にお金がある」）のような構文を他動詞構文と見たりあるいはまた能格構文とする解釈を等しく排除するものである。多くの対格型言語で「経験者」「知覚者」「情動者」などに主格を、「経験物」「知覚物」「情緒対象」

に対格を付与するのは、対格統語法の類推的拡張の結果にほかならない。

なお、「他動詞性」よりもむしろ「意志性 volitionality」（あるいは「動作者性 agentivity」）の意味素性による動詞の階層性ももちろん可能である。すでに触れた「動格型」（あるいは「自動詞の分裂」）と呼ばれる現象は、おそらくこの意味素性の優位性によって引き起こされると見てよいだろう。この場合「他動詞性」は、明確な文法機能と必ずしも結びつかない。

12.4　形態論と統語論の関わり

能格的形態法を持つ諸言語がその統語法をどのように組織化しているかは、きわめて興味深い問題である。対格型（少なくとも形態論的に対格標示を持つ）言語では、形態的に同じ格標示を受けるSとAつまり「主格」が有標な対格（＝P）に対して、通常、「主語」ないし「統語主軸 syntactic pivot」の役割を演ずる。ここに形態法と統語法との明らかな対応が見てとれる。このように形態論の原理が統語論にも反映するものならば、能格型言語では、当然、有標な能格（＝A）に対して無標の絶対格として現れるSとPが、「主語」ないし「統語主軸」の役割を担って然るべきである。また、これが単なる理論的仮説にとどまらないことは、すでに述べたジルバル語のような例によっても明らかである。

しかし、これまでもしばしば言われてきたように、統語法まで首尾一貫して能格性（S＝P≠A）の原理に支配されているジルバル語のようなケースは、きわめて稀である。一方バスク語は、形態論の面から見れば、驚くほど一貫した能格性を提示しているけれども、その統語法はどうやらほとんど対格的と言ってよい。また過去時制にのみ能格構文が現れるヒンディー語その他のインド・アーリア諸語で、問題の構文が受動ではなく能格構文と解釈されるのは、それがまさに統語的裏付けを欠いているからにほかならない。ここでは、形態法と統語法の乖離が能格性の存立条件となっているようである。

かつて（またときには今でも）能格が不思議な現象として受けとられたのも、形態法と統語法の間のこうした一見奇妙な食い違いに起因していると言えよう。確かに、統語論の側から眺めるとき、能格性は対格性に較べて著しく不均衡な様相を呈している。

12.4.1 能格性と統語法

初めにも述べたように、能格性は何よりもまず名詞の格標示という形で現れ、この意味でとりわけ形態論的現象である。形態論を抜きにして能格性はありえないと言ってもよい。他方、対格性はどうか。

形態的な格標示を持たなくとも、対格的な統語法が十分に成り立つことは、バントゥー諸語やロマンス語あるいは中国語のような例を見ても明らかである。さらに、形態的な格組織を持つ対格型言語の場合でも、主格〜対格の区別を全面的あるいは部分的に欠如する言語はけっして少なくない。日本語でも、格助詞の中で最も省かれやすいのは、「ガ」と「ヲ」である。要するに、能格性は統語法を欠いても存在し、逆に、対格性は形態法を欠如しても存在する。今、形態法と統語法に関して、諸言語における能格／対格性の現れ方を示せば、次表のような形となる。

形態法	統語法	例 証
能格型	能格型	＋（ジルバル語、マヤ諸語など）
能格型	対格型	＋（バスク語その他大部分の「能格言語」）
対格型	能格型	／
対格型	対格型	＋（ほとんどすべての「対格言語」）

表 12.3 能格性と統語法

ここから、次のような普遍性が導かれるだろう。

> **普遍性 5**：もしある言語が能格的統語法を提示するならば、その形態法は必ず能格的である。また逆に、もしある言語が対格的形態法を持つならば、その統語法は必ず対格的である。

すなわち、能格的形態法なしに能格的統語法は存在せず、逆に、対格的統語法なしに対格的形態法は存在しない。能格性は形態論に依存し、対格性は統語論に依存する。能格性を単なる形態面の表層的現象としか見ない一部諸学者の解釈[4]は、能格性のこのような統語的基盤の薄弱さをやや誇張して捉

---

[4] 例えば Anderson 1977.

えたものと言えよう。

　統語的能格性が最も顕著な形で現れるのは、例えば「男が女を殴った、そして逃げた」というような形の等位構文で、2番目の自動詞文で省略された「主語」Sが最初の他動詞文のA（＝男）ではなくてP（＝女）と同定される（すなわちS＝P≠A）ような統語規則（Equi-NP deletion）、あるいは「男が女を自分の家で殴った」というような形の文で、「自分」が「男」（＝A）でなくて「女」（＝P）と解釈されるような再帰化規則（reflexivization）などの場合であろう。

　このような統語法を持った言語の代表的なものがすでに述べたジルバル語であるが、これまでに知られたかぎり、この種の言語はきわめて稀である。しかし、統語法における能格性は、これ以外にも、例えば、関係節化、疑問文化、焦点化といった様々な統語的プロセスにおいて現れ得る。この方面の研究はまだまだ不十分であるが、例えば、多くのマヤ諸語では、等位構文や再帰化に関しては、非能格的であるが、関係節化や疑問文化（wh-question）などのパターンは、能格的のようである[*5]。Keenan-Comrie (1977) によって確立された関係節化される名詞句の階層性（Noun-phrase accessibility）において、主語→目的語という一般的順位に関して例外を作るのは、どうやらこのタイプの言語のようである——例えば、問題のマヤ諸語で関係節化されるのは、絶対格だけである。

　統語法における能格性は、一般的には、構文的に弛んだ構造（例えば文の等位連結）よりも、埋め込みのようなきつい構造の方に現れやすいという傾向を持っている。これはまた、談話レベルに近いか遠いかの違いでもある。例えば、上に挙げた等位構文で、省略されたSの同定が、統語規則によってではなく、何がトピックになっているかという純粋に語用論的な要因によって決定されるという言語ももちろん存在する。ともあれ、統語法における能格性の度合に関しては、一応次のような普遍性が立てられるだろう。

　　普遍性6：もしある言語が等位構文の統語規則において能格的ならば、埋め込み構文の規則に関しても能格的である。

[*5] cf. Larsen & Norman 1979.

12.4.2　能格性と "anti-passive"

　能格的と呼ばれる言語にしばしば見られるいわゆる "anti-passive"（Silverstein 1976 の命名）については、シンポジウムでも宮岡、角田両氏の報告の中で取り上げられた。この構文は、言語によって様々であるが、その中心的機能は、「絶対格 P」の格下げ、ないし「能格 A」の絶対格への格上げというところにあると見られる。格の順位に関するかぎり、通常の能格言語では無標の絶対格が第一位を占めることは、宮岡氏のエスキモー語のデータによってもはっきりと示された。

　そして、興味深いことに、統語法において能格的と見られる言語は、ほとんどこの構文を持っている。とりわけ、等位構文において S=P≠A 方式をとる言語では、anti-passive は「統語主軸」を切り替えるための必須の統語装置となっているようである。ちょうど、多くの対格型言語で、受動構文が「主語」ないし「主題」を切り替える装置として働くように。

　このような言語においては、基本的な能格文と anti-passive 文の関係は、対格言語における能動文と派生文たる受動文のそれと、ほとんど鏡像的である。Kuryłowicz (1946) によっていわば理念的に想定された「能格構文と対格構文の完全な平行性」は、この種の言語において、ある程度具現化されているとも見られよう。しかしこれは、能格現象の全体的な在り方からすれば、むしろ異例の現象と言わなければならない。

　能格言語における anti-passive の現象については、能格性と「態 voice」（または diathesis）の問題と関連して、今後のさらに詳しい研究が必要であるが、差し当たって能格的統語法と anti-passive の関係については、次のような形で一般化が可能かと思われる。

> **普遍性 7**：もしある言語が文レベルにおいて能格的統語法を呈示するならば、その言語は必ず能格 A を「統語主軸」に切り替えるための統語装置（diathesis）として anti-passive を具えている。

12.4.3　能格性と談話構造

　文を超えたつまり談話レベルにおいても能格性は顕現し得るものかどうか、換言すれば、談話構造の要となる「トピック」の選択に関して、一般に他動詞文の A よりも P が優先されるというような語用論的観点は可能かどうか。これは先にも触れたように、かなり難しい問題である。シンポジウムでこの問題を扱った角田氏の報告では、これに対して、独自の談話分析のデータに基づき、はっきりと否定的な見解が提示された。

　「トピック」の定義やデータの解釈に若干問題は残るとしても、その結論は、おそらく、大筋としては正しいと思われる。というのは、他動詞文の一般的な在り方として、Agent として現れる名詞句は、前にも述べた有生性に関する「名詞句階層」の相対的に高い位置に、他方、Patient として現れる名詞句は、この階層の低い位置に属している（例えば「男が皿を割る」）——言語によっては、他動詞文の A の位置に原則として無生名詞を許さないものもある。そして、この名詞句階層の高い位置に属する名詞句は、前述のように、empathy, cognitive salience という観点から、当然、「トピック性」も高いと見られるからである。

　にもかかわらず、能格性（あるいはもっと一般的に被動者指向性 patient-orientedness）の原理が統語法のレベルまで及んだ言語では、この原理がさらに談話構造にまで押し広げられるという可能性が全くないとは言い切れない。これはすでに述べた関係節化や後に触れる語順の問題とも関係している。従って、談話レベルの能格性に関しては、ここではひとまず次のような一般的傾向を想定しておくことにしよう。

　　普遍性 8：ほとんどすべての言語は、「トピック化」の方策に関するかぎり、対格的（あるいは動作者志向的）である。

　この想定は、対格的言語と能格的言語の違いを話し手の物の見方あるいは言語集団の世界観の相違に帰そうとする古くから一部に見られる見解とは相容れないものである。

12.4.4 能格性と語構成

　これまで文や談話レベルでの能格性を問題としてきたが、今度は文ないし節 (clause) 以下のレベルでの構成に目を転じてみよう。ここで問題となるのは、文の名詞化 (nominalization) および語構成である。「ブルータスがシーザーを殺害した」という他動詞文を名詞化すれば、「ブルータスによるシーザーの殺害」という名詞句が生じ、さらにそこから「シーザー殺害」とかあるいは、もっと一般的な例としては、「人殺し」、「親殺し」といった複合語が作られる。

　このような名詞化や語構成における動詞の「項 argument」の現れ方については、シンポジウムで柴谷氏の報告の中でも、日本語や英語のいくつか興味深い例による説明があった。

　このレベルでの構成を簡単に特徴づけるとすれば、ここには何かについて何かを述べるという形の陳述が含まれないことである。ここで動詞の項は、純粋に意味機能だけによって（名詞化された）動詞と連携し、情報の新・旧とか話者の視点といった談話レベルでの要因は完全に捨象される。このようにもっぱら意味的要因によって支配される名詞化や語構成に関して最も注目すべきことは、他動詞の2つの項であるAとPの扱いが、日本語や英語に限らず世界の諸言語にほぼ一貫して、能格的、すなわち、S=P≠Aという方式によっていることである（例えばラテン語でも mors Caesaris「シーザーの死」の C. は S, occisio Caesaris「シーザーの殺害」の C. は P であり、これを A とする解釈は通常許されない。

　すなわち、自動詞に付く属格は「主語属格 genitivus subjectivus」、他動詞に付くひとつの属格は「目的語属格 genitivus objectivus」が原則である。このことは、文以下の（つまり陳述を含まない）レベルでは、他動詞の項の中で無標項として第一に順位づけられるのはPであり、Aではないことを示している。換言すれば、他動詞にとって意味的に不可欠な項はPであって、Aではない。Aが不可欠の要素となってくるのは、陳述のレベルにおいてである。ここから次のような普遍性が確立される。これは能格性に関しておそらく最も確実な普遍性と言ってよいだろう。

　　普遍性9：あらゆる言語は、文以下の構成、すなわち名詞化と語構成

の方式において、能格的である。

　名詞化に現れる能格性は、これまで多くの言語でしばしば指摘されてはきたけれども、この事実が能格現象全体の中でどのような意味を持つかについては、従来の能格性に関する議論の中で、ほとんど注意が向けられなかったようである。

12.4.5　能格性／対格性の発生基盤

　以上の考察から、諸言語の文法構造を様々な形で特徴づける能格性／対格性という２つの相対立する原理が、それぞれどのような基盤を持っているかについて、我々はある程度の推定を行うことができよう。おそらく両者の違いは、単なる格標示の方策とか、あるいは、話し手の視点の相違といったものに基づくのではない。能格／対格性の顕現がもしこのような共通の要因によって条件づけられているならば、この現象は諸言語においてほぼ並行的な形をとって現れるはずである。しかし、すでに見てきたように、両者の現れ方は言語構造のレベルによって著しい偏りを見せている。このことは、能格／対格性を現出させる基盤がそれぞれ別個のものであると考えなければ説明できないだろう。

　一般的に言えることは、言語事象が談話ないし伝達のレベルに近づけば近づくほど対格性の原理が強まり、逆に、そこから遠ざかって意味ないし語彙レベルに近づくほど、能格性の原理が強まるということである。この事実は、次のように説明できるだろう。すなわち、対格性は、我々の伝達行為に関係する語用論的な要因によって条件づけられ、他方、能格性は、語彙レベルに直結する意味機能（semantic role）によって条件づけられた２つの違った言語構造化の原理である。他動詞構文における語用論的観点とは、言うまでもなく、theme〜rheme（ないし topic〜comment）のそれであり、意味論的観点とは、動作者〜被動者のそれである。

　「男が皿を割った」という他動詞文と「皿が割れた」という自動詞文において、「皿」を同じひとつの範疇に括るのは、意味論的観点である（どちらも動作の受け手という意味で）。一方、「男」と自動詞の項である「皿」を、意味機能の違いにも関わらず、同一範疇として括るのは、語用論的観点である（どちらも潜在的な題目であるという意味で）。要するに、能格性と対格

性は、人間の言語の根底をなす本質的かつ普遍的な2つの働き、すなわち、意味機能と伝達機能にそれぞれの基盤を持っている。従って、能格性の統語論的基盤というようなものは、対格性の形態論的基盤と同じく、根拠のない仮想にすぎないと言ってよいだろう。

しかし他方、主語 (S=A)・目的語 (P) という文法関係を最も基本的かつ普遍的な概念と見て、能格現象をとるに足りない単なる表層現象とする観点もまた、諸言語の実態を無視したあまりにも ethno-centric（あるいはむしろ Anglo-centric）な言語理論と言うべきだろう。深層・表層という区別に固執するならば、談話レベルに直接結びついているという点で、対格性の方がむしろ表層的であり、能格性は、意味機能に直結しているという点で、より深層的だと言えよう。

これまでの議論の締めくくりとして、言語構造の諸領域の中で能格性と対格性が顕現する序列を示せば、次のような形となるだろう。

要約すれば、能格性は意味レベルにおける述語の項の意味機能に基盤を持ち、まず語形成および形態レベルでの格標示として顕現し、さらに統語レベルにまで及ぶこともあるけれども、談話レベルにまで達することはほとんどない。一方、対格性は談話レベルの情報構造（主・述関係）に基盤を持ち、まず統語レベルにおける主語・目的語という文法関係として顕現し、さらに形態レベルの格標示にまで及ぶことがあるけれども、意味レベルにまで達することはけっしてない。いわゆる「能格言語」と「対格言語」の違いは、諸言語における上の2つの矢印の接点の違いに帰せられるだろう。両者は程度の違いでしかないのである。

12.5　能格性と語順のタイプ

最後に、シンポジウムで取り上げられなかったが、統語類型論のもうひとつの重要なテーマである諸言語の語順のタイプと能格性／対格性の関わりについて少しく触れておきたい。この問題は、これまでの能格性に関する議論

の中で、ほとんど論じられることがなかった。

12.5.1　能格型語順とは？

　一般に格の標示形式は、名詞の語尾あるいは前／後置詞によるのが普通であるが、これを語順によって標示することも可能である。

　例えば、英語やバントゥー諸語は、S–V–O（本稿での表示法では A–V–P）という語順によって主語─目的語を区別する対格型の言語であると言われる。つまり、語順において S=A≠P という方式が現れているからである。すでに述べたように、形態論的な格標示を持たない対格型の言語は、ほとんどこのタイプに属する。このように、対格性が語順という形で顕現するとすれば、能格性も同じく語順によって具現されるという可能性も当然考えられる。そしてこのような能格的語順（すなわち、語順における S=P≠A 方式）として、理論的には次の2つの型が考えられるだろう（カッコ内は通常の表示法）。

　　a）他動詞文：A ─ V ─ P　　（= S─V─O）
　　　 自動詞文：　　 V ─ S
　　b）他動詞文：P ─ V ─ A　　（= O─V─S）
　　　 自動詞文：S ─ V

　しかしながら、後に見るように、A–V–P（=SVO）を基本語順とする言語は数多く存在するけれども、a）のような形の語順によって能格的と見なされるような言語は、これまでに知られたかぎり、皆無である。また、b）の型に関して言えば、最近アマゾン奥地で発見されたヒシカリヤナ語の例が知られるまで[*6]、そもそも他動詞文の基本語順として OVS という型は存在しないと考えられていた。

　また、このヒシカリヤナ語を含むカリブ諸語は、能格的と見られる言語であるが、その能格性は、通常の能格言語と同じく、名詞における格標示や動詞における人称標示によって呈示され、語順によってではない。ちなみに、このグループの多くの言語は SOV 型を示し、ヒシカリヤナ語の自動詞文の

[*6] cf. Derbyshire 1979.

語順は V–S 型のようである*7。従って、語順に関するかぎり、この言語は S=A≠P 方式だと言わなければならない。

以上の観察から、次のような普遍性が導かれるだろう。

> 普遍性 10：いかなる言語も語順だけで能格性を呈示することはない。

12.5.2　能格性と主語・目的語の語順

有名な Greenberg の語順に関する普遍性の第 1 番に挙げられているのは、次のようなものである。

> 「主語と目的語の名詞句を持つ平叙文において、支配的な語順はほとんど常に主語が目的語に先行する型である　'In declarative sentence with nominal subject and object, the dominant order is almost always one in which the subject precedes the object'」(Greenberg 1966: p.61)

ここで主語とされているのは、自動詞文の S および他動詞の文の A であり、目的語は言うまでもなく P である。こうして、Greenberg は他動詞文の理論的に可能な 6 つの型：VSO, SVO, SOV, VOS, OVS, OSV のうち、S（=A）が O に先行する初めの 3 つの語順だけを諸言語の基本的なタイプとして設定した。しかしその後、ヒシカリヤナ語の例に見るように、この「一般法則」に反する事例があちこちで発見されるようなった*8。そのうち、数の上で最も多いのは VOS 型で、マヤ諸語やオーストロネシア諸語にかなり見られる。また、すでに述べたオーストラリアのジルバル語の基本語順は、OSV 型と見られている。

そして、注目すべきことに、Greenberg の法則に違反するかに見えるこれらの諸言語は、全部とは言えないまでも、大部分が能格型とされるタイプに属している。またその中でジルバル語やマヤ諸語は、能格的な統語法を持つ数少ない言語の代表的なものとされる。すでに述べたように、能格的統語法とは「統語主軸 syntactic pivot」として S=P を選ぶ方式である。統語関係を統率するのは、従って、P つまり「目的語」ということになる。このよう

---

*7 cf. Derbyshire 1981.
*8 cf. Pullum 1981.

な点を考慮すれば、能格的な言語の中に「目的語」が「主語」に先行するような語順の型が現れても、けっして不思議ではない。ここでは「目的語」が実質的に「主語」の役割を演じているからである。ここから、次の普遍性が導かれる。

普遍性 11：統語的能格性を呈示する言語は、被動者 P を動作者 A に先行させる傾向がある。

　これまでの考察からも知られるように、「主語」・「目的語」という概念は、対格型の言語に基づいて考察されたもので、この枠組みを能格型（そしてまた「動格型」）の言語にそのまま適用することは不可能である。Greenberg の第 1 法則は、上に見たような多くの例外によって、その妥当性を疑わせたかに見えるけれども、それはこの法則自体ではなく、ここでの「主語」・「目的語」の定義の不的確さにむしろ由来している。「主語」・「目的語」は、類型論にとって必ずしも有効な普遍的概念とは言えないからである。これをもっと適切な概念で置き換えれば、この普遍法則はけっして無効にはならないだろう。

　ところで、Greenberg によって定式化された「主語」と「目的語」の順序に関する諸言語に普遍的なこの傾向は、一般に、情報構造（あるいは communicative dynamism）という観点から説明が与えられている。すなわち、「主語」は通常トピックであり、トピックは旧情報に属し、情報は旧から新へと流れるのが正常な姿であるからと。

　この説明方式をそのまま採用すれば、統語主軸として P（＝「目的語」）を選び、しかもこれを A（＝「主語」）に先行させるような能格型の言語では、A よりも P の方がトピック性が高いという可能性も出てくるだろう[9]。能格型言語におけるトピック性の問題は、このようになかなか難しい面を含んでいる。ただし、VOS 型の言語の場合、O–S（=P–A）の順序は、V と O（=P）の意味的な結びつきの強さに依存しているとも考えられる[10]。

---

[9] cf. Sasse 1978.
[10] cf. Ochs 1982.

12.5.3　能格性と SVO 型語順

　次に、語順との関係で世界諸言語における能格型言語の分布を見ると、ここにも著しい偏りが認められる。すなわち、これまでに知られた能格型とされるほとんどすべての言語は、Greenberg の 3 つの語順型で言うと、SOV および VSO 型（あるいはむしろ、動詞末尾型および動詞文頭型）に属し、一般に SVO――少なくとも本来的あるいは"厳格な"SVO 型と見られる言語の中には、能格型言語の例はこれまで全く知られていない。

　現在、世界言語の中で SVO の語順が最も優勢な地域は、アフリカとヨーロッパである。そしてどうやら地球上でこの 2 つの地域だけが、バスク語という唯一の例外を除いて、能格型言語の存在を全く知らない言語圏を作っている。またこのバスク語は、周辺の一部ウラル系言語を除けば、ヨーロッパにおけるほとんど唯一の SOV 型言語として知られている。このような事実から、能格型言語の現れ方を制限する次のような普遍性が導かれるだろう。

　　普遍性 12：もしある言語の基本語順が SVO 型――少なくとも "厳格な" SVO 型――であるならば、その言語は非能格型に属する。

　ここで仮に "厳格な" と呼んだのは、V の前と後という両極的な位置によって「主語・目的語」という文法関係を標示するようなタイプで、英語、ロマンス諸語、中国語、バントゥー諸語などがその典型的な例である。

　これらの言語は、語順以外にこのような関係を標示する手段を持たない。つまりこの語順は、形態論的な意味での格の体系を持たない言語に現れるのが最も普通である。従って、「普遍性 12」は先の「普遍性 10」と密接に関連している。SVO の配列が語順だけで文法関係を表すほとんど唯一の手段であり、また一方、能格性が語順だけではけっして具現されず、ほとんど常に形態的な格標示と結びついて顕現するものだとすれば、SVO 型の言語に能格現象が現れないのは、当然の成り行きと言えるだろう。能格性は、すでに述べたように、名詞（句）の意味機能と深く結びつき、またこれは、語順によって表されるような抽象的な関係とは異質なものだからである。

　ところで、能格型の言語は世界諸言語の中の少数派に属し、世界の圧倒的多数の言語は対格型である、というような意見がしばしば聞かれる。はたし

てそうだろうか。能格型の言語は比較的少ないという印象を与えるのは、今述べたように、SVO 型の言語の中には通常の意味での能格現象が顕現しないということと深く関係している。

世界諸言語を語順のタイプによって分類して、その出現頻度を見ると、ごく概略的に、SOV：5，SVO：4，VSO（または VOS）：1 というような割合になる。ここで SVO 型語順が能格現象と無縁だとすると、世界諸言語のおよそ 4 割が能格言語である可能性を最初から排除されていることになる。諸言語を能格的か対格的かという基準で分類する場合、この SVO 型の言語は除外して考える方がむしろ適切だと思われる。名詞の形態的な格標示が重要な役割を演ずる SOV 型、あるいは少数ではあるが VSO/VOS 型の言語と、形態的な格標示を持たない SVO 型の言語との間には、文法組織の面で相当な違いが認められるからである。SVO 型は対格型言語の中の独自のタイプとして別個に扱うことも、場合によっては必要である（例えば、いわゆる「主語重視型 subject-prominent」の言語は、おおむねこのタイプに属している）。

そこで、SVO 型の言語を除外して世界諸言語を眺め渡してみると、能格型の言語はけっして少数派とは言えない。目下のところ、アメリカ大陸における諸言語の語順のタイプの現れ方があまりはっきりしないので、正確なことは言えないけれども、大雑把な印象としては、能格型の言語の方が数の上ではむしろ多いのではないかと思われる。

Greenberg の語順に関する普遍性の中に「SOV 型の言語は、ほとんど常に格組織を持つ」(Univ. 41) というものがある。ここで「格組織」と言われるのは形態論的な意味のものであるが、すでに見たように、能格性／対格性は、何よりもまず、このような格組織の在り方として問題になるものであった。そして形態論のこのレベルから眺めるとき、能格型標示は、対格型標示に較べて不自然だとか特異だとはけっして言えない。それどころか、格標示の在り方としては、名詞の意味機能により忠実だという意味で、対格型よりむしろ自然だと言わなければならない。

前にも述べたように、対格型の言語では、主格に対して有標な対格を、他の例えば具格とか所格と同じように、首尾一貫して標示する言語は稀である。他の格に較べて、主格〜対格はきわめて抽象的ないわば文法化された格

であり、従って、語順やその他の文法的手段によっても十分表すことができる。それに対して能格は、その意味機能がもっと具体的であり、従って、これを持つ言語では、他の具体的な格と同じように、一貫して格標示されるのが普通である。

さらにまた、能格はこれらの具体的な格、例えば具格、所格、所有格などと同じ形で現れることが多い。意味機能という点で、これらの格と共通するものを持っているからである。能格性がこのように格標示にとってより自然な在り方だとすれば、格組織を持つ言語、つまり一般的には、動詞末尾、動詞文頭型の言語の中で能格型が優位を占めたとしても、特に不思議とは言えない。能格言語を遠い世界の奇異な現象と見るのは、SVO型中心の言語観から生まれた偏見とも言えるからである。

＊　＊　＊　＊　＊　＊　＊

以上、能格現象をめぐっていくつかの「普遍性」を仮設してみたが、シンポジウムの席上でも述べた通り、これらはいずれも暫定的なものにすぎない。今後の研究の進展によって、これがさらに修正されまた拡大されることを期待して止まない。終わりに、これまでの考察を進める中で、多くの示唆と有益な知見を授けて下さった4人の発表者とシンポジウムの討論に参加された方々に心から感謝の意を表したい。

【引用文献】

Anderson, S.R. 1977, 'On mechanisms by which languages become ergative', *Mechanisms of syntactic change* (Li, C.N. ed.): 317–363.

Blake, B.J. 1976, 'On ergativity and the notion of subject', *Lingua* 39: 281–300.

―――― 1979, 'Degree of ergativity in Australia', *Ergativity* (Plank, F. ed.): 291–305.

Derbyshire, D.C. 1979, *Hixkaryana* (Lingua Descriptive Studies 1).

―――― 1981, 'A diachronic explanation for the origin of OVS in some Carib languages', *Journal of Linguistics* 17: 209–220.

Dixon, R.M.W. 1972, *The Dyirbal language of North Queensland*, Cambridge.

Greenberg, J.H. 1966, 'Some universals of grammar with particular reference to the order of meaningful elements', *Universals of language*: 73–113.

Hopper, P.J. & S.A. Thompson 1980, 'Transitivity in grammar and discourse', *Language* 56: 251–299.

Keenan, E.L. & B. Comrie 1977, 'Noun phrase accessibility and universal grammar', *Linguistic Inquiry* 8: 63–99.

Kuryłowicz, J. 1946, 'La construction ergative et le développement "stadial" du langage', *Esquisses linguistiques* 1: 95–108.

Larsen, T.W. & W.M. Norman 1979, 'Correlates of ergativity in Mayan grammar', *Ergativity* (Plank, F. ed.): 346–370.

Li, C.N. & R. Lang 1979, 'The syntactic irrelevance of an ergative case in Enga and other Papuan languages', *Ergativity*: 307–324.

Merlan, F. 1985, 'Split intransitivity: functional oppositions in intransitive inflexion', *Grammar inside and outside the clause* (Nichols, J. & A.C. Woodbury, eds.): 324–362.

Ochs, E. 1982, 'Ergativity and word order in Samoan child language', *Language* 58: 646–671.

Pullum, G.K. 1981, 'Languages with object before subject: a comment and a catalogue', *Linguistics* 19: 147–157.

Sasse, H.-J. 1978, 'Subjekt und Ergativ: zur pragmatischen Grundlage primärer grammatischer Relationen', *Folia Linguistica* 12: 219–252.

Silverstein, M. 1976, 'Hierarchy of features and ergativity', *Grammatical categories in Australian languages* (Dixon, R.M.W. ed.): 112–171.

Tsunoda, T. 1985, 'Remarks on transitivity', *Journal of Linguistics* 21: 385–396.

第 IV 部

日本語・日本人のルーツを探る

第 13 章

イネ・コメ語源考

13.1　インドのイネ・コメ

　アジアで栽培され食用に供されるイネ・コメには、「インディカ」種と「ジャポニカ」種という主要な２つの品種が区別されている。最近の学説によれば、この２つの栽培種はそれぞれ起源を異にし、インディカ種はインドの中部ないし南部地域で今から４〜５千年ほど前に発祥したものらしい。

　この稲作の発祥に関わったのは、印欧語系アーリア人の到来前からこの地域に居住していたドラヴィダ系集団と見られ、サンスクリット語でイネ・コメを意味する vrīhi ということばは、どうやらこのドラヴィダ語からの借用である。

　現在、ドラヴィダ語の代表的な言語とされる南インドのタミル語で、栽培種のイネ・コメは vari, varici（または ari, arici）と呼ばれ、vari/ari が「イネ」を、-ci の付いた形が「コメ」を意味する。紀元前２千年紀の中頃、この地に到来したアーリア人は、このドラヴィダ人から稲作と共にコメを表すことばを受容したものと見られる。ちなみに、この vrīhi という語はインドの聖典『アタルヴァ・ヴェーダ』（紀元前 1,200〜1,000 年頃）の中にすでに現れている。

　インドで発祥したこのインディカ種のイネ・コメは、その後中近東、中央アジア、地中海世界へと拡がったが、その伝播は、イネの栽培というより食用に供されるコメの受容という形で、それを表すことばは、ほとんどすべてサンスクリット語の vrīhi に由来すると見られている。

すなわちこの vrīhi は、まず東のイラン語で uriʒe、西のペルシア語で gurinʒ/birinʒ のような形で導入された。ここからまず東イラン語系の形を通じて、ギリシア語とラテン語で oryza、イタリア語で riso、フランス語で riz、ドイツ語で Reis、英語で rice、ロシア語で ris などの形となってヨーロッパの各地に拡がり、一方同じことばは、古代オリエントのアッカド語で kurangu、中央アジアのチュルク系ウズベク語で gurunch、アナトリアのトルコ語で pirinch、カフカス南部のグルジア語で brindʒi、チェチェンのアヴァール語で pirinci などの形をとり、これはどうやら西イラン系ペルシア語の形からきている。ただし、ヨーロッパ諸語の中でスペイン語とポルトガル語のコメは arroz という形で、こちらはアラビア語の 'aruz に由来し、このアラビア語はタミル語の arici から直接借用されたものらしい。

このように、インドに発祥しそこから西の世界に拡がったインディカ系のイネ・コメは、ことばの側から眺めると、究極的にはすべてインドの古い居住民ドラヴィダ人とその言語に遡り、またそこから周辺地域へ伝播したその筋道も、かなり正確に跡づけられる。

13.2　東アジアのイネ・コメ:「ジャポニカ」種

このインディカ種に対して、「ジャポニカ」種と呼ばれる栽培イネの発祥地は、最近の専門諸家のほぼ一致した意見によれば、中国大陸を南北に隔てる長江の中・下流域、またその年代は今からおおよそ7～8千年前とされ、インディカ種のそれよりもはるかに古い。

長江流域に発祥したこの稲作は、その後東アジアの各地に拡がり、最終的には中国から東南アジアの大陸部、フィリピン、インドネシアを含む島嶼部のほぼ全域、さらに北方では、朝鮮半島から日本列島に及ぶユーラシア大陸の太平洋沿岸部に広大な稲作圏が形成された。東アジアにおける稲作のこのような拡散は、これらの地域でイネ・コメを表すことばにどのような形で反映しているだろうか。

13.3 東南アジアのイネ・コメ

　長江流域に発祥した稲作は、まず最初にその南方世界へと拡がったと見られる。この拡散を担ったのは、言語系統的にはオーストロネシア、オーストロアジアそしてタイ・カダイという3つの語族である。時期的には、オーストロネシア、オーストロアジア系諸族の移住が最も早く、今から4〜5千年前頃、前者はその本拠地とされる台湾からフィリピン、インドネシアの島嶼部を目指し、後者は中国大陸西南部を南下してインドシナ半島からさらにインド東部まで拡がった。

　一方、タイ・カダイ系諸族の東南アジア地域への進出は、稲作民の南方拡散の最終段階を画するもので、時期的にはモンゴル軍団がユーラシア全域を席巻した12〜13世紀の頃とされる。これらの集団の南方移動とそれに伴う稲作の拡散は、現在これらの地域で話されている言語のイネ・コメを表すことばからはっきり読みとることができる。

13.3.1　オーストロネシア諸語

　まず、オーストロネシア諸語から見ていくと、現在インドネシアで広く話されているマレー語で、イネは padi、コメは beras という形をとる。この2つのことばは、オーストロネシア語圏で稲作が行われているほぼ全域を通じて、表面上の発音は異なるけれども、ほぼ確実に同源と見られる形が共有されている。

　例えば、イネを表すマレー語の padi は、ジャワ語で pari、フィリピンのタガログ語で palay、台湾のパイワン語で paday、アタヤル語で pagai という形で現れ、祖語形として *paɣaj のような形が想定される。一方、コメを意味する beras の方は、タガログ語で bigas、イロカノ語で bagas、台湾のアミ語で vərats などで現れ、*bəɣaʒ のような祖語形が推定できる。語頭音節の pa- と bə- はどうやら接頭辞で、語幹部の ɣaj と ɣaʒ は、元は同じ語根の派生形と見てよいかもしれない。

13.3.2 タイ・カダイ諸語

　台湾からオセアニア世界へ拡散したオーストロネシア語族と系統的に最も近親なのがタイ・カダイ語族である。タイ・カダイと呼ばれる集団は、古く中国南部の太平洋沿岸部に居住し、中国史書で「百越」と呼ばれた諸族の後裔と見られる。これらの集団は、現在中国南部の広西壮族自治区、広東、貴州、雲南省そこから東南アジア大陸部、さらにインド北東のアッサム地域まで拡がったが、拡散の時期が比較的新しいために、言語間の近親度が高く、この点は稲作語彙にもそのまま反映している。

　これらの言語でイネ・コメを表すことばは、基本的に一種類である。例えば、東南アジアで話されるタイ語、ラオ語、シャン語などでは xau、雲南に分布するタイ・ルー、タイ・ヌア語で xau、広西の壮語で həu、貴州の布依語で ɣau のような形で現れ、祖語形として *xau/*ɣau のような形が想定される。タイ・カダイ諸語で興味深いのは、イネ・コメを表すこのことばが煮炊きされたコメつまり「メシ」の意味を併せ持つことで、こちらがその本来的な意味のようである。

　例えば現在のタイ語で、必要に応じてイネは xau plwək、コメは xau saan のように区別されるけれども、メシの意味では単に xau である。ちなみに、plwək は「稲穂・籾殻」、saan は「中身、本体」というような意味である。

13.3.3 オーストロアジア諸語

　タイ・カダイ諸語に較べて、オーストロアジア諸語のイネ・コメを表すことばは、言語間での現れ方がかなり複雑である。ここでは要点だけを述べると、これらの言語でイネ・コメを表す基本的な語幹は、その祖語形として *gauk または *kauk というような形が想定される。ただし、この語幹はそれだけで独立に使われるよりも、そこに何らかの接頭辞が付いて、イネとコメが区別されている。

　例えば、雲南省で話されているパラウン語でコメとイネは、それぞれ rəkau と hŋau、同じくクム語で rŋkoʔ と hŋoʔ、クメール文語で raŋko と srū、古典モン語で sŋu と sroʔ などである。これらの接頭辞は言語間での現れ方が必ずしも斉一でないけれども、ここに挙げた対応例などから見ると、語幹の

*gauk/*kauk にそれぞれ *rə[n]- と *sə[n]- のような接頭辞が付いた形のようである。

　オーストロアジア諸語でイネ・コメを表すことばとしては、このほかに ba-/ma- という語頭に唇音を持つ形があって、特にヴェトナム南部からマレー半島に分布するバナル、アスリ語群やインド東部のムンダ語群に数多く現れる。その具現形は言語によって maw/baw、may/bay、さらにまた bā、bābā のように様々な形をとっている。

　これと同じような語頭に唇音 ma- を持つ語形は、オーストロネシア諸語の中にもしばしば見られる。ここではどうやら接頭辞を伴って、例えば、台湾のプユマ語で rumay、フィリピンのヒリガイノン語で humay、マノボ語で ʔomay などで現れ、祖形として *xu-may のような形が想定される。しかし、この語がイネの意味で使われるのは一部の言語に限られ、イネに対して paɣaʒ 系の語を持つ言語では、*xu-may はもっぱらメシの意味を担っている。

　語頭に ba-/ma- を持つこれらのことばは、どうやら日本語の「ママ」あるいは「マンマ」と同じように、メシを意味する幼児語に由来するようである。例えば、ムンダ語の baba には今でもこのような幼児語的ニュアンスが伴うらしい。ちなみに、アイヌ語でイネ・コメを表すことばも aman/amama という形で、これも幼児語的起源を示唆している。

　ところで、オーストロネシア語でイネ・コメを表す語幹部の *ɣaj/*ɣaʒ、タイ・カダイ諸語の *xau/*ɣau、オーストロアジア諸語の *gauk/*kauk は、いずれもその語頭に軟口蓋子音を持ち、全体としての語形も非常に似ている。従って、長江流域で稲作が発祥した７〜８千年前というような遠い過去に遡れば、いずれも同じ祖形に遡る可能性が十分考えられる。現在、これらの言語は地理的に長江流域とはかけ離れた場所で話されているけれども、これは今から２千年ほど前から始まった漢語圏の拡大・膨張の結果で、本来の姿を映し出しているわけではない。

13.4　漢語のイネ・コメ

　漢語を話すいわゆる「漢民族」は、元もと黄河中流域に今から４千年ほど前に出現した「夏」という国に発したとされ、言語系統的にはチベット・ビ

ルマ語族とつながる。黄河中流域を本拠として夏、殷、周と続いた漢語・漢民族のこの領域では、主食となる農作物はムギ、アワ、キビなどが中心で、イネを受容したのはそれ程古くない。

　周知のように、標準的な漢語でイネを表すことばは「稲 dào」である。この語は甲骨文には見られず、周代の金石文で初めて現れる。当時、この「稲」は今のモチゴメに近い粘りけの強い品種で、通常の食用よりもむしろ酒の材料など特殊な用途に供されていたらしい。

　ところでイネ・コメを表すことばは、漢語圏の全体を見渡すと、実はこの「稲」だけではない。現在の漢語圏でイネに対して「稲」を当てるのは、手許の『漢語方言詞彙』(1995) などで見ると、いわゆる北京官話に代表される北方漢語を中心として、そのほかでは、長江下流域の江蘇省と浙江省、つまり呉方言の話される地域、そこから南に飛んで福建省の閩方言圏に限られる。

　これ以外の漢語圏で、イネを表すことばには 2 種類あって、ひとつは漢字の「禾」、もうひとつは「穀」に相当する。この中で「禾」をイネの意味で使うのは、現在の江西、湖南から広東省のあたりで、方言的には湘語、贛(カン)語、粵(エツ)語などの分布圏である。それに対して「穀」が使われるのは、湖北、四川、貴州、雲南省を含む地域で、現在は西南官話と呼ばれる漢語方言が話されている。

　この中で「禾」という漢字の中古音は ɦua または ɣua とされる。その音形から見て、先に見たタイ・カダイ語の *xau/*ɣau との類似は見紛うべくもなく、イネを表すこの漢語がこれらの言語から借用されたことを歴然と物語っている。

　次に「穀」は、中古音で kuk、上古音で kauk のような音価を持っていた。とすれば、このことばは、先に見たオーストロアジア語の *kauk/*gauk から借用されたと見てまず間違いないだろう。オーストロアジア語を話す集団は、かつて中国の西南地域に居住して「百濮」と呼ばれた古い原住民の後裔で、その原郷は、かつて巴や蜀の栄えた長江中・上流域のあたりだったらしい。ちなみに、長江の古い名称は単に「江」であるが、この河川名がオーストロアジア語で川を意味する *klong に由来することは、すでに広く知られている。

　最後に、「稲」の語源は何か。この漢字は中古音で dau、上古音で du/dua のような音だった。これまでに検討したオーストロネシア、タイ・カダイ、

オーストロアジア諸語のイネ・コメ語彙の中には、これと直接つながるような形は見あたらない。しかし、長江流域の稲作に関与した古い住民としてもうひとつ見逃してならないのは、現在貴州省から雲南省あたりの山間僻地に居住する「ミャオ・ヤオ」と呼ばれる集団である。

ミャオ・ヤオ族はかつて長江、淮河さらに黄河下流域にかけて居住し、「三苗」と呼ばれた太古の東夷系集団の末裔とされる。これらの言語でイネを表すことばは、現在の貴州東部方言で na、湖南西部方言で nu という形で現れ、その祖型として *nu/*nua のような形が想定される。語頭に n- を持つこれに類した語形は、『説文解字』その他の証言によれば、戦国時代に栄えた呉や楚の土着語でも使われていたようである[*1]。

ところで、漢語圏の特に北方域では、語頭の n- がしばしば d- に転化する。日本の漢字音を見ても、例えば漢字の「努」「男」は呉音で「ヌ」「ナン」、漢音で「ド」「ダン」となる。とすれば、漢語の「稲」は長江下流域で話されていた nu/nua という語がその北方域で du/dua となって借用されたと見てよいだろう。

なお、ミャオ・ヤオ語でモチゴメは nu/nua から派生した nju/njua のような形となる。漢語で同じ意味を表すことばは「糯」であるが、この漢字の上古音も nu ないし nju で、ここではどうやら n- 形がそのまま借用されている。「稲」と「糯」は、元もとミャオ・ヤオ語で同源のことばだったと見てよいだろう。なお、ミャオ・ヤオ語の nu/nua は、「タベル」を意味する動詞 nuŋ/noŋ とつながり、元もと「メシ」を意味したようである。

ついでながら、黄河は古く「河水」と呼ばれたが、この「河」も、元は前述の「江」と同じ固有名で、こちらはどうやらミャオ・ヤオ語で川・水を意味する *ɣua という形に由来するようである。

以上概略したように、長江流域で発祥した稲作とその拡散には、インドのドラヴィダ人のような単一集団ではなく、オーストロネシア系、タイ・カダイ系、オーストロアジア系そしてミャオ・ヤオ系という少なくとも4つの集団が関与していた。これらは言語的にもそれぞれ独立の語族と見なされ、イネ・コメを表すことばの面でも、この点ははっきりしている。

また中国大陸から東南アジア世界へと拡がったこの稲作圏で、とりわけ注

[*1] 『説文解字』:「沛国謂稲曰稬 (nua)」、『春秋穀梁伝』:「呉謂善伊、謂稲 緩」。

目されるのは、稲作の拡散が単に作物としてのイネ・コメの伝播ではなく、稲作とそれに関わる独自の言語を携えた集団の移住という形でなされたことで、この点はインディカ系のイネ・コメがその西方世界へ拡がったのとは全く様相を異にする。

しかし、このような形の稲作の拡散は、東アジアに現出した稲作圏の全域にわたって行われたわけではない。長江流域に発祥した稲作民の拡散は、どうやらもっぱら南方を目指したようで、日本列島を含むその北方域は、これら稲作民の視界には入っていなかったようである。それでは、日本列島や朝鮮半島における稲作の伝来は、はたしてどのような形で行われたのだろうか。

13.5 日本語のイネ・コメ

日本語でイネを表すことばは、もちろん「イネ」である。これは上代文献以来の由緒正しいことばで、元もと「ヨネ」とセットになって、それぞれ漢語の「稲」と「米」に対応して使い分けられた。このイネには別に「イナ」という形があって、こちらの方が本来の語幹である。イネはこの語幹に -i という接尾語がついた ina-i という形に由来する。対応するヨネは、上代文献で用例が少ないために、ヨナという形が例証されないけれども、元はヨナという形を持っていたと見てよいだろう。「ヨナゴ」、「ヨナミネ」など地名や人名ではヨナが現れる。

日本語のイナ・ヨナは、管見のかぎり、東アジアの稲作圏のいかなる言語にも直接つながる形が見あたらない。論者の中にはその語幹に含まれる「ナ」に着目して、中国古文献に現れ古代呉語とおぼしき nuan（つまりミャオ・ヤオ語の nu/nua）に結びつけて解釈する向きも見られた。しかし、この解釈ではイナ、ヨナの語頭のイ、ヨが全く説明できない。

私見によれば、この語は元もとイ-ナ、ヨ-ナのような複合語で、そのナはワカ-ナ（若菜）のナ、サカ-ナ（酒菜・肴）のナに通じる。このナは上代語では主に副食物を指すけれども、本来は山野で採集された食物の意味で、多くを採集に頼った昔の縄文人にとって食物一般を意味することばだったに違いない。とすれば、ヨ-ナのヨは「良い」のヨで、要するに「よい食物」という意味になる。イナはヨナの変異形として生じたと見てよいだろう。

13.5 日本語のイネ・コメ

　この中で「米」の意味でのヨネは、その後「コメ」という新しいことばに置き換えられた。「コメ」は、上代文献では日本書紀に見られるけれども古事記、万葉集には用例がない。これが広く使われるようになったのは、平安時代以降のようである。

　上代語のコメの表記は、正確には ko_2me_2 で、コもメも上代仮名遣いでいわゆる「乙類母音」である。一般に、上代語で語末に現れる乙類エは起源的に a-i に由来し、従ってアの交替形を持つのが普通であるが、コメには対応するコマという形が存在しない。また、コメのように同一語幹の中で乙類オと乙類エが共存するというのも、日本語の語形としては異例なことで、こうした点から、この語は著しく外来語的様相を帯びていると言える。

　仮に、これを外来起源と見れば、このコメという語形にぴったり一致するのは、すでに見たオーストロネシア語でメシまたはイネを意味する *xumay を措いてほかにないだろう。しかし、このオーストロネシア語が日本語に借用されたとして、それがいつどのような経路でなされたのか、この問題を論じるのはここでは控えよう。

　日本語の中に入ったイネ・コメ関連のオーストロネシア語としてもうひとつ考えられるのは、日本語でモチゴメ、モチイネに対して普通のコメ、イネを意味する「ウル、ウルチ、ウルシネ」ということばである。これはかつて東南アジアで繁栄を誇った「チャンパ王国」との何らかの交流によって日本語にもたらされた可能性が高い。

　チャンパ（漢語で占城）という王国は紀元後4〜5世紀以来、現在のヴェトナム南部に進出したインドネシア系集団によって創建された王国である。ここで話されていたチャンパ語はインドネシア語と近親な言語であるが、大陸部東南アジアの土着の言語の影響で、本来のオーストロネシア語を特徴づける2音節語が単音節化する傾向が現れ、例えば、マレー語でコメを意味する beras という語は、第一音節の母音を弱めて、bras/bruh のような単音節語に近い形となっていた。またチャンパを含めて東南アジアのこの地域は早くからインド文化の強い影響下に置かれていたので、インディカ系のイネも早くから導入されていたようである。このインディカ系のコメは粘りけのないいわゆるパサパサした品種で、この粘りけが全くないコメがチャンパ語の bras/bruh という名称と共に日本に導入された、というのが目下の筆者の推定である。一方、日本語のウル・ウルチをサンスクリット語の vrīhi に結び

つける古くから流布した見解は、全く根拠のない俗説と言ってよいだろう。

13.6　朝鮮語のイネ・コメ

　最後になったが、朝鮮半島でイネ・コメを表すことばは、はたしてどのように現れるか。総じて、稲作関係の語彙に関し、日本語と朝鮮語の間で一致することばはほとんど見られない。イネ・コメに関しても同様で、朝鮮語でイネは pyə と呼ばれ、日本語とは似ても似つかない形である。

　ただし、朝鮮語にはこの pyə のほかに、イネを表す narak ということばがあって、小倉進平博士の『朝鮮語方言の研究』(1944) によれば、こちらは忠清道、慶尚道、全羅道など朝鮮半島南部の方言で用いられるという。この narak の na- と日本語のイナを結びつける論者もないわけではないが、この語の漢字表記を見ると「羅洛」「羅録」となっている。とすれば、語頭の音節は元もとラで、これが語頭にラ行音を許容しないという朝鮮語の音韻的制約によって na- に変わったものかもしれない。従って、このことばは朝鮮語にとって外来語起源の可能性がきわめて高い。しかし、今のところその背景は闇に包まれている。

　次に、朝鮮語でコメを意味することばは、現代語で ssar という形をとる。これは元もと psar、さらに遡れば pɔsar のような形で、どうやら「菩薩」という語に由来するらしい。日本の俗語で、コメのことを「舎利（シャリ）」というのと一脈通じることばである。とすれば、朝鮮語でこのことばが生じたのは、時期的にかなり新しいと見なければならないだろう。

　残されたのは、イネを意味する朝鮮語の pyə である。この語源も定かでないが、どうやらこれは日本語の「ヒエ」（古い発音は piye）から借用されたという可能性が考えられる。栽培種のヒエ（稗）は、日本では縄文時代中期からすでに存在し、一説によれば、ヒエの栽培はほかならぬこの日本列島で発祥したと言われる。このことばは、アイヌ語でも piapa という形をとって現れる。こうして見ると、ヒエの栽培種は東北、北海道だけでなく、朝鮮半島へも伝わったと見てよいだろう。日本ではその後新たに導入されたイネに対して、ヒエの代わりに「ヨナ・イナ」という名称が与えられたけれども、稲作の導入・定着が遅れた朝鮮半島の北方域では、古いヒエの名称がイネも含めた穀物の総称としてそのまま存続したのかもしれない。

* * * * * * *

　以上略述したように、言語面から眺めるかぎり、東アジア北方域へのイネの伝来は、南方で起こったような稲作民の移住・拡散という形ではなく、作物としてのイネだけが何らかの流通経路で伝えられ、それを列島の縄文人や朝鮮半島の住民が自主的に受容した結果と見なければならない。長江流域で発祥したもろもろのイネ・コメ語彙が、後代に流入したと見られる外来語を除いて、古い日本語、朝鮮語の中に全くみあたらないからである。弥生時代の開幕期に新たな稲作集団の到来を想定する一部古代史家の憶説は、この際根本的に見直す必要があるだろう。

第 14 章

イネ・コメの比較言語学

<講 演 要 旨>

　アジアにおける稲作の起源と伝播の問題は、日本民族や日本文化のルーツとも関連して、長年にわたり様々な立場から論議の的とされてきた。この問題をめぐるこれまでの研究を振り返ると、そこには 2 つの大きな画期があった。ひとつは、戦後間もなく民俗学者柳田国男氏と農学者安藤広太郎氏を中心に組織された「稲作史研究会」による研究報告『稲の日本史』I-V（1955–63, 再版 1969）、次いで 1980 年代、京都大学の渡部忠世氏や民族学博物館の佐々木高明氏などによる共同研究『稲のアジア史』3 巻（1987、再刊 2001）である。

　こうした研究で中心的な役割を担ってきたのは、当然のことながら、農学者や民族学者たちで、言語学の側からこの問題に関わったのは、管見のかぎり、「稲と言語」というテーマで稲作史研究会が行った最初の共同討議（1952 年 9 月）とそこに寄せられた松本信広・馬淵東一両氏による「稲作語彙の分布図と説明」という今となっては希少な労作が挙げられるだけである。それ以後半世紀余り、この問題に対する言語面からのアプローチは、少なくとも日本では、全く跡を絶ったかに見える。

　この間、稲作の起源をめぐって学説上の大きな変動もあった。20 世紀中頃まで西欧諸学者によって唱導された「ヒマラヤ南麓説」、70 年代以降とりわけ日本の学界で有力視された「アッサム・雲南起源説」、しかし現在ではこれに代わって、長江の中・下流域、その年代も今から 7～8 千年前とする

見方が最近の考古学的証拠や遺伝子研究によってほぼ不動のものとなった。加えてまた、中国大陸を中心とする東アジア諸言語の実地調査やそれらの系統関係に関するその後の研究の進展も見逃せない。

　長江流域に発祥した稲作は、いつどのような経路で周辺地域へ拡がり、またそれを担ったのははたしてどのような集団だったのか。さらにまた、日本列島や朝鮮半島への稲の伝来はどのような形で行われたのか、こうした問題にもっぱら言語の側面から光を当ててみよう（あるいはむしろそのための基本的データを提供したい）というのが本講演の趣旨にほかならない。

＊＊＊＊＊＊＊＊＊＊

14.1　はじめに

　稲作の起源と伝播というような問題は、これまではもっぱら農学や考古学・民族学畑の研究対象とされてきました。言語学の側からの取り組みは、冒頭の＜講演要旨＞で触れましたように、戦後間もなく「稲作研究会」のメンバーによって「稲と言語」というテーマで取り上げられたのがほとんど唯一のケースで、それ以後、このような試みは全く跡を絶ってしまったようです。そのひとつの原因として、アジア稲作圏内部の民族や言語の構成が非常に複雑で、しかも、その歴史的背景や系統関係がほとんど闇に包まれていた、という点が挙げられるかと思います。ことばの面からこれに取り組もうとしても、どこから手を付けてよいのか見当もつかないというのが、これまでの実状だったと言ってよいでしょう。

　そこで、私としてはまず、東アジア稲作の発祥地としてほぼ確実視されるようになった中国大陸の長江流域で、この稲作に関与したのはどのような集団であったのか、という問いから出発したいと思うわけです。

14.2 今から5千年前頃の東アジアの推定された言語分布

まずは、下の図14.1をご覧ください。これは、後に稲作が拡がることになったアジア地域の今から5千年前頃（つまり稲作の伝播・拡散が始まる直前の時代、日本列島では縄文時代の中期、三内丸山遺跡で垣間見せた縄文文化の最盛期に当たりますが）この時期の言語分布について、私の目下の見通しをごく単純化して図示したものです。

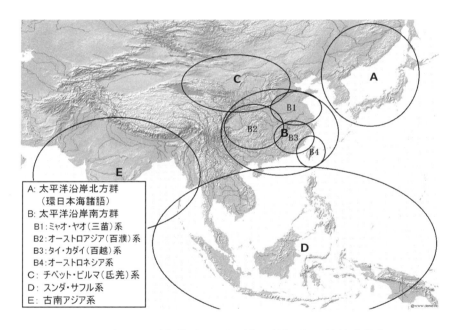

図14.1　今から5千年前頃のアジア(後の稲作圏)の言語分布推定図

ここに、A、B、C、D、Eという5つの主要な言語群（ないし言語圏）が挙げられていますが、今日の話の中で焦点となるのは、この中のB群、すなわち**「太平洋沿岸南方群」**と名づけられた言語集団です。これは巨視的にはひとつの系統的単位と見ることができますが、ここで問題となるような段

階では、B1からB4までの符号のついた4つの語族として捉えられ、これが長江流域で発祥した稲作とその稲作の伝播・拡散に直接関与した集団の有力候補と目されるわけです。

現在の語族の名称で言いますと、B1が「**ミャオ・ヤオ語族**」、B2が「**オーストロアジア語族**」、B3が「**タイ・カダイ語族**」、B4が「**オーストロネシア語族**」ということで、図に示されたそれぞれの分布域が、これらの語族の推定された原郷地にほぼ該当する、というのが私の目下の解釈、というよりむしろ作業仮説と言った方がよいかもしれません。

このほかに、中国大陸に原郷地を持つと見られるもうひとつの重要な語族として「**チベット・ビルマ語族**」が挙げられます（図のC）。この図で示されたように、その分布域は黄河上流域からその後背地（つまり現在の「青蔵高原」）にかけたあたりと私は推定しています。

ところで、図14.1に示された言語分布図の中で、現在の中国語（私はここでは「**漢語**」と呼んでいますが）、この漢語がこの地図には存在しません。通常、漢語は「シナ・チベット語族」という名称で、チベット・ビルマ語族（C）と並ぶもう一方の支脈として位置づけられていますが、私の解釈では、漢語という言語は、チベット・ビルマ系の言語と太平洋沿岸系（つまりB群）の言語が、黄河中流域のあたりで接触することによって生じた一種の混合言語（いわゆるクレオール）で、系統的にはチベット・ビルマ語のひとつの派生形態として位置づけられる、というように考えています。その発祥年代は、中国の伝説で「夏王朝」が出現したとされる今から4千年ほど前と見てよいでしょう。従って、漢語および「漢民族」は、稲作の発祥とその拡散の初期段階には全く関与していなかったと見なければなりません。

なお、この図でD:「**スンダ・サフル系**」とあるのは、正確には、「**スンダ系**」と「**サフル系**」の2つに分けるべきで、前者は、東南アジア大陸部と島嶼部がかつて陸続きとなって「スンダランド」と呼ばれた亜大陸およびその周辺地域の原住民です。現在の主にオーストロネシア系および、一部オーストロアジア系諸集団の「基層民」として位置づけられるでしょう。それに対して「サフル系」というのは、現在のオーストラリア原住民、およびニューギニアの私の命名では「パプア内陸高地語群」と呼ばれる諸言語を話す集団の2つを含む集団です。オーストラリアとニューギニアもかつては地続きで、「サフル」と呼ばれる大陸を形成していました。

14.2 今から5千年前頃の東アジアの推定された言語分布　　219

一方、**E**:「**古南アジア系**」というのは、言語的にはドラヴィダ語族およびブルシャスキー語その他インドの系統的孤立言語を話すアーリア前の先住諸集団を指します。このインドの地も、長江流域と並んでアジア稲作のもうひとつの発祥地として知られていますが、この集団は、どうやらアンダマン諸島を介して今述べた「スンダ系」集団と言語的・遺伝子的にかなり近い関係にあるようです。

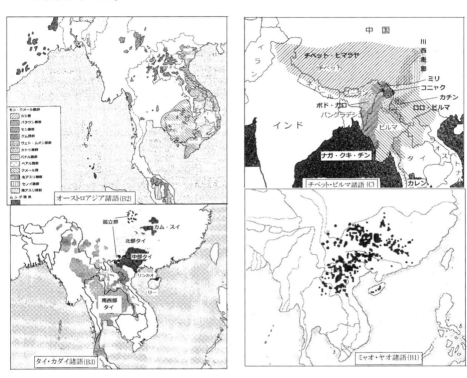

図14.2　先史中国大陸部の4語族(**B1, B2, B3, C**)の現在の分布図

各語族の東南アジアへの推定移動時期：**B2**=BC2500–BC500?, **C**=BC1000?–AD1000, **B3**=AD700?–1400, (**B1**=AD1800–)

最後に、これら諸語族の現在の地理的分布の概略と推定されたそれぞれの移動時期については、上の図14.2をご参照ください。ここではオセアニア世界に進出したオーストロネシア語族の分布図は省略し、その代わりに他

の3語族の移住・拡散と密接に関わったチベット・ビルマ諸語の分布図を加えてあります。各語族の分布は同じ地域で複雑に入り混じり重なり合い、一方、かつての原郷地は「漢語」という新興言語によって、ほとんど覆い尽くされてしまいました。なお、この地図で示された言語群の性格やその系統関係について、詳しいことは拙著2007と2010をご参照願うことにして[*1]、ここではこれ以上立ち入っての説明は省略し、以下、早速本題に入らせていただきます。

14.3　オーストロネシア諸語のイネ・コメ語彙とその分布

　まず最初に、オーストロネシア諸語のイネ・コメ語彙を取り上げたいと思います。言語データとしては、次ページ以下の表14.1と表14.2をご参照ください。なお、以下の表で言語名の後に*印の付いているのは、すでに消滅した言語、また、表14.2のラデ語とチャム語*は、かつてチャンパ王国の栄えたインドシナ半島東南部の言語です。

　このオーストロネシア系集団は、今から4〜5千年前にその本拠地とされる台湾を離れて、フィリピン、インドネシアを含む東南アジアの島嶼部、そこからさらにメラネシア、ミクロネシア、ポリネシアへと拡がったと見られています。しかし、これらの移住集団によって運ばれた稲作は、オーストロネシア語圏の全体ではなく、小スンダ列島とモルッカ諸島あたりまでがその限界で、それより外側のオセアニアの島々までは拡がらなかったようです。

　ちなみに、今から3,500年前頃、ビスマルク諸島を中心に発祥した「ラピタ」と呼ばれる特異な文化の中で、彼らは東アジアの「稲作民」からオセアニアの「海洋民」へと変身したようです。オーストロネシア系集団は、遺伝子面から見ても、現在のバリ島からフローレス諸島を隔てるあたりを境にして、その西と東との間でとりわけ男系遺伝子の構成が大きく変わっています[*2]。

[*1] 松本2007『世界言語のなかの日本語：日本語系統論の新たな地平』、松本2010『世界言語の人称代名詞とその系譜：人類言語史5万年の足跡』。

[*2] 後出、第15章5節参照。

14.3　オーストロネシア諸語のイネ・コメ語彙とその分布

	言 語 名	イネ	コメ	メシ
台湾高砂諸語	アタヤル語	pagai/paqiʔ	βuax	*mamiʔ*
	セデク語	payai	buʼəh	ʔidau
	ツォウ語	payi	fuəsə/firsɨ	naveu/navru
	ルカイ語	pagai	vəasə	bro/vaʔoro
	パイワン語	paday	vaat	tjinalək/papa
	プユマ語	*rumay*	vəras	madəriʔ
	アミ語	panay	vərats	hannay/hulu
	カヴァラン語*	paːnay	vokas	maːy
フィリピン諸語（ルソン）	イロカノ語	pagay	bagas/bigas	inapoj
	サンバル語	pali	buyas	kanun
	パンガシナン語	pagɨy	bɨlas	*baːw*
	タガログ語	palay	bigas	kanin
	ボントク語	pagɨy	binayo	makan
	イフガオ語	page	bogah	hinamal
	イバナグ語	ʔəmmay	bəggaʔ	ʔinafi
	マラウェグ語	pagay	bəggat	ʔinapuy
	イタウィス語	ʔəmmay	bəggat	hinuntuwan
	ヨガド語	pagay	bəggat	*mabaw*
	ビコル語	*humay*	bugas	kanun
フィリピン諸語（その他諸島）	イラヤ語	parey	bɨgas	kanin
	ブヒド語	fayay	binugas	fafa
	タグバワ語	paray	bəgas	*ʔumay*
	バタク語	paray	bəgas	*ʔomay*
	アクラノン語	pałay	bugas	*humay*
	ヒリガイノン語	*humay*	bugas	kanʔun
	セブアノ語	palay	bugas	kanʔon
	ヴィサヤ語	*humay*	bugas	kanʔon
	スバネン語	palay	bigaas	*gimay*
	マノボ語（イリヤネン）	parɨy	bahas	*ʔimɨy*
	マノボ語（サランガニ）	*ʔomay*	bʌgas	kaʔnʌn
	ママンワ語	*homay*	bɨgas	bɨgas
	マンサカ語	tiparay	bɨgas	bɨgas
	ビヌキド語	*humay*	bugas	kanʔon
	ビラーン語	fali	msi[h]/amsə	knaʔon
	サンギル語	*ime*	bogasiʔ	kaɨn
	サマ語（バランギンギ）	paay	buas	k-in-akan

表 14.1　オーストロネシア諸語のイネ・コメ関連語彙 1：台湾・フィリピン

第14章 イネ・コメの比較言語学

	言 語 名	イネ	コメ	メシ
ボルネオ	バジャウ語	parai	buas	buas datei
	カダザン語	parai	wagas	takanoʔ
	ケラビット語	pade/fade	berah/bəree	lubah/ubah/bui
	カヤン語	paray/parei	bahah/baha	kanen
	カプアス語	parei	behas	bariʔ
	バリト語	parei	βeyah	nahiʔ
	イバン語	padi/padɨ	brau	asiʔ
	ケレホ語	pari	luang pari	okun/taru
	マラガシ語	vari akutri	vari futsi	vari masaka
スマトラ・ジャワ	ラデ語	mdie	braih	ese
	チャム語*	padei (?)	brah	
	アチェー語	pade	bruɯəh	bu/bue
	トバ語	*eme*	bɔras	indahan
	マレー語	padi	bəras	nasi
	レジャン語	pay	bre	*mie*
	ランブン語	pari	bias	*mey*
	ジャワ語	pari	bəras	sago
	マドゥラ語	padi	phərrəs	naseʔ
スラウェシ	シアウ語	eme	bogasa	tagasa
	リンデゥ語	pae	ose/pae ose	kondia
	バレエ語	pae	wea	kinas/kinaʔa
	マカサル語	pare/lessoro	berasa	kado/kanre
	ララキ語	pae	woha	kina/kinaa
	ウォリオ語	bae	bae	kinande
小スンダ列島	バリ語	padi	baras/baʔas	nasi/rayunan
	カンベラ語	pari	uhu	karohu
	ロンボク語	pare	bəras	nasiq
	テトゥン語	hare	fos	etu
	ナウエティ語	hare	hare-behe	khaana
	ロティ語	hade/are	hade/are	kakau/aʼau
モルッカ諸島	タリアボ語	bira	bira	bira
	アンベラウ語	fala	fala	fala
	ヒトゥ語	ala	ala	ala
	カマリア語	hala	hala	hala
	サパルア語	halal	halal	halal
オーストロネシア祖語		*pa-ɣay *xə-*may*	*bə-ɣaʒ	*ka-nə-n<*ka-n 'eat' *xə-*may*

表14.2 オーストロネシア諸語のイネ・コメ関連語彙2:インドネシア

一方、西方でアフリカ沿岸のマダガスカル島へのオーストロネシア系集団の移住は、紀元後1千年紀の後半頃、ボルネオ南部の住民によってなされたと見られ、稲作はこの地ではしっかりと根付いたようです。この移住民によってもたらされた言語が、表14.2のマラガシ語です。

オーストロネシア語圏での稲作の伝播は、言語の拡散と緊密に連携しています。ここで関連する言語のデータは、詳しく見ると相当な分量になりますが、表14.1と表14.2に地域別に主な言語のデータだけを挙げてあります。表に示された諸地域は、同時にまたこれら諸集団の移動の順序も反映していると見てよいでしょう。

なお、この表でイネ・コメと並んで「メシ」という項目が挙げられていますが、ここでメシというのは、「主食としての食べ物」という意味です。言語によって、メシを表すことばはイネ・コメ語彙とかなり密接な関係にあるので、ここに取り上げました。

この表でご覧のように、大部分のオーストロネシア諸語でイネとコメを表す語がはっきりと区別され、それぞれの語形の言語間での現れ方は、表面的な音形はかなり違っていますが、対応関係は非常にはっきりしています。ここでは個別の具現形についての立ち入った説明は省略して、それぞれの祖語形を私なりに推定してみると（表14.2の最下欄オーストロネシア祖語の欄）、イネに対しては *pa-ɣay、コメに対しては *bə-ɣaʒ（あるいは*bəyats）のような形が建てられるでしょう。pa- と bə- はおそらく接頭辞で、語幹部の ɣay と ɣaʒ は、元は同じ基幹から分化した形と見てよさそうです。

オーストロネシア語圏では、このほかに一部の言語（表14.1のプユマ語の rumay、ビコル語、ヒリガイノン語で humay、マノボ語で ʔomay など）で祖語形として *xə-may と見られることばが、「イネ」の意味で用いられています（表中イタリック体で示された語）。これはどうやら may という基幹で、本来「メシ」の意味を担っていたようですが、これについては後に改めて取り上げたいと思います。これを除けば、大部分のオーストロネシア諸語で「メシ」を表す通常の語彙は、「タベル」を意味する動詞 *ka-n からの派生語のようです。

最後に、オーストロネシア語圏のイネ・コメ語彙について注目すべき点として、各言語の具現形は、台湾とフィリピン諸島（中でも特にルソン島）で原形（祖語形）に最も近く、そこを離れて周辺部へ及ぶにつれて、形がくず

れてきています。特に、オーストロネシア稲作圏の末端に位置するモルッカ諸島（また一部小スンダ列島）では、イネ・コメが *paɣay 系（fala/hala など）または *bəɣaʒ 系（bira）のひとつの形に統合され、しかもそれがイネとコメだけでなく「メシ」の意味も兼ねるという非常に包括的な名称に転化しています。この現象は、これらの地域における稲作（ないしコメ文化）自体の衰微・後退を反映しているようです。

14.4 オーストロアジア諸語のイネ・コメ語彙

それでは次に、オーストロアジア諸語のイネ・コメ語彙について見てみましょう。次ページ以下の表 14.3 および表 14.4 をご参照ください。

オーストロアジア系集団もまた、オーストロネシア語族とほぼ同じ時期にその原郷地を離れ、中国大陸の西南部を南下して、東南アジア大陸部のほぼ全域、さらにインド東部まで拡がったと見られます。

この移住と拡散には時期的に 2 つの波があったようで、その第一段階の移住集団と見られるのが、現在インド東部に残存するムンダ系集団と東南アジアでは仮に「モン・クメール南東群」と呼ばれるグループで、マレー半島のアスリ語群とヴェトナム・カンボジアの国境地帯の山間部に分布するバナル語群などがこれに含まれます。それに続いた第二次の移住集団は、これも私の命名で「モン・クメール北西群」と呼ばれる言語を話す集団で、インドシナ半島に青銅器文化をもたらしたのがどうやらこの集団だったようです[*3]。

オーストロアジア諸語の現在の地理的分布は、図 14.2 で示した分布図 (B2) でご覧のように、インドシナ半島からインド東部に至るその分布圏は、中心部のビルマからタイにかけて、チベット・ビルマ系とタイ系の言語が大きく割り込んでいて、オーストロアジア諸語は至るところで分断されながら、文字通り「周辺残存分布」の様相を呈しています。これはチベット・ビルマ系とタイ・カダイ系集団がその後引き続いてこれらの地域に移住し、古い言語層の上に覆い被さってしまったからと考えられます。そのため、オーストロアジア諸語はその語族としての統合性が失われて、イネ・コメ語彙に関しても、現在話されている諸言語間での対応はいわば断片化された複雑な

[*3] モン・クメール諸語の全体を「北西群」と「南東群」に 2 区分する分類法とその根拠について、詳しくは松本（2007: 230ff.）および松本（2010: 366ff.）を参照。

14.4　オーストロアジア諸語のイネ・コメ語彙

	言語名	イネ	コメ	メシ
モ ン ・ ク メ ー ル 北 西 群	カシー語	kba	khaw	ya
	パラウン群 パラウン語	hŋau/hŋɔ	rəkau/rko	ɣp/hap/sum
	パラウン群 ドアン語	ŋo	akaau	pɔɔm/bɔm
	パラウン群 ワ(瓦)語	ŋɔʔ	gɔʔ/kauʔ	
	パラウン群 ラワ語	ŋɔʔ/hɔʔ	ləko/ɣoʔ	ʔaup
	パラウン群 ルア語	hɔk	kɔk/ku	sum
	パラウン群 サムタオ語	hŋoʔ	gkuʔ	ʔɯp
	カム群 カム語	hŋɔʔ	rŋkoʔ	*mah*
	カム群 カング語	ŋua	kɔ	ma
	カム群 ハット語	ŋaaw	ŋkəw	*pa*
	カム群 プオッツ語	ŋɔ	həko	pa
	カム群 パイ語	sa ŋkhuuʔ	sa ŋkhɔɔʔ	sa
	カトゥ群 カトゥ語	arɔ	ameəy	deep
	カトゥ群 ブルー語	thrɔ/sarɔ	asʌʔ/rakaw	dɔɔy
	カトゥ群 スエイ語	sro	haŋkaw	dooy
	カトゥ群 カタン語	cro	soʔ	duuy
	カトゥ群 パコー語	tro	asVʔ	dooy
	カトゥ群 タオイ語	ceh	rko	pəəy
	モン群 古モン語	sroʔ	sŋu	puŋ/āp
	モン群 モン語	sɔʔ	haoʔ	pəŋ
	モン群 ニャクル語	chrooʔ	ŋkɔ	pooŋ
	ペアル群 古クメール語	srū/sru	raŋko	*pāy*
	ペアル群 クメール語	srəw/sroov	ŋkɔ/əŋkɔ	*baay*/hoop
	ペアル群 ペアル語	haal	rəkau	klaŋ/klɔɔŋ
	ペアル群 サムレ語	haal	rəkho/rəkhaw	lɔŋ
	ヴェト・ムオン群 サヴン語	aalɔ	ako	caaw
	ヴェト・ムオン群 パカタン語	caaw alɔ	ŋko	caaw
	ヴェト・ムオン群 アレム語	əla	ŋkɔʔ	kəən/caaw
	ヴェト・ムオン群 ムオン語	lɔ	kaw/ɣuə	kuum/ɣuəm
	ヴェト・ムオン群 ヴェトナム語	lua/lo	gao/cao	hup/com
北西モン・クメール祖語		*sə[n]-ɣauk	*rə[n]-kauk	*bəŋ/*ba:[y]

表 14.3　オーストロアジア諸語のイネ・コメ関連語彙 1

		言語名	イネ	コメ	メシ
モン・クメール南東群	バナル群	ラヴェン語	cɛh	phɛ	ʔʌʌp
		サブアン語	cɛh	phɛ	pual/puar
		ニャヘン語	cɛh	phɛ	puan
		レンガオ語	ʔmaw	phi	pɔɔr
		ジェー語	maw	phey	pɔɔl
		セダン語	mbaw/baw	phaay	hmɛ
		ラマム語	may	phɔɔy	apa
		バナル語	ɓa	phɛ	pɔɔr
		スティエン語	ba	phɛ	piaŋ
		チラウ語	ba	phɛ	pieŋ
		ムノン語	ba	phey	pieŋ
	アスリ群	セマイ語	baaʔ	cnrɔɔy	canaaʔ
		サカイ語	baaʔ	[ʒaroi/charoi]	cɛnnɛn
		マー・メリ語	baʔ	beʔ	[nasi]
		セメライ語	babaah	rmoʔ	huc/grphop
ムンダ語群	北部群	コルク語	baba	baba (cauli)	ʒɔm
		ムンダリ語	bābā	cauli	ʒɔm
		ホー語	baba	cauli	ʒɔn
		コルワ語	huṛu	huṛu	ʒɔm
		ビルホル語	huṛu	huṛu	
		サンタリ語	huṛu	caule	ʒɔmaʔ
	南部群	カリア語	baʔ	rumkub	piʔ
		ジュアン語	bua	rumkub	bhato
		レモ語	keroŋ	ruŋku/ŋkuk	kiyag
		グトブ語	keroŋ	rukuʔ/rukug	lai
		ソラ語	sərɔ	roŋko	baa/baba
		ゴルム語	kunḍem(-ar)	rũŋk(-ajang)	taŋku
南東オーストロアジア祖語			*sə-ɣauk	*rə[n]-kauk	*b[j]əŋ
			*ma[y/w]〜*ba[y/w]		

表14.4 オーストロアジア諸語のイネ・コメ関連語彙2

様相を呈し、祖形の再構も容易ではありません。

表 14.3 と表 14.4 の最下欄にそれぞれの祖語形として示された形も、全く暫定的なものです。イネに対して *sə-ɣauk、コメに対して *rə[n]-kauk のような形がとりあえず推定されるわけですが、先に見たオーストロネシア語の場合と同じく、*sə-、*rə[n]- は接頭辞で、その基幹部は *kauk という同じ形に帰せられるでしょう。この基幹は、後に見るように、他言語への借用語を通じてもっとはっきりした形で確かめることができます。

なお、ムンダ諸語の一部（ムンダリ語、サンタリ語など）でコメを意味する cauli/caule などは、インド・アーリア語 cāvala から借用された形です[*4]。

オーストロアジア諸語にはこのほかに、語頭に唇音 ma-/ba- を持つ形があって、特に、バナル、アスリ語群とムンダ語群で may/bay、maw/baw、あるいは bābā のような形で現れ、これは先に述べた第一次集団の諸言語を特徴づける重要な標識と見ることもできます。この語形は、先に見たオーストロネシア語の *xə-may とも通ずるらしく、日本語の「ママ／マンマ」やアイヌ語の amam/amama などとおそらく同類の、「メシ」を意味する幼児語に由来すると見てよいかもしれません。現在のムンダ諸語、例えばコルク語の bābā には、今でもそのような幼児語的ニュアンスが伴うようです。なお、アイヌ語で amam/amama は、メシのほかに、イネ・コメあるいはむしろアワ、ヒエを含む穀物一般の名称となっています。

14.5　タイ・カダイ諸語のイネ・コメ語彙

それでは引き続いて、タイ・カダイ諸語のイネ・コメ語彙を見てみましょう。次ページの表 14.5 をご覧ください。

「タイ・カダイ」と呼ばれる言語群は、系統的にオーストロネシア語族ととりわけ近親と見られるものですが、これらの言語を話す集団が東南アジア地域へ進出したのは時期的にはかなり新しく、おそらく7〜8世紀頃から始まって、その拡散のピークは、フビライの率いるモンゴル軍勢がこれらの地域を席巻した13世紀の頃と見られています。長江流域稲作民の南方拡散の最終段階に属すると見てよいでしょう（なお、この表の上段に挙げた「周辺

[*4] 後出、表 14.15 参照。

第14章 イネ・コメの比較言語学

	言　語　名	イネ	コメ	メシ	タベル
周辺孤立諸語	ケラオ語	mpɯ tsau	mpɯ su	mpɯ	xa
	ラチ語	ni/na ze	chi/ci	hum	
	ラハ語	həjʔ kak	[həjʔ] sal	mla	
	ラキャ語	kŏu	kŏu fei	kŏu	
	リー語	mut/muun	fop/gei	tha	lau/la
	リンカオ語	ŋau/mok	lop/nau	pia	kon
カム・スイ語群	テン語	xau kuek	xau thaan	xau	
	マック語	həu kaak	həu saan	həu	
	トン語	əu [ok]	əu saan	əu	tsi/taan
	スイ語	ʔau	ʔau haan	ʔau	tsye
	マオナン語	fiu [ʔya]	fiu	əm/uəm	na
	ムラオ語	hu kok	hu taan	hu	ku
北部タイ語群	セーク語	gaw	gaw saal		
	プ語	ɣau kaaʔ	ɣau saan	ɣau	kin
	チュアン語	həu kok	həu san/pjek	həu	kin
	ディオイ語	haou ka	haou san	haou chouk	ken
	ウミン語	xǎu	xǎu saan	xǎu [ʔap]	kïn
中部タイ語群	ツァオ・ラン語	hu	hu xay	hu	
	永南チュアン語	hạo coc	hạo mo	hạo	kin
	トー・タイ語	khau cac	khau slan	khau	kin
	ヌン語	khau	khau [hlaan]	khau	kin
南西タイ語群	徳宏タイ語	xau	xau saan	xau	kin
	西双タイ語	xau	xau saan	xau	kin
	白タイ語	khǎuʔ kaak	khǎuʔ saan	khǎuʔ	kin
	黒タイ語	khau kaʔ	khau saan	khau suk	kin
	ラオ語	khau kak	khau saan	khau	kin
	シャム語	khaau plwək	khaaw saan	khaw [suk]	kin
	シャン語	khǎu pwək	khǎu thaan	khǎu [nam]	kin
	アホム語*	khāo kak	khāo	khāo	kin
タイ・カダイ祖語			*xau/*ɣau		*kən

表14.5　タイ・カダイ諸語のイネ・コメ関連語彙

孤立諸語」の中のケラオ語からラキャ語のグループは、貴州南西部からヴェトナム北部に散在し、中国では苗・瑶族と見なされています。ケラオ語のイネ・コメは、後に見るように、ミャオ・ヤオ系の語形に由来します)。

拡散の時期が新しいだけに、一部の周辺孤立諸語を除いて、イネ・コメ語彙の言語間での類似は、一目瞭然と言ってよく、祖語形として *xau（または *ɣau）のような形が想定されます。これらの言語でとりわけ注目されるのは、イネ・コメを表す *xau という語が単にイネとコメを区別しないだけでなく、その本来的な意味が「メシ」を表していたと見られる点です。

現在のタイ諸語で特に「イネ」と「コメ」を区別するためには、言語によっていろいろな限定語が用いられています。これらの限定語の中で最も多く見られるのは、イネを表すために用いられる kaak または kok という形ですが、この語はタイ語での語源がはっきりせず、どうやら先に見たオーストロアジア語の *kauk からの借用と見てよさそうです。

以上、オーストロネシア、オーストロアジア、そしてタイ・カダイという３つの語族のイネ・コメ語彙について概観しましたが、ここでイネ・コメを表す語の基幹として想定されたオーストロネシア祖語の *ɣay/*ɣaʒ、オーストロアジア祖語の *kauk/*gauk、そしてタイ・カダイ祖語の *xau/*ɣau という形を見ると、いずれも語頭に k/g/x/ɣ のような軟口蓋子音を持ち、全体としての音形も非常に似通っています。従って、長江流域で稲作が発祥した７〜８千年前というような遠い過去まで遡れば、これらの語は同じ基幹を共有していた可能性も十分考えられるでしょう。そしてまたこの語幹は、タイ・カダイ祖語で「タベル」を意味する *kən、オーストロネシア祖語で同じく *ka-n という動詞と語源的につながる（つまり本来はメシを意味することば）と見てよいかもしれません。

14.6　ミャオ・ヤオ諸語のイネ・コメ語彙

それでは次に、長江稲作系集団の最後に残されたミャオ・ヤオ諸語のイネ・コメ語彙について見てみましょう。まず次ページの表 14.6 をご覧ください。

ミャオ・ヤオと呼ばれる集団は、現在は中国南部の貴州省とその周辺地域、

第 14 章 イネ・コメの比較言語学

	言 語 名	イネ	コメ	モチ[ゴメ]	タベル
ミャオ語群	湘西苗語	nɯ/nou	ntso	[dzo] nu	noŋ
	黔東苗語	na	ntso	[she] nə	naŋ/noŋ
	黔東北苗語	ntli	ntli	[ntli] ntlau	nao
	川黔滇苗語	mple	ntṣa	[ntṣa] mplau	nau/nua
	モン・ダウ語	mple	tsʰu	[tsʰu] mplau	noy
	モン・ジュア語	mble	mble/ña	[mble] mblau	nao
	布努(プヌ)語	ntle	thuŋ	[thuŋ] ŋei	nau
	畲(シェー)語	pja/bjao	tsu	[pjɔ] bjɔ	nuŋ
ヤオ語群	勉方言	bjau	tsʰu/mei	[bjau] bjut	ŋen/na:ŋ
	金門方言	blau	blau/mei	[mei] blot	ŋin/naŋ
	標敏方言	blau	cʰu	[mi] blan	ŋin/naŋ
	藻敏方言	blau	siu/mei	[mei] but	ŋan/nɔŋ
ミャオ・ヤオ祖語		*njau/*njua[t]			*nau[ŋ]

表 14.6 ミャオ・ヤオ諸語のイネ・コメ関連語彙

そこからさらにヴェトナムやラオスの山間僻地に離散する少数民族ですが（図 14.2 の B1 参照）、古くは半ば伝説的に「三苗」と呼ばれて長江・淮河から黄河流域にかけて居住した太古の東夷系集団の後裔と見られています[*5]。

　これらの言語のイネ・コメ語彙は、表のデータでご覧のように、言語間での対応が複雑多様なために、祖形を再構しようとしても一筋縄ではいきません。しかし、一見不規則に見えるこれらの語形は、どうやら語頭に *n- を持つ基幹に遡り、これはまた、「タベル」を意味する動詞 *nau[ŋ] と語源的につながっているようです。動詞の *nau[ŋ] に対して、イネを表す語の語頭子音の対応が見たところ変則なのは、そこにどうやら *n- の口蓋化（あるいは失われた何らかの接頭辞）が絡んでいた可能性があります。

　これらの言語で語頭に n- を持つと見られるいくつかの単語の対応例が次ページの表 14.7 に挙げてあります。これらの語の背後に隠された通時的な変化を復元するのは、比較言語学の応用問題としても大変興味深いものですが、しかし相当な難問です。ここでイネ・コメの祖語形として再構された *njau/*njua という形もひとつの試案にすぎません。

[*5] 松本 2007: 280ff. 参照。

14.6 ミャオ・ヤオ諸語のイネ・コメ語彙

	ミャオ語群					ヤオ語群			
	黔東	湘西	川黔滇	黔東北	布努	勉	金門	標敏	藻敏
食	naŋ	noŋ	nau	nao	nau	naːŋ	nang	naŋ	nɔŋ
葉	nə	nu	mploŋ	ntlao	ntlaŋ	noːm	mɛn	nan	num
稲	na	nu	mple	ntli	ntle	bjau	blau	bla	blau
魚	ne	mzu	ndze	mpə	ntse	bjau	bjau	bla	biu
舌	ni	mza	bla	ntlai	ntla	bjet	bjɛ	blin	bet

表 14.7 ミャオ・ヤオ諸語の語頭 /*n-/ の対応例

　ところで、ミャオ・ヤオ諸語のイネ・コメに関して特に注目されるのは、それが元もとモチ系の品種だったらしいという点です。表 14.6 の第3欄にモチゴメを表す語形を挙げてありますが、これで見るように、イネとモチ［ゴメ］（またはモチイネ）のモチはほとんど同じ形をとっています。

　参考までに、タイ・カダイ諸語とオーストロアジア諸語のモチ［ゴメ］／モチイネの形を挙げると、以下の表 14.8 および表 14.9 のようです。ご覧のように、これらはいずれもその祖語形として *njau のような形が想定され、これは明らかにミャオ・ヤオ語から借用された形と見てよいでしょう。

プイ	タイ・トー	チュアン	ヌン	徳宏タイ	シャン	ラオ	シャム	祖形
niu	nua	niu/nu	nu	niaw	nɛw	nieu	niɛw	*njau

表 14.8 タイ諸語のモチ［ゴメ］

ドアン	ラワ	ルア	カトゥ	パコー	クメール	ムオン	ヴェトナム	祖形
new	niɔŋ	niaw	diap	deep	nəp	dep	nep	*njau

表 14.9 オーストロアジア諸語のモチ［ゴメ］

　こうして見ると、東アジアにおける「モチ・イネ」栽培の源流は、どうやらミャオ・ヤオ族に遡るようです。

14.7　チベット・ビルマ諸語のイネ・コメ語彙

　以上で、長江流域の稲作に直接関与したと見られる4つの言語集団について、それぞれのイネ・コメ関連語彙についての考察をひとまず終えて、次に、漢語の祖集団とも見られるチベット・ビルマ語族のイネ・コメ語彙について簡単に触れておきたいと思います。データについては次ページ以下の表14.10 と表 14.11 をご参照ください。

　チベット・ビルマ系集団は、先にも申しましたように、古く黄河上流域の高原地帯（青蔵高原）に居住した遊牧民で、中国の古文献では「氐・羌」という呼び名でしばしば出てきます。もっぱら牧畜を生業とし、稲作とは本来無縁だったと見られています。

　現在、中国領内に住むチベット・ビルマ系集団で多少とも稲作に関わっているのは、四川南部から雲南省の山間部に居住する「ロロ（中国名で「彝」）と呼ばれるグループです。これらの言語でイネ・コメを表す語は、一部で漢語の「穀子」からの借用語（表のチアン語など）を除くと、いずれも語頭に ts-/tsʰ- のような舌音系破擦音を持っていて、これらは動詞または名詞の「食」を表す語根 *dza- から派生した形と見てよいでしょう。

　紀元後7〜8世紀頃に、このロロ系集団から分かれてビルマに進出したと見られるビルマ系の諸言語でも、これと全く同じ語形が現れています。ただこの中で注目されるのは、ビルマ文語で tsa/sa と並んで、特にイネを表すことばとして kauk という形が現れていますが、これは、先に見たタイ・カダイ諸語の kak/kok と同じく、オーストロアジア語から借用されたと見られます。

　ついでながら、表 14.10 のデータに挙げた古典チベット語でイネ・コメを表す fıbras がいかにも特異な形をしております。これまで、この語をめぐって、マレー語の beras に結びつけたり、あるいはサンスクリット語の vrīhi と関連づける解釈などが出されてきました。しかし、私の見るところ、これはチベット・ビルマ語本来の dza/dze という形から、その頭子音が前鼻音化して ndza/ndze となり、これがさらに唇音化した mbza/mbze という形に遡るのではないかと思います。表 14.10 のチベット語アムド方言の mdʐɿ やジャパ語の ndʐɛ/mbʐe̱ などの形をご覧ください。

14.7 チベット・ビルマ諸語のイネ・コメ語彙

		言語名	イネ	コメ	食(名)	食(動)
ヒマラヤ南麓	タマン群	マナン語	syi:	syi:	sye/kye	tsə
		タマン語	syot/syit	mla	ken	tsa
		グルン語	mlah	mlah	sye/kye	tsa
		タカリ語	mloh	mloh	kɯn	tsa
	キランティ群	アタパレ語	tsa ma	tsa ma	tsa ma	tsa
		ドゥミ語	dza:	dza:	dza:	dza
		リンブ語	syaʔ	ʒaʔ	tsa/dɔk	tsa
		クルン語	ra/tsha	ra/tsa	ʒa	tsho
青蔵高原	チベット群	古典チベット語	fibras	fibras	za	za
		ラサ方言	tsɛʔ	tsɛʔ	kha laʔ	sa
		カム方言	ndʑe	ndʑe	sa ma	sa
		アムド方言	mdʑi	ndʑi	sa ma	sa
		アリケ方言	mdʑi	mdʑi	wsæ ma	sæ
川西走廊	チアン(羌)群	チアン(羌)語	ko-tsɿ	qʰə	me	dʑɿ
		プミ(普米)語	siɯɯ	tṣʰuɛ	dzi	dzə
		シヒン(史興)語	ʂue	tɕʰɛ mi	ha	dzɛ
		ジャパ(扎巴)語	ndʑɛ/mbʑɛ	ndʑɛ/mbʑɛ	za ma	kə tsɿ
		ギャロン語	mbrʌs	kʰri	tə za	ka za
雲貴高原・ビルマ		ナシ語(麗江)	ɕi	tshua	xa	ndzɯ
		ナシ語(永寧)	ɕi	ɕi tshua	xa	dzi
	ロロ・ビルマ群	リス語	tʃʰɯ	dza phu	dza	dza
		ロロ語/北部	tṣʰɯ	tshɯ	dza	dzɯ
		ロロ語/中部	tɕi	dza kʰa	dza	dza
		ロロ語/南部	tɕi	tɕe pʰiu	dzo	dzo
		ハニ(哈尼)語	tshe	tshe pʰju	xo	dza
		ラフ(拉祜)語	tsa si	tsa qha	o	tsa
		アチャン(阿昌)語	tso tseŋ	tsen	tso	tso
		マル(浪速)語	kauk/kuk	tshiŋ	tso	tso
		アツィ(載瓦)語	jo thuŋ ku	tshin	tsaŋ	tso
		ビルマ文語	kauk/tsa	chan	a-tsa maŋ	tsa
		ビルマ語	sa pa	hsã	hta mi	sa
チベット・ビルマ祖語			*dzya[k]		*dza-	

表 14.10 チベット・ビルマ諸語のイネ・コメ関連語彙 1

		言　語　名	イネ	コメ	食(名)	食(動)
ビルマ南部	カレン群	スゴー語	bɯ/me	hɯ-θaʔ	me	ʔɔ
		プウォ語	bɯ	ɣu-sha	mi	ʔaN
		パオ語	bɯ-mI	bɯ-khu/hu	den	ʔam
ビルマ北西部	景頗・怒群	ジンポー語	ma/mam	n-ku/ŋ-gu	shat	sha
		ヌン(怒)語	mɛmɛ	mɛmɛ	tshe kha	dza
		ラワン語	am[-set]	am	am-pha	am/tcha
		ドゥロン語	am-bɯ	am-bɯ-tche	aŋ-dza	kai
ナガ丘陵	コニャク群	ノクテ語	cha	voŋ	voŋ	sa/cha[ʔ]
		ワンチョ語	cha	voŋ	sa	sa
		ポム語	haʔ	ɔŋ	nʌk	šau/haʔ
		コニャク語	haʔ/tok	woŋ	nik	ha[k]
	ナガ群	アオ語	achak	achaŋ	acha	cha
		ロタ・ナガ語	otsok	otsaŋ	otsü	tso
		レングマ語	shü	cheko	chu	chvü
		タンクル語	cha	chak	tasai	chai
カチャリ山地	クキ・チン群	ムカーン語	chaŋ	chaŋ	buʔ	a
		タド語	chaŋ/bu	bu	bu	ne:
		ティディム語	buʔ-hu:m	buʔ	buʔ siʔ	ne:[k]
		ルシャイ語	bu:-hum	bu:	chaw	chaw-ei
		メイテイ語	phəw	chə[ŋ]	chak	cha
アルナチャル	ミシミ群	ミズ・ミシミ語	kie	kie	tsa	tsa
		ディガロ語	k[y]e	k[y]e	ta-peng	tha
		イドゥ・ミシミ語	ke	ke	a-ke	ha/tših
	タニ群	アボル語	am	am-bin	a-čin	do/de
		アパタニ語	e-mo	em-bĩ	a-pĩ	dɯ
		ボカル語	a-mə	a-mə	a-ke:	do:
		ミリ語	a:m	am-bɯm	a-pin	do
アッサム南部	ボド・ガロ群	ボド語	[uri]may	mai-roŋ	akam	za/jaʔ
		デオリ語	miruŋ	miruŋ	mukhoŋ	ha
		ディマサ語	mai	mai-roŋ	makham	ji
		ガロ語	me	me-roŋ	may	tša
		コクボロク語	may-kol	may-roŋ	may	ča

表 14.11　チベット・ビルマ諸語のイネ・コメ関連語彙 2

14.7 チベット・ビルマ諸語のイネ・コメ語彙

このように、大部分のチベット・ビルマ諸語でイネ・コメを表す語は「食」（タベルまたはタベモノ）を意味する語根 *dza- と関連づけることができますが、これとは全く違った独自のイネ・コメ語彙を獲得した言語群があって、それが表 14.11 (p.234) に示したグループです。すなわち、ビルマ南部に孤立したカレン語と「アッサム」と呼ばれるインド東北部の諸言語です。ただし、アッサム地域の中で「ナガランド」と呼ばれる丘陵地帯に分布するコニャク語群とナガ語群は例外で、特にナガ語群ではイネ・コメに対して *dza 系の語しか見られません。

これ以外の言語でイネ・コメを表す語としては、カレン語とクキ・チン群で buɯ/bu[ʔ]/buː、ボド・ガロ群で mai/may、タニ群で am/em などの形で現れます（ほかにはジンポー語 ma/mam）。これらの語の通時的な背景を正確に跡づけるのはなかなか難しいのですが、私の目下の推定では、いずれも語頭に鼻音 ba-/ma- を持つオーストロアジア系の語彙に由来するのではないかと思います。例えば、カレン語でイネを表す buɯ、ティディム・チン語でイネ・コメ・メシを意味する buʔ などは、オーストロアジア語の *bau、カレン語でメシを表す me/mi やボド・ガロ語群のイネ・コメを表す mai/may、そしてまたタニ語群の a-mə/e-mo (a- はおそらく接頭辞) などは、同じくオーストロアジア祖語の *may に遡ると見てよいでしょう。

このことはまた、チベット・ビルマ系集団が到来する前のこれらの地域の先住民がオーストロアジア系（の第一次移住集団）だったことを示唆しています。ちなみに、この地域にアッサムという名を与えたのは、13 世紀にこの地に進出したタイ系の言語を話す Ashom/Ahom と呼ばれた集団ですが、現在この集団は言語的には完全にインド・アーリア化して、それが現在のアッサム語です。

かつて、アッサム地域の稲および稲作が多種多様な様相を呈することから、ここを稲作の起源地と見なす学説が有力視されました。しかしこの地域の多様性は、出自を異にする様々な集団のいわば雑居地として成立したという複雑な歴史的背景の反映にすぎないと言ってよいでしょう。ちなみに、この地域の本来の名称はインド・アーリア語の kamarupa で、これは玄奘の『大唐西域記』に「迦摩縷波国」として出てきます。

14.8　漢語圏のイネ・コメ語彙とその起源

　次は、現在、長江流域を含めてこの大陸のほぼ全域に拡がった漢語圏のイネ・コメ語彙を取り上げてみたいと思います。

　ここでまず指摘しておきたいのは、この言語で主要な農作物を表すことばは、これまでに検討したほかの言語圏の場合と同じように、古い漢語で「タベル」を意味する「食 *dzjək」から派生しています。この*dzjək は、先に見たチベット・ビルマ祖語の *dza- と同源のことばで、そこからの派生語と見られる形として、*tsjək（稷）、*sjək（粟）、*sjo（黍）などが挙げられますが、これらはすべて、アワ・キビを表す名称となっていて、チベット・ビルマ諸語で見られたようなイネ・コメを表すことばにはなっていません。この現象は、黄河中流域を含むいわゆる「華北」地域の主要な農作物がアワ・キビなどのいわゆる雑穀類であったこととまさしく整合すると言ってよいでしょう。

　それでは、漢語でイネを表すことばは何かと言いますと、そこには3種類の漢字によって表される3つの語が挙げられます。すなわち「稲 dào」、「禾 hé」、「穀 gǔ」がそれに当たります[6]。イネを表すこの3種類の語は、現在の漢語諸方言で見ると、それぞれが地域ごとに非常に特徴的な分布を示しています。次ページの表 14.12 をご参照ください[7]。

　これで見ると、「稲」ないし「稲子」は、北方官話のほかに長江下流域の江蘇省や浙江省など現在呉方言が話されている地域とその南方に接する福建省を中心とする閩方言の地域にほぼ限られるようです。それに対して、「禾」が用いられるのは江西、湖南、広東省など、現在の漢語方言で言うと贛、湘そして粤方言が話されている地域です。そして3番目の「穀」または「穀子」は主に四川、貴州、雲南省を含む中国西南部、現在「西南官話」と呼ばれる漢語方言が話されている地域にほぼ該当します。ここでの問題は、イネを表

---

　[6] ちなみに、これら3種の文字に対する《説文解字》の説明は次のようです。「稲:稌也」、「禾:嘉穀也」、「穀:百穀之総名也」。これが、古代漢語の標準的解釈と言ってよいでしょう。「稲／稌」はもちろん「モチイネ〜ゴメ」を指しています。なお、漢語の「粟」、「米」に対して《説文解字》は、「粟:嘉穀実也」、「米:粟之実也」としています。

　[7] 主な出典：北京大学語言学教研室編『漢語方言詞彙』1995.

14.8 漢語圏のイネ・コメ語彙とその起源

	方言点（省）	イネ // コメ	アワ（脱穀前）//アワ（脱穀後）
北方官話	北京	稲子 // 大米	穀子 // 小米児
	済南（山東）	稲子 // 大米	穀子 //［小］米児
	西安（陝西）	稲子 // 白米	穀子 // 小米児
	太原（山西）	稲子 // 大米	穀[子] //［小］米
呉方言	合肥（安徽）	稲 // 米	穀子 // 小米
	揚州（江蘇）	稲[子] // 米	穀子 // 小米
	蘇州（江蘇）	稲 // 米	粟 // 小米子
	温州（浙江）	稲 // 米	− // −
閩方言	厦門（福建）	稲 // 米	黍仔 // 黍仔
	潮州（広東）	稲 // 米	[ ] tai // [ ] tai
	福州（福建）	稲 // 米	⊠ tai // ⊠ tai
贛・湘・粤方言	長沙（湖南）	禾 // 米	− // 粟米
	双峰（湖南）	禾 // 米	− // 粟米
	南昌（江西）	禾// 米	−// 粟米
	梅県（広東）	禾 // 米	狗尾粟 // 粟[ ]
	広州（広東）	禾 // 米	[狗尾]粟 // [狗尾]粟
	陽江（広東）	禾 // 米	狗尾粟 // 粟仔米
西南官話	武漢（湖北）	穀 // 米	粟穀 // 粟米
	西都（四川）	穀子 // 米	− // 小米
	安順（貴州）	穀子 // 米？	
	昆明（雲南）	穀[子] // 大米	− // 小米
	文山（雲南）	穀 // 大米？	
上　古　漢　語		稲/秜 // 米	稷/禾 // 粟〜米/粢

表 14.12 漢語圏における「イネ」「コメ」「アワ」の方言的変異

すこれら3種類の語の出自は何かということになります。

　この中で「穀」は、上古音で *kuk ないし*kauk のような形とされ、その音形から見てオーストロアジア語 *kauk からの借用と見てよいでしょう。先に見たように、この語はタイ・カダイ諸語やビルマ語の中にも入っています。

　次に、「禾」の中古音は ɦua、上古音は多分 *ɦau のような形で、紛れもなくタイ・カダイ祖語の *xau/*ɣau とつながると見てよいでしょう。

最後に、「稲」は中古音で dau、上古音はおそらく *dua で、他に異体字として「稌 *du[a]」という文字があります（モチイネの意味です）。このような dau/dua にそのままつながる形は、これまで見てきたイネ・コメ語彙の中には見られませんが、この d- を n- からの転化（つまり nau/nua）と見れば、この形は先に検討したミャオ・ヤオ語の *n[j]au/*n[j]ua とまさしく直結します。

　漢語で語頭の n- と d- の交替はしばしば見られる現象で、日本の漢字音を見ても、例えば「努」は呉音で nu、漢音で do、同様に「男」も呉音で「ナン」、漢音で「ダン」となっています。一方、標準的な漢語でモチゴメを表す「糯」（呉音でナ、漢音でダ）やその古い異体字「稌」は、いずれも nua ないし nuan という音価を持ち、これらは「稲」よりも後の時代に、狭義のモチイネを表す語としてミャオ・ヤオ語から直接導入されたと見てよいでしょう。これらはいずれも元は同じ語の文字面でのヴァリアントにすぎないわけです。ちなみに、「糯」と同類の漢字として「儒」は呉音で「ニュウ」、漢音で「ジュ」、「懦」は呉音で「ナ／ニュウ」、漢音で「ダ／ジュ」となっています。

　ここで申し添えておきますと、表 14.12 で見るように、これら 3 種の語の現在の地理的分布は、その供給源となった 3 つの語族、すなわち、ミャオ・ヤオ諸語、タイ・カダイ諸語、そしてオーストロアジア諸語の推定された原郷地（図 14.1 参照）と完全とは言えないけれども、かなりの程度まで一致すると言ってよいでしょう。

　最後に、イネに対してコメは漢語のすべての方言で「米 mi（粤方言で mai）/ *m[j]ai」となっています。この語は、上古漢語ではコメよりもむしろ「脱穀または精白したアワ」を指すのが普通のようですが[*8]、本来のチベット・ビルマ諸語にはこれに対応するような形が全く見あたりません。従って、この語もまた、先のアッサム諸語の場合と同じように、オーストロアジア系の *may から借用された可能性が高いと言えるでしょう。

[*8] 『説文解字』：「米：粟之実也」。

14.9 漢語、朝鮮語、日本語の稲作関係語彙

最後に、東アジア稲作圏の北方域を占める日本列島と朝鮮半島に視点を移し、特に、日本語と朝鮮語のイネ・コメ語彙だけでなく稲作関係全般の語彙も含めて考察してみたいと思います。表 14.13 をご覧ください。ここには、主要な関連語彙に関して、漢語、朝鮮語、上代日本語のそれぞれの該当語を挙げてあります。漢語については、現在の標準的ないわゆる「ピンイン」表記と一応上古音と推定される形が並記されています。

漢字	漢語（現代/上古）	朝鮮語	上代日本語
稲	dao/*dua	pyə/narak	ina～e/uka～e
米	mi/*m[j]ai	ssar<psar<*pəsar	yona～e/kome
籾	／	／	momi
穂	sui/*suəi	isak	po
食～飯	*dzjək～fan/*b[j]an	pap	uka～e/ipi/mama
糯 [米]	nuo/*nua	car[-psar]	moti[-gome]
粳 [米]	jiang/*kaŋ	məi[-psar]	uru[sine]/uru[ci]
餅	bing/*pjəŋ	ttək (<stək)	sitogi/moti
種	zhoŋ/*tsjwoŋ	sonsa	tana～e
苗	miao/*mjəu	mosoŋ	napa～e
田	tian/*lin/*liŋ	non	ta
黍	shu/*sjo	kicaŋ	kimi/kibi
粟	su/*sjək	co/co-psal	apa
稗	bai/*puai	[phi]	piye
鎌	lian/*ljam	nat	kama
鋤	chu/*dzjuo	karai	suki
鍬	qiao/*tsjəu	koaiŋi	kupa
臼	jiu/*giəu	cərku	usu
杵	chu/*tsjuo	[cərkus] koŋi	kine
甑	jing/*tsiəŋ	siru	kosiki
菽～豆	*sjuk～dou/*təu	khoŋ	mame
小豆	xiao-dou	phath	aduki

表 14.13　漢語、朝鮮語、日本語の主な稲作関係語彙

これらの語彙に関してまず最初に指摘すべき点として、イネ・コメに限らず稲作関係全般に関して、漢語、朝鮮語、日本語の間で共通するような語彙は、きわめて少ないということです。漢語で受容されたような長江稲作民系のイネ・コメ語彙が、朝鮮語や日本語にはほとんど見あたらないからです。この表の中で、漢語と日本語の間で確実に共通すると見られる語はひとつもありません。また朝鮮語と日本語の間では、「餅」を意味する stək と sitogi が挙げられるだけです[*9]。この語はまたアイヌ語でも sito という形で現れます。ただし、日本語の sitogi は神への供物という特殊な意味でしか用いられず、通常語彙としては「モチ」で、これも日本語独自のことばと見てよいでしょう。

　ちなみに、漢語の「イネ・コメ」語彙の中で「穀 gǔ」と「米 mǐ」がオーストロアジア語からの借用ということはすでに触れましたが、表 14.13 に挙げた稲作関係語彙の中では、「田 tián」、「飯 fàn」、「豆 dòu」、「種 zhǒng」、「鋤 chú」、「杵 chǔ」、「臼 jiù」なども、どうやらオーストロアジア語からの借用と見られるようです。

　例えば、漢語の「田」の上古音は *lîn/*l'iŋ とされますが[*10]、同じ語は、ミャオ・ヤオ語で、湘西 la、黔東 lji、黔東北 lie、勉 li:ŋ、標敏 lje、藻敏 liaŋ という形で現れ、またオーストロアジア系ムンダ諸語では、ムンダリ loyoŋ、レモ leuŋ、ゴルム liyoŋ、グトブ lioŋ、グタ ləyo となっています。一方、タイ・カダイ諸語で「田」は na: という形で現れますが、これはどうやらオーストロネシア語の *tanəh (土地) と同源のようです。

　なお、上古漢語でマメを意味する「菽 *sjuk」は、後に「豆 *təu」に置き換えられましたが、参考までに、この「豆」に関する主な比較語彙を挙げると、以下のようです。

　　オーストロアジア諸語：カトゥ 'atuoŋ, パコー atoŋ, ボリュ tək, ペアル rəta:k, ラヴェン hta:k, サブアン nta:k, バナル təh, ムノン to:h.
　　ミャオ・ヤオ諸語：黔東 tə, 湘西 tei, 川黔滇 tau, 布努 tɣu, 勉 top.

[*9] stək と sitogi はどうやら借用語と見られますが、朝鮮語から日本語に入ったのかそれともその逆かはっきりしません。

[*10] Schuessler, A. 2007, *ABC etymological dictionary of old Chinese*, University of Hawaii Press; Bachter, W. & L. Sagart, 2014, *Old Chinese: A new reconstruction*.

タイ・カダイ諸語：チュアン thu, シャン thu, ウミン tu, シャム thua.

これで見るように、漢語の「豆」もまた、オーストロアジア語から借用されたと見てよさそうですが、ただし、ミャオ・ヤオ諸語とタイ・カダイ諸語の場合は、逆に漢語からの借用という可能性も考えられるでしょう。

14.9.1 日本語の稲作関係語彙

それでは、表に挙げられたイネ・コメ語彙に関して、まず日本語から見ていくと、上代日本語でイネとコメに当たる通常の語としては、ine/ina と yone/yona（基幹は -a 形）が挙げられます。なお、現在、普通に使われている「コメ」ということばは、上代文献では日本書紀にただひとつ「渠梅」の用例が見られるだけで、古事記・万葉集には全く出てきません。この語が「ヨネ」に代わって広く使われるようになったのは、平安時代（かあるいは鎌倉時代）以降のようです。日本語の稲作関係語彙の中では比較的新しい層に属する語と見てよいでしょう。

問題は ine/ina と yone/yona ですが、かつて「稲作史研究会」のある論者によれば、この -na は"古代呉語"とおぼしい（実際はミャオ・ヤオ語）の nua[n] に結びつくというような解釈が示されましたが[*11]、はたしてどうでしょうか。私の解釈では、これはむしろ *yə-na (=yo₂-na) というような複合語と見て、その *yə- は「良シ」のヨ、na は「若菜 waka-na」や「肴 saka-na」の na、また鍋 na-pe や 苗 na-pa などの na とも通ずる形で、その本来の意味は「食べ物」、上代語ではもっと狭い意味で「副食物」というような意味で使われています。古くは山野や海川など自然界から採集された食物一般を指すことばだったと思われます。とすれば「ヨナ」とは要するに「すぐれたタベモノ」ないしタベモノの美称ということになるでしょう。ina はこの yona の変異形として生じたものが、後に意味が分化したと見てよさそうです。

しかし、日本語のイネ・コメには、ほかに uka/uke という形があって、こちらの方がむしろ正式な（あるいはより古い）ことばだったかもしれませ

[*11] 『稲の日本史』上 (1969): 205f. ちなみに、『説文解字』に「沛国謂稲曰㮑(nua)」、『春秋穀梁伝』に「呉謂善伊、謂稲 緩(nuan)」とあります。なお、「沛国」は現在の江蘇省徐州市沛県の古名とされます。

ん。この語は、上代文献ではしばしば神格化されて「ウカノカミ」、「ウカノミタマ」などと呼ばれ、また「ウケモチノカミ（日本書紀）」、「トヨウケヒメ」「オオゲツヒメ（古事記）」という呼び名もあります。この中で「トヨウケヒメ」は、ご承知のように、伊勢神宮の第二（外宮）の主神として祀られています。さらにまた、日本の各地に伝存する「宇賀神社」も神格化されたこの「ウカ」につながるかもしれません。

　上代語の uka/uke は、すでに見た長江稲作民の諸言語でイネ・コメを表す語（特にタイ・カダイ語の xau やミャオ・ヤオ語の n(j)ua）と同じように、本来は「メシ」を意味し、現代語の「朝餉 asa-ge」、「夕餉 yuu-ge」などの -ge にそれが残っています。また古い敬語表現として、「ミケ」ということばもあります。こうして見ると、この uka は、語源的に kupu（食）／kamu（嚙）などの動詞の語根とつながる可能性も考えられるでしょう。

　この uka/uke に対して、ine/yone はやや俗語的なニュアンスを帯びたようで、上代語でこれが神格化された用例は全く見られません。この中の yone は、その後「コメ ko_2me_2」という語によって置き換えられ、平安朝以降現在のような意味でその用法が一般化します。この ko_2me_2 は、日本語にとってはどうやら外来的起源で[*12]、その出自はオーストロネシア語の humay/homay/ʔomay などとつながるかもしれません。

　また日本語でモチ［ゴメ］に対する「ウル［チ］」ということばも、平安朝頃（『和名抄』）から出現しますが、これもオーストロネシア語（の特にマレー・チャンパ系語彙）bəras/brah（表 14.2：ラデ語、チャム語の欄参照）とつながる可能性があります。もちろん借用語としてですが、その流通経路は古代チャンパ国との交流という線も考えられるでしょう。

　なお、表 14.13 に挙げた中で「籾 momi」は日本語に独自の語彙で、それを表す漢字も日本で作られたいわゆる「国字」です。またこの表には挙げてありませんが、「畑／畠 hata(ke)」なども同類のことばです。

14.9.2　朝鮮語のイネ・コメ語彙

　次に、朝鮮語のイネ・コメ語彙について見てみますと、これも非常に独特な様相を呈しています。特に注目されるのは、朝鮮語にはイネを表すことば

[*12] 松本 1995『古代日本語母音論』：p.20 参照。

に pyə と narak という２つの方言変種があって、小倉進平博士によると、pyə は朝鮮半島の北・中部、narak は半島南部（慶尚道、全羅道など）で用いられるということです[*13]。この narak の na- と ina の -na を結びつける解釈[*14]もないわけではないのですが、narak の古い漢字表記を見ると「羅洛、羅禄」となっていて、元の語頭音が ra- だった可能性もあります。いずれにしても、この語の出自、来歴は今のところ闇に包まれていると言ってよいでしょう。

それに対して、朝鮮半島北部の pyə は、日本語の「ヒエ piye」、アイヌ語の piyapa とつながる可能性も考えられます。作物としてのヒエは、日本では縄文時代中期にはすでに存在し、最近の学説によれば、ヒエの栽培はどうやらこの日本列島で発祥したらしい。とすれば、この語がヒエと共に穀物一般の名称として朝鮮半島に伝えられた可能性も考えられるでしょう。

一方、朝鮮語でコメを表す ssar/psar という語は *pɔsar（菩薩）に遡るとされ、どうやら新しく作られたことばのようです。とすれば、朝鮮語でも古くはイネとコメが区別されなかったのかもしれません。

14.10　むすび

日本語と朝鮮語、そして漢語の稲作関係の語彙について、まだ他に触れるべき点が残されていますが、時間も迫ってきましたのでこの辺でそろそろ切り上げなければなりません。

最後に結論として申し上げたいのは、日本語と朝鮮語の稲作語彙は互いに様相を異にするだけでなく、東アジア稲作圏全体の中で全く孤立しているということです。これは東アジア北方域への稲作の伝播が、南方世界への拡散とは全く違った形で行われたことを示唆すると言ってよいでしょう。長江流域に発祥した稲作語彙が古い日本語の中に全く見られないとすれば、列島へのイネの伝来は、これまで通説とされてきたような"稲作渡来民"によってもたらされたものではなく、何らかのきっかけでイネという作物に接した列島人が、それを自主的に受容し育て上げた結果だと見なければなりません

最近の環境考古学の知見によれば、西日本における水田稲作の出現は、縄

[*13]　『朝鮮語方言の研究』(1944) 下巻：190ff.
[*14]　『稲の日本史』上：p.272 参照。

文中期以降に始まった気候の寒冷化によって、東日本の豊かな自然の恵みが次第に失われ、それに代わって西日本における新たな自然環境への適応戦略として、この新しい技術が積極的に導入された結果と見られます。三内丸山遺跡に象徴されるような東日本における縄文文化の隆盛が、今から6千年前あたりをピークとする「ヒプシサーマル」と呼ばれる気候最暖期の産物だったとすれば、西日本で始まった水田稲作は、その後に日本列島を見舞った寒冷化という気候変動がその直接の引き金となったと見てよいのではないでしょうか。例えば、寒冷化による海面低下によって、日本各地の河川の河口部に「三角州」と呼ばれるような広大な平原が出現したというような状況です。後に「豊葦原」と呼ばれるような国土が形成されたのです。新たな技術・文化の伝播と拡散は、必ずしもそれを携えた集団の移住を必要とするわけではありません。

　最後に、今回は時間の関係で触れることができませんでしたが、インド圏のイネ・コメ関連の語彙について、その基本的データだけを以下の表14.14–16に挙げて、私の話を終わらせていただきます。ご静聴有り難うございました。

補遺：インド圏のイネ・コメ関連語彙データ

<table>
<tr><th colspan="2">言語名</th><th>イネ</th><th>コメ</th></tr>
<tr><td rowspan="5">南部</td><td>タミル語</td><td>vari/ari/navarai</td><td>valci/arici</td></tr>
<tr><td>マラヤラム語</td><td>vari/ari/navira</td><td>varru</td></tr>
<tr><td>トゥル語</td><td>ari/navara</td><td>akki</td></tr>
<tr><td>コダグ語</td><td>nellï</td><td>akki</td></tr>
<tr><td>カンナダ語</td><td>nel/nellu</td><td>akki</td></tr>
<tr><td rowspan="2">中南部</td><td>テルグ語</td><td>vari/vaḍlu/nivari</td><td>prālu</td></tr>
<tr><td>ゴンディ語</td><td>vanjī</td><td>parēk/paraik</td></tr>
<tr><td rowspan="3">中部</td><td>コラミ語</td><td>val/valkul(pl.)/nel</td><td>val bīam/nel aky</td></tr>
<tr><td>ガダバ語</td><td>vars/varcil(pl.)</td><td>manjik</td></tr>
<tr><td>パルジ語</td><td>verci</td><td>peruk/perkul(pl.)</td></tr>
<tr><td colspan="2">ドラヴィダ祖語</td><td>*[v]ari/*navarai</td><td>*[v]arici</td></tr>
</table>

表 14.14　ドラヴィダ諸語

言語名	イネ	コメ	メシ
サンスクリット	dhānya/śāli/(nīvāra)	vrīhi	bhakta/anna
プラークリット	dhānya/sāli	vīhi/cāvala/taṇḍula	bhāta/anna
オリヤ語	dhāna/sāli	caula	bhāta
ヒンディー語	dhān	cāwal	bhāt
ベンガル語	dhān/sā[i]l	cāul	bhāt
アッサム語	dhān(dhon)/xāli	sāul/tondul	bhāt/ann[a]

表 14.15　インド・アーリア諸語

<table>
<tr><th colspan="2">言語名</th><th>夏イネ</th><th>秋イネ</th><th>冬イネ</th></tr>
<tr><td rowspan="3">ドラヴィダ</td><td>タミル語</td><td>kār</td><td>campā</td><td>navarai</td></tr>
<tr><td>マラヤラム語</td><td>kār</td><td>campā</td><td>navira</td></tr>
<tr><td>テルグ語</td><td>kāru</td><td>sāmbā[ru]</td><td>nivari</td></tr>
<tr><td rowspan="3">アーリア</td><td>ヒンディー語</td><td>āus</td><td>āman</td><td>boro</td></tr>
<tr><td>ベンガル語</td><td>āuś</td><td>āman</td><td>boro</td></tr>
<tr><td>アッサム語</td><td>ahu</td><td>sali</td><td>bau</td></tr>
</table>

表 14.16　インド圏のイネの主要品種名

第 15 章

私の日本語系統論
言語類型地理論から遺伝子系統地理論へ

15.1　はじめに

　日本語の系統または起源という問題は、今から百年以上も前から内外の大勢の学者が取り組んできて、未だに決着のつかない難問とされてきました。通常、言語間の同系関係というものは、人間の親族関係と同じように、同じ祖先を共有するというような意味で、その祖先に当たる言語を「祖語」、同じ祖語を共有する同系諸言語の全体を「語族」と呼びます。

　現在、日本列島を含むこのユーラシア大陸には、数にして 2,000 ないし 2,500 以上の言語が話されていると見られていますが、これらの言語のほとんどは、このような同系関係によって 10 個余りの語族の中に纏められています。これまでに確立されたユーラシアのこのような語族の名を挙げると、次のようです。

1. アフロ・アジア語族の一派とされる「セム語族」
2. ヨーロッパからインド亜大陸まで広範な分布を見せる「インド・ヨーロッパ語族」
3. 南インドを主な分布圏とする「ドラヴィダ語族」
4. カフカスの山岳地帯を中心に密集分布する「南および北カフカス語族」
5. ユーラシアの北西部一帯に拡がる「ウラル語族」

6. その東方に拡がるチュルク、モンゴル、ツングース諸語を含むいわゆる「アルタイ語族」
7. 中国大陸からヒマラヤ地域、東南アジアまで拡がる「シナ・チベット語族」
8. 中国南部からインドシナ半島に分布する「タイ・カダイ語族」
9. 中国貴州・雲南省からインドシナ半島北部に散在する「ミャオ・ヤオ語族」
10. インドシナ半島からインド東部まで分布を拡げる「オーストロアジア語族」
11. 台湾からインドネシア、そこから南洋諸島まで広大な分布を見せる「オーストロネシア語族」
12. そして最後に、シベリアの東北隅に局在する「チュクチ・カムチャツカ語族」

この中で、6番目に挙げたアルタイ語族というのは、通常の語族としての性格が疑わしく、厳密には「チュルク」、「モンゴル」、「ツングース」という3つの語族に区分すべきという見方も有力です。

この"アルタイ語族"や北部カフカス諸語などを除けば、これら語族内部の言語間の同系関係は、それぞれの言語の基礎的な語彙、例えば、1から5ないし10までの基本数詞や、「目」・「鼻」・「手」・「足」のような身体名称、あるいは「父」・「母」・「キョウダイ」など身近な親族名称などを比較・照合すれば、簡単に確認できるような性格のものです。

しかし、日本語の場合、このような基礎語彙のレベルで同系関係が確かめられるというような言語は、これまで全く見つかっていません。この意味で、従来の歴史・比較言語学の立場からは、日本語は外部に確実な同系言語を持たない、つまり系統的に孤立した言語として位置づけられてきたわけです。

現在、ユーラシアにはこのような系統的孤立言語とされるものが10個近く数えられるのですが、実は、その中の半数近くがこの日本列島とその周辺に集中しています。すなわち、当面の日本語のほかに、同じ列島北部の「アイヌ語」、その対岸のアムール下流域と樺太で話されている「ギリヤーク（別名ニヴフ）語」そして朝鮮半島の「朝鮮語」がそれに該当します。いずれも

日本語と同じように、系統関係の定かでない言語とされてきました。つまりこれらの言語は、見方を変えれば、それ自体が単独でひとつの語族を形成するとも言えるわけです。実際、最近の言語学者の間では、日本語に対して"Japonic"（日本語族）というような名称を与えて、本土方言のほかに沖縄諸方言や八丈島方言などを同系語として含むひとつの語族とする見方も行われています。

ところで、日本語を含むこれら4つの言語のほかに、ユーラシアに残された他の系統的孤立言語としては、次のような言語が挙げられます。

1. フランスとスペイン国境のピレネー山系の中で孤立する「バスク語」
2. 西シベリアのイェニセイ川流域に残存する「ケット語」
3. インダス川上流のカラコルム山系の峡間に孤立する「ブルシャスキー語」
4. インド中部マハーラシュトラ州の一隅に辛うじて存続する「ニハーリー語」
5. 東部ヒマラヤ地域で最近少数の母語話者が発見された「クスンダ語」

このほかに、東部シベリアのコリマ川流域で話される「ユカギール語」が同じような系統的孤立言語に含められることもありますが、この言語はどうやらウラル諸語と親近で、"ウラル・ユカギール語族"として纏める見方も有力視されています。仮にこのユカギール語を加えたとしても、現在ユーラシアで話されている2,500以上もの言語の中で、日本語のように系統不明とされる"孤立言語"は、全部を数え上げてもその数は十指を超えません。日本語の系統問題に取り組むに当たっては、まず最初にこうした基本的事実をしっかり確認しておく必要があるでしょう。

いずれにしても、通常の「語族」という枠組みからはみ出したこのような言語の系統関係を明らかにするためには、伝統的な歴史・比較言語学の手法とは違った何か別のアプローチを試みなければなりません。

従来の歴史・比較言語学で「比較方法」と呼ばれる手法——これはまたこれまで大方の日本語系統論者がその指針として仰いできたものですが——これは主に形態素や語彙レベルの類似性に基づいて、言語間の同系性を明らかにしようとするわけです。ところが、このような手法でたどれる言語史の年代幅は、大体、5～6千年あたりがその限度と見られています。上に挙げた

ユーラシアの諸語族の中で、これまで比較方法によって再構された例えば「インド・ヨーロッパ祖語」、「オーストロネシア祖語」、「シナ・チベット祖語」などの推定年代は、今から5〜6千年前あたりの線でほぼ一致しています。つまり、これらの語族に所属する個別言語の場合にしても、それぞれの祖語の段階まで遡れば、それから先は系統不明ということになるわけです。日本語やアイヌ語の系統が不明だということは、結局のところ、これらの言語の系統関係が従来の比較言語学では手の届かない遠い過去にまで遡るという意味にほかなりません。

15.2 類型地理論から探る言語の遠い親族関係

それでは、このような語族という枠を超えた"言語の遠い親族関係"を探るためには、どのような方法をとったらよいのか。日本語の系統問題に取り組むに当たって、まず最初にぶつかるのは、このような方法論上の問題です。もっぱら語彙レベルの類似性に頼るという在来の手法では、日本語の系統問題はこの先百年続けても、おそらく解決の見込みはないでしょう。

そのようなわけで私の場合、伝統的な比較方法に課せられたこうした制約と限界を乗り越えるために、あれこれ試行錯誤の末にたどりついたのが「言語類型地理論」と呼ばれるような手法です。これは簡単に言うと、それぞれの言語の最も基本的な骨格を形作ると見られるような言語の内奥に潜む特質、通常は「類型的特徴」と呼ばれるものですが、そのような言語特質を選び出し、それらの地理的な分布を通して、それも世界言語の全体を視野に入れたきわめて巨視的な立場から、それぞれの言語または言語群の位置づけを見極めようとするものです。

この目的のために、特に日本語に焦点を据えて私が選び出した類型的特徴というのは、最終的には以下のような8つの特徴に絞られました。それぞれの特徴ごとに、相対立する2つ（ないし3つ）の言語タイプが設定され、これによって対象となる言語ないし言語群の性格づけや相互間の親近性の判別が可能となるわけです。

1. **流音のタイプ**：「複式流音型」〜「単式流音型」〜「流音欠如型」
2. **形容詞のタイプ**：「形容詞体言型」〜「形容詞用言型」

3. **名詞の数カテゴリー**:「義務的数カテゴリー型」〜「数カテゴリー欠如型」
4. **名詞の類別タイプ**:「名詞類別型」〜「数詞類別型」
5. **造語法の手段としての重複**:「重複多用型」〜「重複欠如型」
6. **動詞の人称標示**:「多項型」〜「単項型」〜「欠如型」
7. **名詞の格標示**:「対格型」〜「能格型」〜「中立型」
8. **1人称複数の包含・除外の区別(包括人称)**:「区別型」〜「欠如型」

ご覧のように、ここには通常の語彙項目だけでなく、統語法の基本を形作る語順の特徴や屈折・膠着などの形態的特徴、また語の音韻・音節構造といった言語のいわば「表層構造」に関わる現象が一切排除されている点に留意ください。従来の類型論や系統論で注目されてきたこのような特徴は、言語の歴史的変化に対してさしたる抵抗力を持たないからです。

上に挙げた類型論的諸特徴が世界諸言語の中でどのような現れ方をするのか、ここでは一々立ち入った検証は省略して、その主な特徴についてごく簡単な説明を加えておきましょう(詳しくは松本 2007: 第4章を参照)。

まず、最初に挙げた**流音のタイプ**というのは、とりわけ日本語ラ行子音の特徴に着目して選ばれたものです。周知のように、日本語にはこのラ行子音が一種類しかなく、例えば英語などヨーロッパの諸言語に見られる r 音と l 音の区別というものがありません。この現象に着目すると、世界の言語は r と l を区別する「複式流音型」、それを区別しない「単式流音型」、さらにまたごく少数ですが、流音という音素を全く持たない「流音欠如型」という3つのタイプを立てることができます。ちなみに、日本語のラ行子音の「単式」というこの特徴は、現在日本列島で話されているすべての方言、またこれまで記録に現れたかぎりのあらゆる資料を通じて全く変わっていない、という事実をここに付言しておきましょう。

2番目の**形容詞のタイプ**、これはそれぞれの言語で通常"形容詞"と呼ばれる語類が品詞として名詞に近い語類として位置づけられるか、それとも動詞に近い語類として振る舞うかという観点からの分類です。日本語のように形容詞が動詞に類した活用をし、そのまま述語として用いられるような言語が「形容詞用言型」、アルタイ諸語や古い印欧語(例えばギリシア語やラテン語など)のように、形容詞が名詞と同じような格変化をしたり、そのまま

名詞として用いられるものが「形容詞体言型」として区別されます。

　３番目の**名詞の数カテゴリー**というのは、名詞に「単数」・「複数」というような区別が文法的に義務化されているかどうかという問題です。インド・ヨーロッパ諸語やウラル、アルタイ系諸言語などユーラシアの主要な諸語族では、このような数の区別が文法的に義務化されているけれども、日本語、アイヌ語、朝鮮語などでは、名詞の複数表現は可能ですが（例えば日本語で「殿がた」「女たち」「餓鬼ども」「家々」など）、義務的な文法カテゴリーとして確立されていません。

　また４番目の**類別タイプ**、これは例えばドイツ語やロシア語などで、名詞に「男性」、「女性」、「中性」、フランス語やアラビア語では「男性名詞」と「女性名詞」というように、いわゆる"ジェンダー"の区別があります。一方、日本語にはこのようなジェンダーという現象は見られないけれども、ものを数えるときに、人間ならば「ヒトリ、フタリ」、犬や猫なら「１匹、２匹」のように対象物の意味的カテゴリーに応じて違った「助数詞」というものを使います。このように、ジェンダーまたはクラスによって名詞自体を直接類別するタイプを「名詞類別型」、数詞などによって間接的に類別するタイプを「数詞類別型」として２つのタイプが立てられます。

　次に、**造語法の手段としての重複**というのは、日本語で名詞なら「山々」「国々」、形容詞なら「高々」「細々」、動詞なら「飛び飛び」「行く行く」などのように、語の一部ないし全体を繰り返す造語法で、これを多用するかしないかというのも言語の位置づけにとって重要な目印となるわけです。

　このような類型特徴の諸タイプが世界言語の中ではたしてどのような分布を見せるか。ここではアフリカ、ユーラシアそしてオセアニアの諸言語に限って、調査されたそれらのデータを整理してみると、次ページの表 15.1 のような形となります。なお、この表の**語族・言語群・孤立言語**の欄の横罫線は、後に取り上げる「世界諸言語の人称代名詞」の各タイプ（表 15.6）に対応する区分です。

　さらにまた、このようなデータに基づいて、それを世界言語地図上に概略的な分布図として表したいくつかの具体例がその後に挙げてあります（図 15.1、図 15.2、図 15.3。なお、これ以外の分布図については、松本 2007: 195 以下を参照）。

　その中で、まず図 15.1：＜流音タイプの地理的分布＞をご覧ください。日

15.2 類型地理論から探る言語の遠い親族関係

地域	語族・言語群・孤立言語	流音タイプ	形容詞タイプ	数の範疇	名詞類別	数詞類別	重複	動詞の人称標示	名詞の格標示	包含除外
アフリカ	コイ・サン／中央	欠・単	用言型	＋	＋	－	＋	多(分離)・無	中立A	＋
	コイ・サン／南・北	欠・単	用言型	＋	＋	－	＋	無標示	中立B	±
	ナイル・サハラ	複式	体・用	±	±	－	－	単（多）	対・中	±
	ニジェル・コンゴ／西	単・複	用言型	±	＋	－	＋	無・多(分離)	中立B	＋
	ニジェルコンゴ／東南	単・欠	用言型	＋	＋	－	＋	多項型(分離)	中立B	＋
	アフロ・アジアA	複式	体言型	＋	＋	－	－	単項型	対格型	±
ユーラシア内陸言語圏	アフロ・アジアB	複式	体言型	＋	＋	－	－	単項型	対格型	
	バスク語	複式	体言型	＋	－	－	－	多項型(分離)	能格型	
	ケット語	単式?	体言型?	＋	＋	－	－	多項型(分離)	中立A	－
	[シュメール語]	複式	体言型?	＋	＋	－	－	多項型?	能格型	
	ブルシャスキー語	複式	体言型	＋	＋	－	－	多項型(分離)	能格型	
	ドラヴィダ	複式	体言型	＋	＋	－	＋	単項型	対格型	＋
	北東カフカス	複式	体言型?	＋	＋	－	－	無標示	能格型	±
	北西カフカス	複式	用言型?	±	±	－	－	多項型(分離)	中立A	±
	南カフカス	複式	体言型	＋	－	－	－	多項型(分離)	能格型	±
	インド・ヨーロッパ	複式	体言型	＋	＋	－	－	単項型	対格型	±
	ウラル[・ユカギール]	複式	体［用］	＋	－	－	－	単（多）	対格型	＋
	チュルク	複式	体言型	＋	－	－	－	単項型	対格型	＋
	モンゴル	複式	体言型	＋	－	－	－	単項（無）	対格型	＋
	ツングース	複・単	体言型	±	－	－	－	単項（無）	対格型	＋
	チュクチ・カムチャツカ	単・複	用言型?	＋	－	－	＋	多項型(一体)	能格型	
太平洋沿岸言語圏	チベット・ビルマ／西	複式	体言型	－	－	±	±	無・多(一体)	能・中	±
	チベット・ビルマ／東	単式	用言型?	－	－	±	－	無標示	中立A	±
	漢語	単式	用言型	－	－	＋	＋	無標示	中立B	
	タイ・カダイ	単式	用言型	－	－	＋	＋	無標示	中立B	＋
	ミャオ・ヤオ	単式	用言型	－	－	＋	＋	無標示	中立B	＋
	オーストロアジア	単・複	用言型	－	－	＋	＋	無・多(分離)	中立B	＋
	オーストロネシア	単・複	用言型	－	±	±	＋	無・多(分離)	中・対・能	＋
	朝鮮語	単式	用言型	－	－	＋	＋	無標示	対格型	－
	日本語	単式	用言型	－	－	＋	＋	無標示	対格型	＋
	アイヌ語	単式	用言型	－	－	＋	＋	多項型(分離)	中立A	＋
	ギリヤーク語	単式	用言型	－	－	＋	＋	多項型?	中立A	＋
大洋州	パプア諸語	単・欠	用・体	±	±	－	±	多項型(分離)	能・中	＋
	オーストラリア諸語	複式	体言型	±	±	－	＋	多(分離)・無	能格型	＋

表15.1 類型的特徴の地域・語族的分布：アフリカ・ユーラシア・オセアニア

254 第 15 章 私の日本語系統論

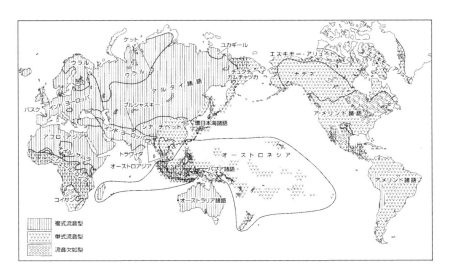

図 15.1 流音タイプの地理的分布

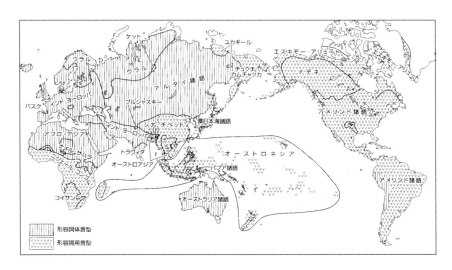

図 15.2 形容詞タイプの地理的分布

15.2 類型地理論から探る言語の遠い親族関係

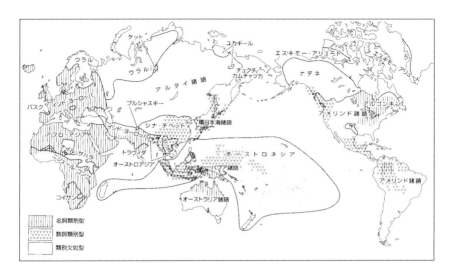

図 15.3 類別タイプの地理的分布

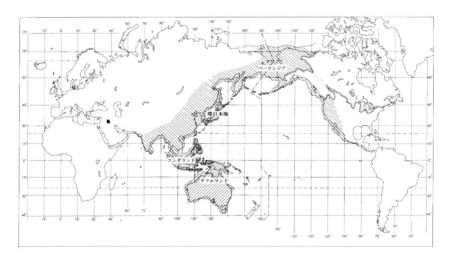

図 15.4 後期旧石器時代の太平洋沿岸部の地形

本語のような単式流音型の言語は、ユーラシアではその太平洋沿岸部に集中的に分布し、しかもその分布圏は、ベーリング海峡を越えて遠くアメリカ大陸まで拡がっています。これと全く同じような分布を示すのが図 15.2 に示された「形容詞用言型」のタイプです。ユーラシアにおけるこれらの特徴の地理的分布は、概略的に、北はチュクチ・カムチャツカ半島からロシア領沿海州を通って朝鮮半島北辺、そこから中国大陸を横切って南はインドのアッサム地方に延びる線のあたりを境にして、ほぼその西側に「複式流音型」と「形容詞体言型」、その東側に「単式流音型」と「形容詞用言型」が集中分布することが判ります。

一方、図 15.3 に示した＜類別タイプの地理的分布＞では、日本語のような数詞類別型の言語は、その分布圏が 1、2 の場合より狭まるけれども、やはりユーラシアからアメリカ大陸にかけて分布の拡がりを見せています。

このような類型特徴の地理的分布に基づいて、日本語という言語がはたしてどのように位置づけられるのか。これをとりあえずユーラシア諸言語の範囲内で纏めてみると、次ページの表 15.2 のような形で表すことができます（この表の右欄の共有特徴の中で *印の付いているのは、同じ言語群の内部で部分的に不一致を見せる特徴です）。

この表でご覧のように、ユーラシアの諸言語の全体は「**ユーラシア内陸言語圏**」と「**太平洋沿岸言語圏**」という 2 つのグループに大きく分けることができます。

この中で太平洋沿岸言語圏と名づけられた言語群は、地理的に「南方群」と「北方群」の 2 つにはっきりと分かれます。その南方群には、「ミャオ・ヤオ」、「オーストロアジア」、「タイ・カダイ」、「オーストロネシア」という 4 つの語族が含まれ、これらは全体として、これまでも一部の学者によって提案されたように、"オーストリック大語族 (Austric macrofamily)" というような名称で纏めることができるでしょう。それに対して北方群というのは、前述の日本海を取り囲む比較的狭い地域に分布する 4 つの "系統的孤立言語" です。すなわち、北の方からアムール下流域から樺太にかけて分布するギリヤーク語、日本列島のアイヌ語と日本語、そして朝鮮半島の朝鮮語がひとつのグループとして纏まります。私はこれらの言語を「**環日本海諸語**」と名づけましたが、このように見てくると、日本語は紛れもなく環日本海諸語の一員として位置づけられることが判ります。なお、これらの言語をそれぞ

15.2 類型地理論から探る言語の遠い親族関係

系統関係		所属語族・言語群	共有特徴
ユーラシア内陸言語圏	中央群	セム語族（アフロ・アジアB） インド・ヨーロッパ語族 ウラル語族 チュルク語族 モンゴル語族 ツングース語族 ドラヴィダ語族	複式流音 体言型形容詞 義務的数カテゴリー 単項型人称標示 対格型格標示 名詞類別* 重複欠如* 包括人称欠如*
	残存群	シュメール語その他古代オリエント諸語 バスク語、ケット語、ブルシャスキー語 南・北カフカス諸語	多項型人称標示 能格型格標示
	周辺境界群	チュクチ・カムチャツカ語族 ［エスキモー・アリュート語族］	複式／単式流音 体言型／用言型形容詞
太平洋沿岸言語圏	南方群 （オーストリック大語族）	チベット・ビルマ語族 漢　語（中国語） ミャオ・ヤオ語族 オーストロアジア語族 タイ・カダイ語族 オーストロネシア語族	単式流音 名詞類別欠如 用言型形容詞 数カテゴリー欠如 数詞類別
	北方群 （環日本海諸語）	ギリヤーク語 アイヌ語 日　本　語 朝　鮮　語	重複形態法 多項型人称標示* 中立型格標示* 包括人称*

表 15.2　言語類型地理論から導かれたユーラシア諸言語の系統分類

れ単独で一語族を形成すると見れば、この北方群もまた南方と同じように、4つの語族を含むひとつの macrofamily と見なすこともできるでしょう。

　一方、ユーラシア内陸言語圏は、それぞれ共有された一連の類型特徴（表15.2 の右欄）に基づいて、その中心部に連続した広域分布を示す「**中央群**」と、その周辺部で非連続な分布を示す「**周辺・残存群**」と名づけられるような言語群に分けられます。

　なお、この分類表で特に指摘したいのは、従来、日本語系統論の中でしばしばその同系ないし親縁語の有力候補と目されてきたいわゆる"ウラル・アルタイ"、ないし"アルタイ"系の諸言語が、日本語とは全く別系統のイン

ド・ヨーロッパ語族などと同じグループに組み入れられている点です。これは日本語の系統を考える上で非常に重要なポイントです。

またもうひとつこの表で注目されるのは、表のちょうど中間に置かれたチベット・ビルマ語族と漢語（つまり現在の中国語）です。この2つは「シナ・チベット語族」という名称でひとつの語族を形作ると見なされているわけですが、その中の漢語は、ここで扱った類型特徴から判断するかぎり、太平洋沿岸系の言語とほとんど同じ特徴を共有し、従って、その中の一員と見なされるような性格を具えています。そのためこの言語群は、あたかも2つの言語圏の間で両者をまたぐような形になってしまうわけですが、漢語という言語がなぜこのような位置づけになるのかという問題が生じます。

これについて、私の考えを結論的に述べますと、この言語はチベット・ビルマ系の言語と太平洋沿岸系の言語が、今からおそらく4千年ほど前に、黄河中流域のあたりで接触した結果生まれた一種の混合語（言語学の用語でいわゆる"クレオール"）と見なされる、というのが私の解釈です。これは古代の漢語自体に見られる構造的な特徴、例えば、動詞や名詞に語形変化が全く欠ける（いわゆる"孤立語"的性格）とか、非常に変則的なSVO型語順を持つというような点からも、十分に証拠づけられるのです。ここで"変則的SVO語順"というのは、この言語で動詞を含む構文では目的語が日本語と反対に動詞の後に置かれるのに、名詞句の構造では、形容詞や関係節など名詞の修飾的成分が日本語と同じように全部名詞の前に置かれ、文法的支配の方向に関して著しく一貫性を欠く現象を指します。

ところで、このような類型地理論から導かれた「太平洋沿岸言語圏」に関して、もうひとつ大事な点は、先ほどのいくつかの分布図を見ても判るように、この言語圏がユーラシア大陸だけでなく、ベーリング海峡を越えて遠くアメリカ大陸まで拡がっていることです。アメリカの先住民言語は、南北両大陸を通じて非常に複雑・多様な様相を示していますが、これらの類型特徴の分布をたどっていくと、この大陸の場合も、同じ特徴を共有する諸言語はこの大陸全体ではなく、どうやらその西側、つまり太平洋沿岸部に集中することが判ってきました。そこで、私は太平洋を挟んで2つの大陸の沿岸部に拡がるこの大きな言語圏を「**環太平洋言語圏**」と名づけたわけです。

ただし、アメリカ大陸の場合、ここで扱ったような類型的特徴だけでは、複雑に分布する諸言語のどのあたりに境界線があるのか、それを正確に見極

めるのが非常に難しい、という方法論上の問題も出てきます。このような類型特徴というものは、それがどんなに根源的と見られるにしても、言語接触などによる伝播・拡散という現象を免れないからです。その意味で、ここで試みた類型地理論的アプローチは、やはり水深測量的な性格を脱しえないと言えるかもしれません。

15.3　人称代名詞から導かれた世界言語の系統分類

　このような限界を乗り越えるために、私が改めて取り組んだのが人称代名詞です。この人称代名詞というのは、どんな言語にも必ず具わる必須の道具立てのひとつで、しかもきわめて具体的な形をとって顕現します。これは前述の類型特徴の8番目に挙げた「1人称複数の包含・除外の区別」という現象に関連して、世界言語の人称代名詞のデータを集める中で次第に判ってきたことですが、この人称代名詞が言語の遠い親族関係を探る上で非常に有力な決め手となる。というのは、同じタイプの人称代名詞が単に同一語族の内部だけでなく、しばしば語族の枠を超えて広域に分布することが明らかになったからです。

　ユーラシアには、このような広域に分布する人称代名詞として、ひとつは「**太平洋沿岸型**」もうひとつは仮に「**ユーロ・アルタイ型**」と名づけられる2つのタイプが挙げられます。この中で太平洋沿岸型の人称代名詞は、その分布が先の表15.2の太平洋沿岸言語圏と正確に一致し、一方、漢語とチベット・ビルマ諸語は「シナ・チベット型」と呼ばれる独自の人称代名詞によってこの言語圏から離脱します。

　さらにまた、この人称代名詞の分布をたどっていくと、アメリカ大陸の太平洋沿岸系言語の輪郭も、かなりはっきりした形で捉えることができます。ここではその具体的な検証は抜きにして、太平洋沿岸型人称代名詞を共有する諸言語の地理的分布の様相を結論的に纏めてみると、次ページの表15.3のような形で表すことができます。アメリカ大陸の場合も、表に挙げられた諸語群はこの大陸の太平洋沿岸部に集中分布し、ここに文字通り「環太平洋」的な分布圏が現出しているのです。

　この表で見るように、太平洋沿岸型人称代名詞は、その現れ方がやや複雑で、1人称には基幹子音としてk-を持つ形とn-を持つ形の2つがあって、

第15章 私の日本語系統論

大語群		言語・語群名	人称代名詞の特徴		
			1人称	2人称	包括人称
環太平洋言語群	ユーラシア太平洋語群	オーストロ・ミャオ群	ムンダ語群	n-	m-	A型 (b-/w-)
			モン・クメール南東群	n-	m-	
			モン・クメール北西群	k-	m-[/k-]	
			ミャオ・ヤオ語群	k-		
		オーストロ・タイ群	タイ・カダイ語群	k-	m-	B型 (t-/d-)
			台湾高砂語群	k-	s-	
			西部オーストロネシア群	k-	m-/k-	
			東部オセアニア群	n-/k-	m-/k-	
		環日本海群	日本語	n-/[k]-	m-/n-	A型
			朝鮮語	n-	n-	
			アイヌ語	n-/k-	e[n]-	B型
			ギリヤーク語	n-[/k-?]	t-	
	アメリカ太平洋語群	北米沿岸群	ペヌーティ語群	n-[/k-]	m-	B型?
			ホカ語群	n-/k-	m-	
		中米群	ユート・アステカ語群	n-	m-[/t-]	B型
			ミヘ・ソケ語群	n-	m-	
			マヤ語群	n-/k-	k-/t-	
		北部アンデス群	チブチャ語群	n-	m-	?
			アラワク語群	n-	m-	A型
			トゥカノ語群	n-	m-	
		南部アンデス群	パノ・タカナ語群	n-	m-	?
			ハキ・アイマラ語群	n-	m-	?
			アラウカノ語群その他	n-	m-	?

表15.3 人称代名詞から見た「環太平洋言語圏」の輪郭

言語によってそのどちらかが選ばれるか、あるいは同じ言語の中で2つが共存する場合は、k-形は動詞に接して主語人称、名詞に接して所有人称、一方n-形は目的語人称を表すという形でその役割が分かれます。手近な例として、アイヌ語の1人称代名詞 ku（主語および所有形）と en（目的語形）がまさしくそれに当たります。

また「包括人称」（これは従来の1人称複数の包含形に対して私の与えた新しい名称ですが）これにも2種類あって、基幹子音として唇音 w-/b- を持つタイプ（A型）と t-/d- を持つタイプ（B型）が区別されます。日本語の「ワレ ware」や朝鮮語の1人称複数の uri などは、w- を基幹とする「A型包括人称」として位置づけられ、また日本語の1人称の「アレ are」、「オレ ore」などの a-/o- は、語頭の基幹子音 k- の消失形に由来すると見られます

15.3 人称代名詞から導かれた世界言語の系統分類

（1～2人称代名詞の本来の基幹が母音で始まるというケースは、世界言語にほとんど例がありません）。また特に注目される点として、この言語圏の中の特に環日本海諸語では、いわゆる"待遇法"の影響によって、本来の2人称代名詞がほぼ全面的に失われました。その結果、日本語をはじめこれらの言語では、本来の人称代名詞の姿が大変見えにくくなっています。

ちなみに、上代日本語で2人称代名詞として用いられる「ナ（レ）na-(re)」は、元は1人称代名詞が2人称に転用されたものです。同様に1人称 are の母音交替形と見られる ore（現代語に生き残った唯一の1人称代名詞）も、すでに上代語で2人称として用いられ、また琉球方言では完全に2人称代名詞に転用されました。さらにまた、現在朝鮮語で2人称代名詞となっている nə やアイヌ語の2人称 e も、これと同じような1人称からの転用形に由来すると見てよいでしょう。一方、上代語で2人称代名詞として用いられる「(イ)マシ (i)masi」の ma- は、太平洋沿岸型本来の2人称代名詞の継承形という可能性も考えられます。

なお、太平洋沿岸言語圏に属する主要な言語の人称代名詞の具体例については、以下の表15.4をご覧ください。ここには各語群から代表的言語がひとつだけ選ばれています。

	言 語 名	1人称単数	2人称単数	包括 // 1複	2人称複数
太平洋沿岸南方群	ムンダリ語	añ	am	abu/ale	ape
	スティエン語	ʔañ	may	bən / hej	/
	カトゥ語	ku	mai	hɛ// yi	pe
	川黔滇苗語	ko/wɛ	mɨ/kau	pe	me
	西双タイ語	kau	mai	hau//tu	su
	セデック語	yakku/ku	issu/su	ita/ta//yami	imu
	タガログ語	aku/ku	ikau/mu	tayu/ta//kamin	kayu
	ビナ語	nau/a-	moni/o-	ita/ta-//nai/a-	umui/o-
環日本海諸語	上代日本語	a-/na-/(ore)	[i]masi/na-/ore	wa[re]	/
	古典沖縄語	a-ɴ/wa-ɴ	o-re	wa-ɴ	/
	中期朝鮮語	na	nə	uri	nə-hiy
	アイヌ語	ku-/en-	e-	a-/i-//ci-/un-	eci-
	ギリヤーク語	ñi	ci	megI//ñuŋ	cɯŋ

表15.4 ユーラシア太平洋沿岸諸語の人称代名詞

この表で、南方群の中のオーストロアジア系のムンダリ語（ムンダ群）と

スティエン語（モン・クメール南東群）は n- 形の 1 人称、カトゥ語（モン・クメール北西群）と川黔滇苗語（ミャオ・ヤオ）は k- 形の 1 人称を持っています。タイ・カダイ系（西双タイ語）と大部分のオーストロネシア諸語（セデック語、タガログ語）も k- 形の 1 人称ですが、メラネシアの東部オセアニア語群（ビナ語）は、アイヌ語と同じように、k- 形と n- 形の双方を具えています。また包括人称では、オーストロアジアとミャオ・ヤオ諸語が「A 型」、タイ・カダイとオーストロネシア諸語が「B 型」に属し、一方、環日本海では、日本語と朝鮮語が「A 型」、アイヌ語とギリヤーク語がどうやら「B 型」に属していたようです（松本 2007: 240 以下）。

これに対して「ユーロ・アルタイ型」の人称代名詞は、その分布が先に見た表 15.2 のユーラシア内陸中央群とほぼ重なりますが、そこに含まれる言語群に若干の出入りがあります。すなわち、表の"中央群"の中のセム語族とドラヴィダ語族がここから離脱し、その一方で"残存群"として位置づけられた中から、チュクチ・カムチャツカ語族と南カフカス（別名カルトヴェリ）語族がこれに加わります。

このタイプの人称代名詞は、1 人称と 2 人称に関してはその現れ方が非常に単純かつ明瞭で、それぞれの基幹子音が 1 人称で m-、2 人称で t-（またはそこから転化した s-）という形になります。その具体例については、以下の表 15.5：＜ユーロ・アルタイ諸語の人称代名詞＞をご覧ください。

言語名	語族	1人称単数	2人称単数	包括//1複	2人称複数
フランス語	IER	moi [mwa]	toi [twa]	nous [nu]	vous [vu]
ウドゥムルト語	URL	mon	ton	mi	ti
ユカギール語	YUK	met	tet	mit	tit
古チュルク語	TRK	men	sen	miz	siz
蒙古文語	MNG	min-	tsin	bidan//man	tan
満州語	TNG	min-	sin-	musə//mən-	suwə
チュクチ語	CH-K	[gə]-m	[gə]-t	muri	turi
古典グルジア語	KTV	me	šen	čwen	tkwen

表 15.5　ユーロ・アルタイ諸語の人称代名詞

この表で**語族**の欄の IER、URL、YUK、TRK、MNG、TNG、CH-K、KTV は、それぞれ「インド・ヨーロッパ」、「ウラル」、「ユカギール」、「チュルク」、「モンゴル」、「ツングース」、「チュクチ・カムチャツカ」、「カルトヴェリ」の

15.3 人称代名詞から導かれた世界言語の系統分類

略号です。これらの諸語族が、いわば"ユーロ・アルタイ大語群"としてひとつの系統的なまとまりを作ると見られるわけです。この表15.5でも、各語族からそれぞれ代表的な言語がひとつだけ選び出されていますが、この人称代名詞の語族を超えた広域分布の様相は、表のデータを見ただけでも一目瞭然と言ってよいでしょう。

なお、これらの言語群の中でインド・ヨーロッパ諸語の場合は、1人称のm-形のほかに主語だけに特化した形、表のフランス語ではje（英語でI、ラテン語やギリシア語ではego）という特別の1人称形を併せ持っています。これはアイヌ語のkuとen、上代日本語のa-（＜*ka-）とna-の共存とほぼ同じ現象です。ちなみに、アルタイ系の一部の言語では、m-から転化したb-形（bin, benなど）が特別の主語形として役立てられています。

*　*　*　*　*　*　*

このような人称代名詞の検証・分析によって、ユーラシアとアメリカだけでなく、さらに世界諸言語全体の系統分類を試みることももちろん可能です。この線に沿った詳しい論考は、松本2010の著書の形で纏められましたが、ここで到達したその結論の部分だけを整理してみると、次ページの表15.6のような形で纏めることができます。

これで見るように、後に触れる"アフリカの古い土着系言語"を除くと、世界言語の人称代名詞のタイプは、最終的にどうやら6つのタイプに収まるようです。ユーラシアには、この6つのタイプがすべて現れ、先の表15.2でユーラシア内陸部の「周辺・残存群」として纏められた諸言語、より正確には、前述の"ユーロ・アルタイ系"以外のユーラシア内陸系諸言語は、1番から4番のいずれかのタイプに帰属します。

次に、この表で注記番号の付いた項目について簡単に説明すると、まず、ここで「人称代名詞のタイプ*1」というのは、下の各欄の＜　＞内に示されたように、1人称、2人称および包括人称に対応する3つの基幹子音によって表されます。

その隣の「該当言語群」の欄で、「南アンダマン諸語*2」というのは、アンダマン諸島南部に今もなお残存する「オンジェ」、「ジャラワ」および「センチネル」という3つの言語からなる語族、また「アメリカ東部内陸諸語*3」は、北米では「アルゴンキン」、「セイリッシュ」、「イロコイ・カド」、「湾岸

人称代名詞のタイプ*1	該 当 言 語 群	対応する遺伝子系統	
		Y-DNA	mt-DNA
1. 出アフリカ古層A型 < n- k- t->	ニジェル・コンゴ＋アフロ・アジア諸語	E3a/b	L3(xM/N)
	南アンダマン諸語*2	D	M2
	内陸高地系パプア諸語(サフル系)	C2	P/Q
	オーストラリア原住民諸語(同上)	C4	M42/Q/S
	バスク語*、ケット語*	R/Q	U(U5?)
	アメリカ東部内陸諸語*3	Q	A/C/D
2. 出アフリカ古層B型 < k- n- t->	シナ・チベット諸語	D/O3	A/D
	エスキモー、ナデネ諸語	C3	A/D
3. 古南アジア・スンダ型 < t- n- m->	古南アジア諸語*4	L/H	M2-6
	大アンダマン諸語*5	L/M(?)	M2/4
	北部沿岸系パプア諸語*6 (スンダ系)	M/S	M27-29
4. カフカス型 < t- m- k-/w- (?) >	北部カフカス諸語	G(?)	J/T(?)
5. ユーロ・アルタイ型 < m- t- w- (?) >	ユーロ・アルタイ諸語	R1/C3/N	H/U/D(?)
6. 太平洋沿岸型 < k-/n- m- t-/w->	ユーラシア太平洋沿岸諸語	O1/O2	B/F/M7
	アメリカ太平洋沿岸諸語	Q	B/D

表15.6 人称代名詞による世界諸言語の系統分類（アフリカの古い土着言語を除く）

の諸語族、中・南米では「オト・マンゲ」、「ケチュア」、「カリブ」、「トゥピ・ワラニ」、「マクロ・ジェー」、「パタゴニア」などの諸語族を含み、先の表15.3：＜人称代名詞から見た「環太平洋言語圏」の輪郭＞に挙げられた「アメリカ太平洋沿岸語群」と共に、両大陸を東西にほぼ2分する大きな言語群です。

第3段目の「古南アジア諸語*4」というのは、ドラヴィダ語族と南アジアに孤立する「ニハーリー語*」、「クスンダ語*」、「ブルシャスキー語*」という3つの孤立言語を含み、これらが「古南アジア型」と呼ばれる人称代名詞を共有します。またこれと同じ「スンダ型」とも呼ばれる人称代名詞を共有するのが「大アンダマン諸語*5」とメラネシアで「北部沿岸系パプア諸語*6」と名づけられた言語群です。後者は第一欄の「内陸高地系」と並ぶパプア系ニューギニアの大語群、前者はアンダマン諸島北部でかつて話されていたかなりの規模の言語群ですが、イギリスの植民地時代にすべて消滅し、今では

19世紀に残された記録によって知られるだけです。

なお、この表の内部および上述の説明の中で*印を付した言語が、環日本海域以外でユーラシアに残された5つの系統的孤立言語です。これらの言語も、その人称代名詞のタイプによってそれぞれの系統的位置づけが確定されている点に留意ください。すなわち、インドとその周辺に分布する3つの孤立言語は、「古南アジア型」人称代名詞によってドラヴィダ語族と結びつき、さらにまたこの人称代名詞は、アンダマン諸島を介してメラネシアのスンダ系パプア諸語ともつながっています。一方、ヨーロッパで唯一の孤立言語と目されるバスク語は、シベリアのケット語（かつてイェニセイ流域で話されていた"イェニセイ語族"の唯一の生き残り）とどうやら同じ人称代名詞を共有し、しかもこの人称代名詞は、「太平洋沿岸型」と並んで、アメリカの南北両大陸へと運ばれました。

ところで、この表にはその一番右の欄に、それぞれの言語群ごとに、それに対応すると見られた遺伝子の系統が挙げてあります。Y-DNAというのは「Y染色体遺伝子」、mt-DNAは「ミトコンドリアDNA」で、いろいろなアルファベット記号は「ハプログループ」と呼ばれるそれぞれの遺伝子系統に振り当てられた名称です。日本語をめぐる言語系統論の議論の中に、Y染色体やミトコンドリアDNAの名が出てくるのはいかにも唐突に感じられるかもしれませんが、実は、これが私の日本語系統論にとってもうひとつの重要なテーマなのです。

つまり、人称代名詞を含めて世界諸言語の類型地理論的考察から導かれた言語の遠い親族関係というものが、最近の分子生物学で「遺伝子系統地理論 phylogeography」と呼ばれる分野の研究成果とはたしてどのようなつながりを見せるのかという問題です。この分野の研究は、ここ10年余りの間に急速な進展を見せましたが、出アフリカを果たした現生人類が世界の各地へいつどのような形で移住したのか、こうした問題に従来とは全く違った新たな展望を切り開きました。

なお、最後の補足として、前述の"アフリカの古い土着言語"というのは、概略、従来のアフリカ諸語の系統分類で「コイ・サン語族」と「ナイル・サハラ語族」として纏められてきた諸言語を指します。ここにはかなりの数の異なった人称代名詞のタイプが含まれ、それらの内部的系統関係がきわめて

複雑・多様なことを窺わせます。またこれらの言語集団を特徴づけるY染色体遺伝子が、後の図15.5で見るように、A、Bというアフリカ固有でしかも年代的に最も古いとされるハプログループで、その内部に沢山のサブグループを抱え、これらの言語を話す諸集団の年代的な奥行きの深さを示しています。

15.4　言語の系統とその遺伝子的背景

　言語の系統と遺伝子の系統との関連を探るためには、「ミトコンドリア」という女系遺伝子と「Y染色体」という男系遺伝子の2つの道が考えられますが、ここでは主に男系のY染色体遺伝子の側からこの問題を取り上げてみましょう。ミトコンドリアDNAに較べて、Y染色体の方がハプログループと呼ばれる遺伝子型の種類が少なく、それぞれの系統関係も比較的判りやすいからです。

　そこでまず最初に、Y染色体遺伝子の「系統樹」として最近の専門家によって提示されているその概略図を見ておきましょう。次ページの図15.5をご覧ください。

　これで見るように、現生人類のY染色体遺伝子は、究極的に今から8万年（？）ほど前の単一の祖先（いわゆる"Y染色体のアダム"）に遡ると言われます。現在、Y染色体のハプロタイプと呼ばれる変異型は、アルファベット記号でAからTまで20個のグループに分類されていますが、この中でAとBの2系統を除く残りのすべては、出アフリカ系のM168という祖型から分かれたと見られています（ここで「M+数字」などの記号はそれぞれの遺伝子型を特定する「変異マーカー」の名称です）。この根幹からまず、DE, C, Fという3つの枝が分かれ、さらにこの中のFがもうひとつの根幹となって、ここからG, H, I, J, Kなどが分かれ、そしてこのKの分枝とされるM526という幹からM, S, N, O, Pというような枝が分かれたと見られています。ちなみに、出アフリカ系祖型のM168には、それに該当するアルファベット名がありません。このような場合には変異マーカーだけでその名称を代用します。M526の場合も同じです。また同じアルファベット名の遺伝子型に複数のマーカーが含まれる場合も沢山あります。

　なお、前節で挙げた6つの人称代名詞というのは、Y染色体遺伝子の面で

15.4 言語の系統とその遺伝子的背景

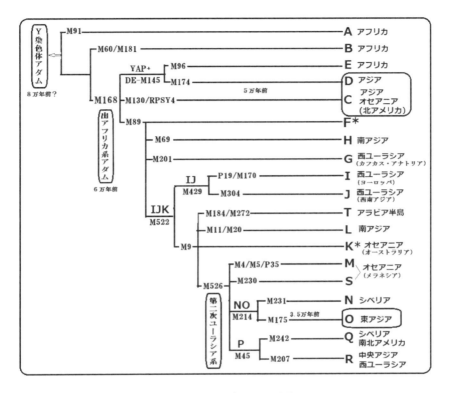

図 15.5　Y染色体遺伝子の系統略図

は、この M168 という「出アフリカ祖型」に遡る集団によって運ばれたものを指します。「ニジェル・コンゴ」と「アフロ・アジア」というアフリカで最大規模の2つの語族が出アフリカ系に属している点に留意ください。

この出アフリカ系遺伝子の中で、特にユーラシアの太平洋沿岸部という地域に着目すると、ここで主要な役割を演じた Y 染色体遺伝子は、主に D, C, O という3つのハプログループに絞られます。この中で、D 系統は "YAP" と呼ばれる DE-M145 の一方の分枝で、アフリカの E に対して "アジアの YAP" とも呼ばれています。この D 系統と C 系統は、その発現年代がおよそ5万年（?）前とされ、出アフリカ系では年代的に最も古い遺伝子と見られています。

これらの遺伝子系統は、それぞれいくつかのサブグループに分かれ、その中でもDとCは非常に特異な地理的分布を見せています。その概略を示したのが以下の図15.6：＜Y染色体D, C, O系統の分岐略図＞の前半、D, Cの部分です。

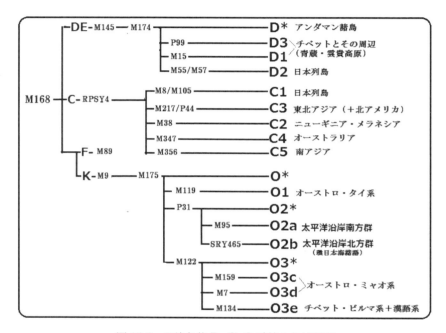

図15.6　Y染色体D, C, O系統の分岐略図

これで見るように、D系統はその出現地域がインド洋のアンダマン諸島、チベットとその周辺地域、そして日本列島というように全くかけ離れた場所に散らばって、言語地理学の用語を借りれば、典型的な"周辺残存分布"の様相を呈しています。アンダマン諸島でこの遺伝子は、「南アンダマン語」を話す「オンジェ」、「ジャラワ」という小さな集団でほぼ100％の出現率を見せています。そしてこの南アンダマン諸語が、アフリカを代表するニジェル・コンゴ語族およびアフロ・アジア語族に代表される「出アフリカ古層A型」と呼ばれる人称代名詞を共有しています（表15.6）。どちらもYAPと呼ばれる同じ遺伝子の一方はD, 他方はE系統によって特徴づけられます

15.4 言語の系統とその遺伝子的背景

(なお、D* のように アスタリスクの付くのは、特定のサブタイプに属さない「パラグループ」と呼ばれる枝を指します)。

　一方、C 系統はその分布域が D 系統よりもはるかに広く、その一部の分枝 (C2 と C4) はメラネシアとオーストラリア、別の分枝 (C3) は東北アジア、そして残りの分枝 (C1 と C5) は日本列島と南アジアというように、それぞれ非常にかけ離れた地域に分散し、これもやはり周辺残存的な分布と見てよいでしょう (中でも C1 と C5 は出現頻度のきわめて低い分枝です)。この中で、C2 と C4 を共有するニューギニアの内陸高地系語群とオーストラリア原住民諸語もまた、すでに見たように、出アフリカ古層 A 型という同じ人称代名詞を共有する点に留意ください。

　ちなみに、氷河期の海面低下によってニューギニアとオーストラリアが陸続きとなった「サフルランド」と呼ばれる大陸にこの遺伝子を携えた集団が到来したのは、今からおよそ 4 万 5 千年前と見られています。一方、日本列島を含む東アジア地域への D, C 系統を携えた集団の到来は、それより少し遅れたようです。おそらく 4 万年から 3 万 5 千年前あたりでしょうか。これが東アジアに到来した最初の現生人類にほかなりません。日本列島に関して言えば、考古学的には関東の「立川ローム層」の最下層 (第 10 層) に「先ナイフ型」と呼ばれる古い石器を残し、また長野県の野尻湖畔に「立ヶ鼻遺跡」と呼ばれるナウマン象などの屠殺址を残したのがどうやらこの集団と見られます。また、これとつながる最古の化石人骨としては、日本列島では沖縄県那覇市近郊で出土した「山下洞人」の年代が 3 万 2 千〜3 万 5 千年前、また中国の北京近郊周口店近くの田園洞で最近発見された「田園洞人」のそれが 3 万 9 千〜4 万年前と推定されています。

　ここで、D, C というこの古い遺伝子とつながるのは、はたしてどのような系統の言語だったのかという問題を考えてみると、その最も有力な候補として浮かぶのが「出アフリカ古層 A 型」と名づけられた人称代名詞です。すでに触れたように、アフリカではニジェル・コンゴ語族とアフロ・アジア語族、アンダマン諸島で D 系統を保持する南アンダマン諸語、オセアニアではオーストラリアの原住民諸語とニューギニアの私の命名で「内陸高地語群」と呼ばれるグループ (いわゆる「サフル系」) が、いずれもこれらの遺伝子とつながっているからです。

　さらにまた、漢語およびチベット・ビルマ系言語を特徴づけるシナ・チ

ベット型の人称代名詞は、先の表 15.6 を見れば判るように、「出アフリカ古層 A 型」と基幹子音の構成が全く同じで、ただその中で 1 人称と 2 人称が置き換わった形のシステムです。そのため「出アフリカ古層 B 型」と名づけられました。これを古層 A 型からの派生システムと見れば、この人称代名詞もまた、この古い遺伝子（D, C）とつながる可能性が高いと言えるでしょう。

　ところで、この古い遺伝子特に D 系統は、後に見るように、日本列島にも非常に高い頻度で出現します。というより、この地球上で D 系統が最も集中的かつ広範囲で分布するのがこの日本列島にほかなりません。しかし、ここには出アフリカ古層系と見られる人称代名詞の形跡は全く見出されません。環日本海諸語とその外延に拡がる太平洋沿岸言語圏と直接つながる遺伝子、つまり「太平洋沿岸型人称代名詞」を特徴づける Y 染色体遺伝子は、この C, D 系統より年代的にはもっと新しいと見られる O-M175 というハプログループです。

　この O 系統は、現在東アジアで最も優勢な Y 染色体遺伝子で、その中に沢山の枝を抱えていますが、主要なサブグループとして O1, O2, O3 という 3 つの枝が区別されます。そしてこれらのサブグループは、太平洋沿岸部の主要な言語群とそれぞれ密接なつながりを見せています。先に挙げた図 15.6 の下の欄をご覧ください。ここに O-M175 の主要なサブグループと太平洋沿岸系諸言語とのつながりを示す概略図が示されています。

　これで見るように、太平洋沿岸系言語ととりわけ密接につながるのは、この中の O2-P31 というサブグループです。しかもこの遺伝子は、O2a と O2b という 2 つの枝に分かれて、それぞれの分布圏が南と北にはっきりと分かれます。そして O2a はこの言語圏の「南方群」と、O2b は「北方群」つまり環日本海諸語の分布圏とほぼ正確に一致します。

　ただし、O2a によって特徴づけられる南方圏では、O 系統のもうひとつのサブグループ O1-M119 という枝がさらにそこへ加わって、南方群の中の特にオーストロ・タイ系（オーストロネシア、タイ・カダイ両語族）の言語と密接なつながりを示しています。

　この O1 と O2 に対して、O3-M122 という系統は、現状で見るかぎり、中国大陸の漢語圏を中心に最も優勢な分布を見せる遺伝子です。ただし、O3 のサブグループ全体が漢語ないしシナ・チベット系というわけではありません。その中で特に O3e-M134 という分枝が、チベット・ビルマ系および漢

語系集団と最も密接につながる遺伝子として位置づけられるのです。なお、O3 と呼ばれる遺伝子は、その下に非常に沢山のサブタイプを派生させていて、それらの正確な分類や命名法はまだ確立されていません。図 15.6 に示した O3c, O3d, O3e というのも、遺伝子系統論の初期の名称をそのまま便宜的に使っています。最近試みられている新しい分類名は、もっと複雑で判りにくくなっているからです。

15.5 東アジア諸集団における Y 染色体遺伝子系統の分布

以上、Y 染色体遺伝子系統の全体像と東アジアで主要な役割を演じた D, C, O 系についての概略的な説明ですが、ここで東アジアの主な集団について、それぞれ Y 染色体遺伝子の構成がどのようになっているか、実際のデータに基づいて簡単に見ておきましょう。

まず最初に、東北アジアとシベリア地域の主な集団から見ていきます。以下の表 15.7：＜東北アジア・シベリア諸集団の Y 染色体遺伝子系統＞をご覧ください。ここには、モンゴル、ツングース系のほかにチュルク系ヤクートとチュクチ・カムチャッカ系集団も含まれています[*1]。

	集団名	数	C3	N	O1	O2	O3
モンゴル	外モンゴル	65	53.8	10.8	-	1.5	9.2
	ブリヤート	50	38.0	30.0	-	-	16.0
	内モンゴル	45	46.7	13.3	-	2.2	28.9
ツングース	ヘジェン(赫哲)	45	28.9	20.0	-	6.6	44.4
	オロチョン	31	61.3	6.5	-	-	29.0
	エヴェンキ	95	68.4	20.0	-	-	-
ヤクート/Trk		155	3.2	88.4	-	-	-
コリヤーク/Ch-K		27	59.2	22.2	-	-	-
チュクチ/Ch-K		24	4.2	58.3	-	-	-

表 15.7 東北アジア・シベリア諸集団の Y 染色体遺伝子系統

[*1] 出典：Xue et al. 2006, Jin et al. 2009.

これで見るように、モンゴル・ツングース系集団を特徴づけるY染色体遺伝子はC3系統で、さらにそこへシベリア系のN系統が加わります。このほかに、一部の集団でO系統が出現していますが、その中のO2はどうやらO2bで、わずかながら環日本海域とのつながりを窺わせます。一方O3系統は、明らかに漢語・漢民族圏からの流入で、漢語圏との地理的ならびに社会的"接近度"を端的に示すものと見てよいでしょう。この中で、現在中国領内に取り込まれた内モンゴルやツングース系のヘジェン、オロチョンなどの集団は、今ではほとんどその母語を失って、言語面での漢語化が確実に進行しています（最近の報告によれば、ヘジェン語はほとんど母語話者を失ったようです）。

次は、主な漢語系集団の遺伝子データです。以下の表15.8：＜漢語系諸集団のY染色体遺伝子系統＞をご覧ください[*2]。

	集団名	数	C3 M130	D M174	O1 M119	O2a M95	O3d M7	O3e M134	O3* M122*
北方集団	甘粛	60	11.7	8.3	8.3	1.7	-	18.3	18.3
	陝西	90	2.2	3.3	2.2	1.1	-	33.3	23.3
	河北/南	64	3.1	-	7.8	-	-	26.6	29.7
	山東	185	9.7	1.6	3.2	1.1	-	22.7	36.8
南方集団	江蘇	100	6.0	5.0	18.0	4.0	2.0	19.0	25.0
	浙江	106	9.4	-	27.4	4.7	-	26.4	24.5
	上海	55	7.3	3.6	25.5	-	2.0	16.4	25.5
	四川	63	4.8	1.6	7.9	12.7	3.2	28.6	25.4
	広東	64	4.7	1.6	7.8	18.8	-	29.7	23.4

表15.8 漢語系諸集団のY染色体遺伝子系統

この表で、O1, O2a, O3d は太平洋沿岸系、O3の中のとりわけO3eが漢語およびチベット・ビルマ系を特徴づける遺伝子です。O3系統は、明らかに北方集団で出現頻度が高く、それに対して南方集団では、太平洋沿岸系のとりわけO1系統が長江下流域（浙江、上海など）の集団で高い出現率を示しています。

なお、北方集団の中で甘粛（正確には寧夏回族自治州）の遺伝子頻度がや

[*2] 出典：Wen et al. 2004a.

や特異な様相を見せていますが、これは元もとチュルク語を話していたイスラム系集団が言語的に漢語化した集団で、中国では回(ホイ)族と呼ばれています。ここに現れたO3の出現頻度(全体で36.6%)は、まさしくこのような言語置き換えの遺伝子面での反映と言ってよいでしょう。

次の表15.9は、主なチベット・ビルマ系集団のY染色体遺伝子データです[*3]。この中で、「チベット1」はアムド方言、「チベット2」は中央方言、「チベット3」はカム方言の話者集団です。

	集団名	数	C3	D	O1	O2a	O3d	O3e	O3*
青蔵高原	チベット1	92	14.1	22.8	1.1	-	/	14.1	5.4
	チベット2	121	5.0	46.3	-	0.8	/	33.1	2.5
	チベット3	76	1.3	39.5	-	2.6	/	32.9	9.2
雲南	プミ(普米)	47	6.4	72.3	4.3	-	/	6.4	2.1
	ベー(白)	61	8.2	6.6	4.9	11.5	/	34.4	16.4
	リス	49	-	-	-	8.2	/	61.2	4.1
北東インド	アパタニ	33	-	3.0	-	-	-	81.8	-
	アディ	55	-	1.8	-	-	-	85.5	3.6
	ニシ	51	-	-	-	-	-	94.1	-
	ナガ	34	2.9	-	-	-	-	76.5	-

表15.9 チベット・ビルマ系集団のY染色体遺伝子系統

ここで注目されるのは、チベットから雲南地域にかけての一部の集団で、出アフリカ系の古い遺伝子D系統がとび抜けて高い頻度で出現している点です。それに呼応して、O3系統の出現率が集団によって極端に低くなっています。これがチベット・ビルマ系集団の遺伝子構成の最も特異な点ですが、この集団とその言語にとって最も本源的な遺伝子は、その人称代名詞のタイプからどうやらD系統ではなかろうか、と私は見ています。とすれば、これらの集団にとって、O系統は後の時期に獲得された2次的な遺伝子として位置づけられ、この点でチベット・ビルマ系集団は、同じD系統を共有する日本列島とは大きく異なると見なければなりません。

それでは次に、太平洋沿岸言語圏に属する主要な集団について、そこでのY染色体遺伝子の出現状況を見てみましょう。

[*3] 出典:Wen et al. 2004b, Cordeaux et al. 2004.

まずは次ページの表 15.10：＜環日本海域のY染色体遺伝子系統＞をご覧ください。ここに環太平洋言語圏の北方群つまり環日本海域の主要集団のデータが挙げてあります。この中の満州集団は、地域的にかつての環日本海域に属するけれども、現在その言語はもちろん環日本海系ではありません。かつて朝鮮半島北部から満州にかけて居住していた扶余・高句麗系の言語は、環日本海系に属していたと見られますが[*4]、現在は完全に消滅しました。またこの表には北方のアイヌやギリヤーク集団、またロシア領沿海州に分布するツングース系集団のデータが欠けているのが残念ですが、これらの地域の信頼に足る調査報告は、管見のかぎり、まだ出されていません。なお、この表で「日本1、2」などとあるのは、偏りを避けるために、それぞれ違った調査データを挙げたためです[*5]。

集団名	数	C1	C3	D*	D2	N	O1	O2a	O2b	O3e	O3*
日本1	165	2.3	3.0	-	38.8	-	3.4	0.8	33.5	7.6	8.4
日本2	259	5.4	3.1	2.3	32.5	1.2	-	1.9	29.7	10.4	9.7
朝鮮1	317	0.3	8.8	0.3	3.7	3.5	4.1	1.1	29.2	27.3	17.2
朝鮮2	506	0.2	12.3	-	1.6	4.6	2.2	1.0	31.4	44.3	
満州1	48	-	20.8	2.1	-	2.1	-	2.1	27.0	41.7	
満州2	101	-	16.8	-	-	-	3.0	-	33.7	42.6	

表15.10　環日本海域（日本列島、朝鮮半島、満州）のY染色体遺伝子系統

これで見ると、この地域では日本列島の遺伝子構成が最も特異な様相を示していることがよく判ります。その最大の原因は、その出現がほとんどここだけに局限されるC1とD2という2つのハプログループの出現です。その中で特にD2系統は、他のどのハプログループよりも高い出現率を示しています。それに対してO系統は、先のチベット・ビルマ系集団の場合と同じように、D系統の出現率と相反ないし相補的な関係となって、全体としての出現率が50％前後となっていますが、その中でO2bの出現率が最も高い、これが非常に大事なポイントです。

一方、朝鮮半島と満州の集団では、D系統が欠けるためにO系統の出現

[*4] 松本 2007:291 以下。
[*5] 出典：Nonaka et al. 2007, Hammer et al.. 2005, Kim et al. 2011, Katoh et al. 2005.

15.5 東アジア諸集団における Y 染色体遺伝子系統の分布 275

率が全体で 80% 近くに達するけれども、その中で環日本海域を特徴づける O2b の出現率は 30% 前後で、O3 のそれよりも下回っています。O3 系統が全体で 40% を超えるこのような高い出現率は、東アジアのシナ・チベット系以外の集団では、ほかにほとんど例を見ません。先の中国領内のツングース系やチュルク系イスラム集団で見たように (表 15.8)、O3 系統の出現率が 30% かそれ以上に達した集団では、ほとんどの場合その言語が漢語によって置き換えられています。実際、この表の満州系集団は、現在ではその母語を完全に失って、事実上"漢族化"してしまいました。

ところが、O3 系統の出現率が 40% を超えるこの朝鮮半島では、「朝鮮語」という紛れもなく環日本海系の言語が今なおしっかりと維持されています。これはほとんど奇跡に近い、きわめて異例なケースと言ってよいでしょう。しかも、朝鮮の O3 系統の中で O3e の出現率は、朝鮮 1 の調査で 27% にも達し、先に見た漢語系集団とほとんど変わりません。朝鮮半島と漢語系集団との遺伝子上の違いは、ひとえに O2b の出現にかかっていて、これが朝鮮半島の言語的アイデンティティを支える Y 染色体遺伝子にほかならないのです。

環日本海域の O 系統についてもうひとつ付け加えると、ここには南方群を特徴づける O1 および O2a 系統がほとんど流入していません。これもまた、日本語の系統を考える上で非常に大事なポイントです。日本語や日本人の起源に関してこれまで言い古されてきたいわゆる"南方説"とされるものは、遺伝子系統論の側からは全く支持されません。ただし、日本列島も含めて現在ユーラシアに居住するすべての人類集団がアフリカにその起源を持ち、そこから移住してきたという意味での南方起源説ならば、立派に筋が通りますが。

なお、この表で C1 は D2 と共に列島固有の遺伝子ですが、C3 と N 系統は、すでに見たように (表 15.7)、いわゆる"北方系"の遺伝子です (C3 は"アルタイ"系、N はとりわけウラル系集団と密接なつながりを見せています)。この 2 つは、朝鮮半島と満州ではそれなりの出現率を示すけれども、日本列島 (特に本州) にはほとんど流入していません。長年、日本の学界で有力視されてきた日本語のいわゆる"ウラル・アルタイないしアルタイ語起源"という学説もまた、言語類型地理論だけでなく、遺伝子系統地理論の側からもほとんど支持されないと言ってよいでしょう。

次は、表15.11から表15.13まで、太平洋沿岸南方群の主な集団の遺伝子データです*6。

この中でまず表15.11をご覧ください。ミャオ・ヤオおよびオーストロアジア両語族は、人称代名詞のタイプからも密接なつながりを見せていますが、遺伝子面でも同様です。

集団名	数	C3	D	O*	O1	O2a	O3d	O3e	O3*
ミャオ・ヤオ	875	5.9	3.1	9.0	4.9	15.4	8.1	17.4	15.0
モン・クメール	869	2.0	2.1	6.2	0.8	54.2	11.1	6.8	7.9
ムンダ	532	-	-	-	-	70.3	-	-	-
ニコバル	11	-	-	-	-	100	-	-	-

表15.11　太平洋沿岸南方群1（オーストロ・ミャオ系）のY染色体遺伝子系統

この表のデータを見るかぎり、これらの集団では、その原郷地を遠く離れた集団ほど、遺伝子の多様性が失われて、集団の中核を担うO2aの出現率が高くなるのが注目されます。ちなみに、インド東部のムンダ系集団で、O2a以外の遺伝子はすべてインドの土着系（特にH系統）で占められています。

なお付言すれば、ここで調査対象とされた中国領内のミャオ・ヤオ集団で、O3dを除くO3系統の出現率が30％を超えていますが、これは現在これらの集団が直面する母語喪失の危険度を象徴するとも言えるでしょう。

次の表15.12：＜太平洋沿岸南方群2a＞は、タイ・カダイ系集団と台湾およびフィリピンのオーストロネシア系集団のデータです。これで見るように、大陸のタイ・カダイ系集団ではO2aが、一方、島嶼部のオーストロネシア系ではO1系統がとりわけ高い出現率を示しています。

その次の表15.13：＜太平洋沿岸南方群2b＞は、インドネシアからオセアニアの世界へと拡がるオーストロネシア系諸集団の遺伝子データです。

この表で特に注目されるのは、インドネシアの西部と東部との間でY染色体遺伝子の出現が極端な相違を見せる点です。その地理上の境界は、どうやらバリ島とフローレス諸島との間にあって、それより東側の地域に入ると、東アジア系の遺伝子つまりO系統の出現率が急激に低下し、代わってメラネシア系の遺伝子の出現率が著しく高まります。この表の右側に配されたC2,

---

*6 Kumar et al. 2007, Chaubey et al. 2011, Li et al. 2008, Delfin et al. 2011, Karafet et al. 2010.

15.5 東アジア諸集団におけるY染色体遺伝子系統の分布

集団名	数	C3	D	O1	O2a	O3d	O3e	O3*
タイ・カダイ	882	3.6	4.0	14.7	29.3	0.1	8.4	7.8
台湾（高砂系）	220	0.5	-	78.6	5.5	-	4.1	7.7
フィリピン	210	7.1	-	43.3	1.4	3.8	-	1.4

表 15.12 太平洋沿岸南方群 2a（オーストロ・タイ系）のY染色体遺伝子系統

集団名	数	O1	O2a	O3d	O3e	O3*	C2	M	S
西部インドネシア	960	40.7	23.9	5.3	-	13.1	-	-	-
東部インドネシア	957	7.5	2.5	-	-	6.2	32.2	10.0	12.2
オセアニア	182	4.0	1.6	-	1.2	11.0	24.7	23.0	11.3

表 15.13 太平洋沿岸南方群 2b（オーストロネシア系）のY染色体遺伝子系統

M, Sがそのメラネシア系のY染色体遺伝子です。この地域（つまりメラネシアを含むオセアニア世界）では、オーストロネシア系言語の担い手がY染色体つまり男系遺伝子から女系のミトコンドリアDNAへと一方的に替わってしまったのです（松本 2010: 693以下.）。今から3千年余り前、メラネシアのビスマルク諸島を中心に忽然と姿を現した「ラピタ」と呼ばれる独特なオセアニア文化の中で、このような遺伝子の転換につながる大きな社会変動が起こったものと見られます。後にも触れますが、どうやらこれと似通った現象が新大陸アメリカへの移住集団の場合にも起こっています。

最後に、次ページの表 15.14 に挙げたデータは、長江流域の古人骨から検出されたY染色体遺伝子についての最近の貴重な研究成果です（Li et al. 2007）。ここで「歴史時代」とあるのは、概ね漢代に属する古人骨です。

これで見ると、長江下流域の人骨で検出に成功した事例は、先史時代から漢代に至るまですべてがO1系統で、これらの文化を担った集団がオーストロ・タイ系に属していたことをはっきりと示しています。一方、長江中流域から検出された遺伝子は、そのほとんどがO2aとO3dに属し、これは紛れもなくオーストロ・ミャオ系集団を特徴づける遺伝子です。いずれも、長江流域に発祥した稲作文化の担い手集団にほかなりません。

なおこの報告には、他に黄河中流域の龍山文化に属する人骨のデータも含まれていて（表の最下段）、それを見ると、ここには太平洋沿岸系の遺伝子が

	遺跡名	年代（BC）	所属文化	数	O1	O2a	O3d	O3e	O3*	未確定
長江下流	馬橋	1900–1200	良渚文化	6	4	-	-	-	-	2
			歴史時代	3	2	-	-	-	-	1
	新地里	2300–2000	良渚文化	9	5	-	-	-	-	4
			歴史時代	4	3	-	-	-	-	1
長江中流	呉城	1500–1200	呉城文化	4	-	2	-	-	1	1
	大渓	4400–3300	大渓文化	20	-	1	5	-	1	13
			歴史時代	5	-	-	2	-	-	3
黄河中流・陶寺		2500–1900	龍山文化	5	-	-	-	1	3	1

表 15.14　長江流域古人骨のＹ染色体遺伝子系統

全く現れず、後の漢語系集団を特徴づける O3 系統で占められています。龍山文化は、後の夏王朝や殷・周王朝の母胎となった文化と見られています。北方の黄河流域と南方の長江流域との間で、その遺伝子の構成が大きく異なることがこの表からはっきり読みとることができます。

＊　＊　＊　＊　＊　＊

以上、東アジア諸集団のＹ染色体遺伝子の出現状況についての概要です。これを念頭に置いた上で、これらの遺伝子系統の現在の地理的分布がどのような形になっているか、この分野の専門家による非常に判りやすい分布図が最近公表されているので[*7]、ここで関連する部分に若干の修正を加えて、前見返しの＜図 15.7–8＞および後見返しの＜図 15.9–10＞に挙げてあります。

ここでまず、図 15.7–8：＜Ｙ染色体遺伝子系統の地理的分布＞をご覧ください。これはＹ染色体の主要なハプログループ全体の分布図です（メラネシアに現れる M および S 系統の分布図だけは別の資料から補いました）。この全体図の一番上段の３つのハプログループ A, B, E がアフリカ、２段目の D, C, O がアジア・太平洋地域、３段目の N, Q, R が主にユーラシア内陸部およびシベリアに拡がったＹ染色体の遺伝子系統です。一方、４段目の G, J, I は、どうやら N, Q, R などがユーラシアに拡がる以前に、西南アジアからヨーロッパ諸地域に拡がったと見られる西ユーラシア系（"クロマニョン"系？）の遺伝子、また右側の特に H, L はインド亜大陸のドラヴィダその他

[*7] Chiaroni, J. et al. 2009.

15.5 東アジア諸集団における Y 染色体遺伝子系統の分布

の"古南アジア系"集団を特徴づけるハプログループ、最後の T は最近その存在が確認された、アラビア半島を中心にごく低い頻度で出現する遺伝子です。

この中の 3 段目、N, Q について付言すると、Q は最終氷期最寒冷期以前に、N はそれ以後にそれぞれシベリアに進出した遺伝子と見られ、従ってまた、アメリカ移住という人類史上の大事業は、男系遺伝子の側ではもっぱらこの Q 系統によって担われることになりました。

ちなみに、本章第 2 節の表 15.2 によって示された類型地理論的アプローチによる「太平洋沿岸言語圏」と「ユーラシア内陸言語圏」という言語上の 2 大区分は、これを Y 染色体遺伝子の側から眺めると、ごく概略的には、それぞれ O 系統と R 系統の分布圏にほぼ対応することが判ります。

ついでながら付言すると、日本語の系統をインドのドラヴィダあるいはタミル語と結びつけるという、マスメディアなども巻き込んでひと頃喧伝された学説もまた、言語学はもちろん遺伝子系統地理論の側からは、全く荒唐無稽の論として却けられるでしょう。南アジアを特徴づける H, L, T などの遺伝子は、日本列島を含めて東アジアの全域で全く姿を見せません。

それでは最後に、図 15.9–10:＜Y 染色体 O 系統と太平洋沿岸言語圏＞をご覧ください。ここには 3 つのサブグループを含めた O-M175 の分岐図とそれぞれのサブグループの判りやすい地理的分布図が示されています。

これで見るように、太平洋沿岸言語圏を特徴づける最も代表的な遺伝子は、O2-P31 という系統です。この遺伝子系統は、その分布図を見れば直ぐ判るように、そこから分岐した O2a と O2b という 2 つの分枝が南北 2 つの分布域にはっきりと分かれ、しかもその北方域を占める O2b の分布は、言語類型地理論から導かれた「環日本海言語圏」のそれとほぼ正確に一致します。さらにまたこの 2 つの枝は、南方の O2a と北方の O2b という 2 つの分布域の間でその境界がはっきりと分かれ、双方の間で交流・混合の現象がほとんど見られません。これは O2a と O2b を携えた 2 つの集団、そしてまたこの遺伝子によって特徴づけられる南・北 2 つの言語圏の分岐した年代が非常に古いことを示唆しています。

ちなみに、この遺伝子系統の現れ方はこれまでの調査結果で見るかぎり、O2a 分枝の場合は、インドネシア半島のモン・クメールとインド東部のム

ンダ系集団で、一方 O2b 分枝の場合は、この日本列島で最も高い出現率を示しています。また、すでに検討した人称代名詞のタイプから見ても、日本語（および朝鮮語）は太平洋沿岸言語圏の中でこのオーストロアジア諸語ととりわけ親近な関係にあることをここで付け加えておきましょう。すでに表 15.3 で見たように、両語群とも「A 型」とされる同じ包括人称代名詞を共有しているからです。

　なお、図 15.9-10 の分布図で O2b の出現率が最大で 30％ とされているのは、現状で O2b の分布の中心と見られる日本列島で、列島に温存された古い遺伝子 D 系統によって、O2b の出現率が相対的に低められているという事情が関係しています。一方、朝鮮半島や満州で O2b の出現率を低めているのは、もちろん漢語系の O3 系統ですが。

　すでに述べたように、この O2 系統と並んで、太平洋沿岸言語圏を特徴づけるもうひとつの遺伝子が O1-M119 というサブグループです。これは O2a を基調とする南方群の中の有力な支脈であるオーストロ・タイ系集団に特化したサブタイプで、大陸の沿岸部ではタイ・カダイ系、また特にその下位枝（O1a2-M50）が台湾から東南アジア島嶼部に拡がったオーストロネシア系集団を特徴づけています。「タイ・カダイ」と「オーストロネシア」という 2 つの語族の緊密なつながりを示す遺伝子です。どちらもかつて長江下流域に発祥した稲作文化を担った集団でした。

　ところで、図 15.9-10 に挙げられたこれら O 系統各分枝の分布図を全体として眺めると、太平洋沿岸言語圏を特徴づける O2 および O1 の分布圏は、その大陸部を中心に O3 系統（とりわけ O3e-M134）によってその表面を大きく覆い隠されていることが判ります。これは、言うまでもなく、過去 2 千年近くにわたって行われてきた漢語圏の拡散・膨張の結果にほかなりません。現在、中国本土の中心部では、古い太平洋沿岸系の言語はこの新興言語に呑み込まれて、ほぼ完全に姿を消しました。結果として、かつての太平洋沿岸言語圏はその連続を断ち切られて、南と北の 2 つの分布圏が大きく分断されてしまったのです。

15.6　太平洋沿岸系集団の環日本海域への到来時期

　最後に、O2b（あるいはむしろその祖型となったO2-P31）という遺伝子を携えた集団がいつ頃この日本海域に到来したか、という問題を取り上げてみましょう。

　ご承知のように、戦後日本の人類学や考古学界では一時期、日本人の成り立ちに関していわゆる"二重構造"とされる学説が流行しました。これによると、日本の縄文時代と弥生時代の間に集団的そしてまた言語的にも大きな転換があって、現在の日本人は、弥生時代の開幕期に外部から稲作や金属器使用など新しい文化を携えた渡来系集団にその直接のルーツを持つとされてきました。これまで大方の日本語系統論者もまた、これを"暗黙の前提"として持論を展開してきたと言ってよいでしょう。日本人の祖先が稲作を携えて南方から海を渡ってやってきたというこのような考えは、柳田国男の『海上の道』という著書（1961）などにも見られる根強い学説ですが、これを現在の遺伝子系統論の側から眺めるとどうでしょうか。

　まず第一に、長江流域に発祥した稲作民（つまり太平洋沿岸南方系集団）の遺伝子（O1, O2a）は、すでに確認したように、日本列島にはほとんど流入していません。環日本海域を特徴づけるO2bは、中国大陸を含めた南方の稲作圏とは全くつながらない遺伝子です（これはもちろん稲作の伝来が問題となるような年代的次元での話ですが）。また日本列島に新しく流入した可能性の高いO3グループも、地域的には黄河流域に発祥する中国北方文化圏を特徴づける遺伝子です。

　弥生時代以降に外部から日本に流入したY染色体遺伝子としては、O3（特にO3e-M134）が最も有力な候補と考えられましょうが、この遺伝子の流入は、弥生時代よりもむしろ古墳時代に入った紀元3〜4世紀以降ではなかろうか、と私は見ています。日本ではこの時期から、朝鮮半島を介して漢語・漢文化圏との接触・交流が急速に強まりました。『日本書紀』などで「イマキのアヤヒト」とか「カワチのフミヒト」などと呼ばれたいわゆる帰化人やその後朝鮮半島での百済滅亡に伴う大量の難民などが、このような遺伝子流入に大きな役割を演じたに違いありません。

　一方、O2系統によって特徴づけられる太平洋沿岸系集団の環日本海域へ

の到来の時期については、アメリカ大陸への人類移住が重要な鍵を握っています。すでに述べたように、太平洋沿岸系の言語はアメリカ大陸へも運ばれて、南北両大陸の太平洋沿岸部に大きな分布圏を作っています。アメリカ大陸への移住を成し遂げた人類集団の少なくとも一部は、太平洋沿岸言語圏の北方域、つまり環日本海域をその出発地としたと見なければなりません。これについては、ここでは深く立ち入ることはできませんが、Y染色体よりもむしろ女系遺伝子ミトコンドリアの側に有力な証拠があるのです。

　アメリカ大陸への人類移住の時期やルートに関して、最近の研究によると、シベリア東部から「ベーリンジア」を通っていわゆる"直行便形式"で行われたのではなくて、途中にかなりの滞留期間があった。つまり、最終氷期最寒冷期以前にシベリアに進出していた人類集団が、最寒冷期の到来によってベーリンジアに閉じこめられたらしい。ここがどうやら極地圏で残された居住可能なほとんど唯一の避難地だったからです（255 ページの図 15.4 参照）。そしてこの地で 3～4 千年ほどの時期を過ごした後、温暖化の到来を待って、一部は太平洋の沿岸ルート、別の一部はやや遅れて内陸の"無氷回廊"を伝ってアメリカへの移住を成し遂げた、というシナリオが有力視されています。人称代名詞のタイプから言えば、前者が「太平洋沿岸系」、後者が「東部内陸系」集団ということになるでしょう[*8]。

　ちなみに、アメリカに運ばれた遺伝子が、ミトコンドリアと Y 染色体の双方とも、旧大陸のそれに較べてその構成が著しく単純化され、また特にその男系遺伝子が極端に偏った形になったのは、閉ざされたベーリンジアでの長期にわたる滞留中に、いわゆる"ボトルネック効果"などによって遺伝子の多様性が急激に減少したためと見られています。ここで沿岸系言語の担い手は、どうやらオセアニアと同じように、男系遺伝子から女系のミトコンドリア DNA へと一方的に転換してしまった。つまり、Y 染色体の O2 系統は、最寒冷期のベーリンジアという過酷な生態環境を生き抜くことができなかったと見られます。

　なお付言すれば、新大陸への移住を成し遂げたほとんど唯一の男系遺伝子の Q 系統というのは、最寒冷期の極地圏で最後まで生き延びたいわゆる"マンモス・ハンター"の遺伝子と見てよいでしょう。現在シベリアでこの遺伝

[*8] 松本 2010: 692 以下参照。

15.6 太平洋沿岸系集団の環日本海域への到来時期

子を受け継ぐのは、これまでの調査を見ると、イェニセイ流域に残存するケット（および言語的にウラル語化したと見られる隣接のセリクプと呼ばれる）集団にほとんど限られるようです（271 ページの図 15.7 参照）。一方、現在のシベリアに拡がるN系統は、どうやら後氷期の温暖化が進んでからこの地に進出した集団によってもたらされたと見られます。この時期、シベリアではすでにマンモスは絶滅し、それに代わってトナカイなど小型化した野生動物がこれらの集団の生業を支えることになりました。Y染色体のN系統は、典型的には、このような"トナカイ狩猟者"の遺伝子と名づけてもよいでしょう。シベリアで「サモエード」と呼ばれる言語的にはウラル系のネネッツ、ガナサンなどの集団で、この遺伝子の出現率は 90％ を超えています（Tambets et al. 2004）。

ちなみに、アメリカに渡った女系遺伝子の A, B, C, D と名づけられたミトコンドリアの4つの系統は、いずれも東アジアに起源を持つものですが、その中でとりわけ B 系統（アメリカでは B2 と名づけられた遺伝子）は、太平洋沿岸北方域を特徴づける B4b 系統から発祥したと見られ、アメリカ大陸でもその太平洋沿岸部で圧倒的に高い出現率を示しています。この遺伝子には、実はもうひとつ太平洋沿岸南方圏で優勢な B4a という姉妹遺伝子があって、そこから派生した B4a1a というサブタイプは、専門家の間で"ポリネシアン・モチーフ"とも呼ばれています。すでに述べたように、男系のO系統に代わって、太平洋沿岸系言語を東部オセアニアへ運んだのがこの遺伝子にほかなりません。

ついでながら、ミトコンドリアの A, B, C, D という名称は、ミトコンドリア DNA 研究が当初アメリカを中心に発達したために、アメリカ先住民の（年代的にはかなり新しい）遺伝子型にアルファベットの最初の4文字が振り当てられた結果です。このためにミトコンドリア DNA のハプログループのその後の命名法は、Y染色体のそれに較べてかなり不整合な形になってしまいました。

それはともかく、出アフリカを果たした人類集団にとって、地理的に最も隔絶したポリネシアとアメリカ大陸というこの2つの未知の世界へ太平洋沿岸型の人称代名詞を運んだのは、ユーラシアでその主要な担い手となったY染色体の O2a と O2b ではなくて、ミトコンドリアの B4a と B4b というこれまた近親な遺伝子から派生した2つのサブタイプでした。前者（B4a1a）

を「ポリネシアン・モチーフ」と呼ぶならば、後者 (B2) は「アメリカ太平洋沿岸モチーフ」と名づけてもよいでしょう。この遺伝子は、最寒冷期のベーリンジアで発祥したと見られる太平洋沿岸北方系のサブタイプで、本来ならば "B4b1a" のように命名されるべきでした。

　いずれにせよ、アメリカ移住に関するこのようなシナリオが受け入れられるならば、太平洋沿岸系言語を携えた集団が日本列島を含む環日本海域へ到来した時期は、当然、最終氷期最寒冷期以前と見なければなりません。とすれば、遅くとも今から 2 万 5 千年前あたりになるでしょうか。すでに述べたように、Y 染色体の D 系統を携えた最初の人類集団の日本列島への到来を 4 万ないし 3 万 5 千年前とすれば、O2 系統を携えたこの第二次集団の到来は、それより 1 万年ほど遅れたと見てよさそうです。考古学的には、「石刃技法」と呼ばれる新しいタイプの石器を列島にもたらしたのがこの集団とつながるかもしれません。ちなみに、Y 染色体 O グループの祖型 O-M175 の発現年代は、専門家の算定によれば、今からおよそ 3 万 5 千年前と見積もられています。

　このように見てくると、日本語および日本人のルーツは、縄文時代をはるかに越えて、少なくとも 2 万年以上前まで遡るという結論に導かれます。従ってまた、仮に日本人の"二重構造"というような見方が成り立つとすれば、それは縄文と弥生を隔てる 2〜3 千年前というような間近な過去ではなくて、Y 染色体の O 系統を携えた最初の太平洋沿岸民が列島に到来した 2〜3 万年前あたりまで遡らなければなりません。

　ともあれ、この新しい集団の到来によって、D 系統と共に日本列島にもたらされた「出アフリカ古層」系と見られる言語は、新来者の言語すなわち太平洋沿岸系言語によってどうやら完全に置き換えられました。けれども、"アジアの YAP" と呼ばれるこの古い遺伝子自体は、新来の遺伝子によって駆逐されることもなく、そのまま温存されたのです。アフリカに直結するこの古い遺伝子が 3 万年以上もの長きにわたってこの列島内で存続し、しかも現在の日本人の男系遺伝子の中でその出現率が一番高い（関東地方の男性では出現率 48% という調査報告もあります[*9]）、これもまた奇跡的と言ってよいでしょう。

[*9] Nonaka et al. 2007.

今から1万年余り前に始まった後氷期の温暖化によって、日本列島が大陸から完全に切り離されたという生態環境的条件がこれと深く関わっていたに違いありません。これがまた、その後1万年に及ぶ列島独自の「縄文文化」を生む母胎となりました。いずれにしても、日本語のルーツはその背後に2万年以上に及ぶ悠遠な過去を潜ませていることを、ここで改めて強調しておきたいと思います。

【引用文献】

松本克己 2007『世界言語のなかの日本語：日本語系統論の新たな地平』東京：三省堂

―――― 2010『世界言語の人称代名詞とその系譜：人類言語史5万年の足跡』東京：三省堂

Chaubey, G. et al. 2011, 'Population genetic structure in Indian Austroasiatic speakers: the role of landscape barriers and sex-specific admixture', *Mol. Biol. Evol.* 28(2):1013–1024.

Chiaroni, J. et al. 2009, 'Y chromosome diversity, human expansion, drift, and culturual evolution', *PNAS* vol.106, no.48:20174–20179.

Cordeaux, R. et al. 2004, 'The Northeast Indian passageway: a barrier or corridor for human migrations?', *Mol. Biol. Evol.* 21(8):1525–1533.

Delfin, F. et al. 2011, 'The Y-chromosome landscape of the Philippines: extensive heterogeneity and varying genetic affinities of Negrito and non-Negrito groups', *European Journal of Human Genetics* 19:224–230.

Hammer, M.F. et al. 2005, 'Dual origins of the Japanese: common ground for hunter-gatherer and farmer Y chromosomes', *Journal of Human Genetics* 51:47–51.

Jin, H.J. et al. 2009, 'The peopling of Korea revealed by analyses of mitochondrial DNA and Y-chromosomal markers', *PlosOne* vol.4(1), e4210.

Karafet, T.M. et al. 2010, 'Major east-west division underlies Y chromosome stratification across Indonesia', *Mol. Biol. Evol.* 27(8):1833–1844.

Katoh, T. et al. 2005, 'Genetic features of Mongolian ethnic groups revealed by Y-chromosomal analysis', *Genetics* 346:63–70.

Kim, S.H. et al. 2011, 'High frequencies of Y-chromosome haplogroup O2b-SRY465 lineages in Korea: a genetic perspective on the peopling of Korea', *Investigative Genetics* 2: 10.

Kumar, V. et al. 2007, 'Y-chromosome evidence suggests a common paternal heritage of Austro-Asiatic populations', *BMC Evolutionary Biology* 7:47.

Li, H. et al. 2007, 'Y chromosomes of prehistoric people along the Yangtze River', *Human Genetics* 122:383–388.

――― 2008, 'Paternal genetic affinity between western Austronesians and Daic populations', *BMC Evolutionary Biology* 8:146.

Nonaka, I. et al. 2007, 'Y-chromosomal binary haplogroups in the Japanese population and their relationship to 16 Y-STR polymorphisms', *Annals of Human Genetics* 71:480–95.

Tambets, K. et al. 2004, 'The Western and Eastern roots of the Saami: the story of genetic "outliers" told by mitochondrial DNA and Y-chromosomes', *American Journal of Human Genetics* 74:661–682.

Wen, B. et al. 2004a, 'Genetic evidence supports demic diffusion of Han culture', *Nature* 431:302–305.

――― 2004b, 'Analyses of genetic structure of Tibeto-Burman populations reveals sex-biased admixture in Southern Tibeto-Burmans', *American Journal of Human Genetics* 74:856–865.

Xue, Y. et al. 2006, 'Male demography in East Asia: A North-South contrast in human population expansion times', *Genetics* 172:2451–2459.

【収録論文初出】

1. 「世界の言語―その現状と未来」『21世紀後半の世界の言語はどうなるのか』(「21世紀後半の言語」シンポジウム企画班)：133–187, 明石書店, 2005.
2. 「言語と民族」『民族の世界史8 ヨーロッパ文明の原型』: 157–214, 山川出版社, 1985.
3. 「言語類型論と歴史言語学」『国文学 解釈と鑑賞』55-1: 6–11, 至文堂, 1990.
4. 「日本語と印欧語」『国文学 解釈と鑑賞』53-1: 41–46, 至文堂, 1987.
5. 「語順の話」『ぶっくれっと』70: 10–15, 三省堂, 1987.
6. 「語順のデータベース」『日本語学』13-1: 99–106, 明治書院, 1994.
7. 「言語史にとっての60年」『言語生活』410: 14–21, 筑摩書房, 1986.
8. 「歴史言語学入門」『月刊 言語』15-8: 152–159, 大修館書店, 1986.
9. 「「数」の文法化とその認知的基盤」『月刊 言語』22-10: 36–43, 大修館書店, 1993.
10. 「言語研究と意味」『国文学 解釈と鑑賞』60-1: 6–16, 至文堂, 1995.
11. 「言語現象における中心と周辺」『国文学 解釈と鑑賞』58-1: 6–13, 至文堂, 1993.
12. 「能格性に関する若干の普遍特性：シンポジウム「能格性をめぐって」を締めくくるために」『言語研究』90: 169–190, 日本言語学会, 1986.
13. 「イネ・コメ語源考」文芸誌『大地』第48号: 80–87, 2012.
14. 「イネ・コメの比較言語学」日本歴史言語学会第一回大会「記念講演」大阪大学（講演原稿）2011（『歴史言語学』第1号：87–105＜講演要旨＞, 2012）.
15. 「私の日本語系統論―言語類型地理論から遺伝子系統地理論へ」シンポジウム「日本語の起源と古代日本語」京都大学（講演原稿）2012（『日本語の起源と古代日本語』: 95–139, 臨川書店, 2015）.

あとがき

　本書は、これまでのいくつかの拙著と同じように、私がいろいろな形で公表してきた諸論考を一書の形にまとめたものである。時期的には1980年代の半ばから最近までの長短様々な15編の論稿からなる。内容別に「言語と民族」、「言語の類型と歴史」、「言語の構造と認知」、「日本語・日本人のルーツを探る」という4部に分かれているが、形式・内容とも必ずしも首尾一貫しているわけではない。

　本書の第Ⅰ部に収められた「世界の言語——その現状と未来」は、単行本での刊行は2005年となっているが、実際には1998年11月、山口大学で開催された「21世紀後半の言語」と題する公開シンポジウムのために用意された講演原稿である。また第2章の「ヨーロッパの言語と民族」は、1980年代半ば、歴史学関係の一般書のために執筆されたもので、言及された言語の名称や話者人口など、現時点ではすでに時代遅れとされるものも少なからず含まれている。しかし内容面での首尾一貫性を保つために、あえて修正は加えなかった。現在この種の情報は、ネット上で公開されている Ethnologue: Languages of the World (http://www.ethnologue.com/) などで簡単にアクセスできるからである。

　続く「言語の類型と歴史」と題された第Ⅱ部は、主に日本語学、国語・国文学関係の雑誌に寄稿された比較的短編の解説的論稿6編を収める。専門的というよりもむしろ一般読者向けのエッセイ集として位置づけられるかもしれない。ちなみに、同じようなテーマを扱ったもう少し専門的な論稿は、2006年刊行の旧著『世界言語への視座：歴史言語学と言語類型論』の中にもいくつか収められていることを言い添えておきたい。

　「言語の構造と認知」と題する第Ⅲ部に収められた諸論稿の中で、最初の3編もまた一般向けの雑誌に寄稿されたものであるが、能格性の問題を扱った第12章の論稿だけは、学会の機関誌『言語研究』に掲載されたものである。ただし、これも学会主催の公開討論会の全体的な総括のために書かれたもので、特に専門論文として性格づけられるわけではない。

本書の最後を占める第IV部は、そこで扱われたテーマや収められた３つの論稿の執筆時期など、これまでの諸章とはかなり異なる。この中で、「イネ・コメ」の起源と伝播の問題は、私がこれまで関心を寄せてきた最近時の研究対象に属する。この種のテーマは、これまでわが国ではもっぱら考古学者や民俗学者の研究対象とされ、言語学の側からの本格的なアプローチはほとんど見られなかった。私の当初の計画としては、できればこのテーマだけを単著の形でまとめたいと考えていたのであるが、諸般の事情で実現できなかった。今でも大変残念に思っている。

　本書の最終章に当てられた「私の日本語系統論」は、すでに2007年の拙著『世界言語のなかの日本語：日本語系統論の新たな地平』で扱われたテーマのいわば最終修正版的な論稿で、2012年12月に行われた京都大学での講演原稿に基づいている。本稿が2007年の旧著と異なるのは、その副題にも示されたように、最近の遺伝子系統地理論の研究から得られた知見が新たに付け加えられた点である。この分野の研究は最近10年間余りで急速な展開を見せており、私としては現時点でのその研究成果をできる限り利用したつもりであるが、今後に残された課題も少なくないと思われる。日本語の起源・系統論と遺伝子系統地理論との関わりは、今後益々重要な研究課題となってくるであろうが、そのさらなる進展は後の若い研究者に委ねなければならない。

　最後に、本書がこのような形で公刊される運びとなったのは、これまでの諸著と同じく、三省堂出版局のかわらぬご理解、とりわけ柳百合さんの熱心なご支援・ご尽力の賜物である。また本書の校正だけでなく、論文構成や内容面にわたる貴重な助言など、今回もまた山本秀樹（弘前大学）、乾秀行（山口大学）両氏に多大なご協力をいただいた。ここに記して、心から御礼を申し上げる次第である。

2015年12月
松本克己

[著 者]
松本 克己（まつもと・かつみ）

1929 年長野県生まれ，東京大学文学部言語学科卒.
金沢大学，筑波大学，静岡県立大学教授を経て現在，金沢大学，静岡県立大学名誉教授，元日本言語学会会長．
専攻は，歴史・比較言語学，言語類型論．
主な著書：『古代日本語母音論：上代特殊仮名遣の再解釈』ひつじ書房 1995，『世界言語への視座：歴史言語学と言語類型論』三省堂 2006，『世界言語のなかの日本語：日本語系統論の新たな地平』三省堂 2007，『世界言語の人称代名詞とその系譜：人類言語史 5 万年の足跡』三省堂 2010，『歴史言語学の方法：ギリシア語史とその周辺』三省堂 2014．

ことばをめぐる諸問題 言語学・日本語論への招待	2016 年 2 月 10 日　第 1 刷発行
	著　者　　松本　克己
	発行者　　株式会社　三　省　堂
	代表者　北口　克彦
	印刷者　　三省堂印刷株式会社
	発行所　　株式会社　三　省　堂
	〒101-8371　東京都千代田区三崎町二丁目22番14号
	電話　　(03)3230-9411　（編集）
	(03)3230-9412　（営業）
	振替口座 00160-5-54300
	http://www.sanseido.co.jp/
	ⓒ　K. MATSUMOTO 2016
	Printed in Japan
	ISBN978-4-385-36276-2
	落丁本・乱丁本はお取替えいたします
	Ⓡ本書を無断で複写複製することは，著作権法上の例外を除き，禁じられています．本書をコピーされる場合は，事前に日本複製権センター（03-3401-2382）の許諾を受けてください．また，本書を請負業者等の第三者に依頼してスキャン等によってデジタル化することは，たとえ個人や家庭内での利用であっても一切認められておりません．
	〈ことばをめぐる諸問題・304pp.〉

言語学大辞典

全6巻・別巻1（B5判）
亀井 孝・河野六郎・千野栄一 [編著]

わが国の言語学研究史ならびに
出版文化史に深くその名を刻む、
比類なき言語および言語学の百科全書。

第1巻	世界言語編（上）	1,824頁	第4巻 世界言語編（下-2）	1,232頁
第2巻	世界言語編（中）	1,824頁	第5巻 補遺・言語名索引編	1,072頁
第3巻	世界言語編（下-1）	1,216頁	第6巻 術語編	1,808頁

別巻 世界文字辞典 1,232頁　河野六郎・千野栄一・西田龍雄 [編著]

松本 克己 著 [既刊]

『世界言語への視座―歴史言語学と言語類型論』
（A5判、480頁）

『世界言語のなかの日本語―日本語系統論の新たな地平』
（A5判、352頁）

『世界言語の人称代名詞とその系譜―人類言語史5万年の足跡』
（A5判、784頁）

『歴史言語学の方法―ギリシア語史とその周辺』
（A5判、504頁）

三省堂

第 15 章　私の日本語系統論

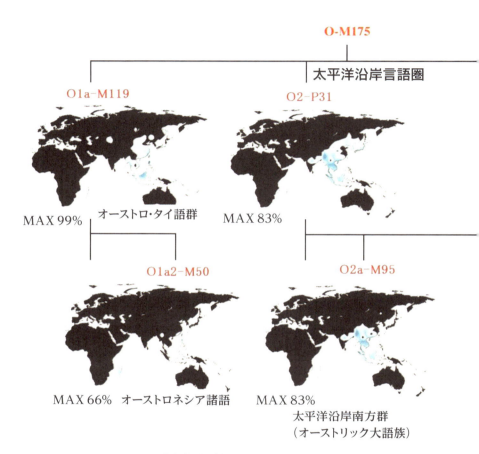

15.9　Y染色体 O 系統と太平洋沿岸言語圏-1